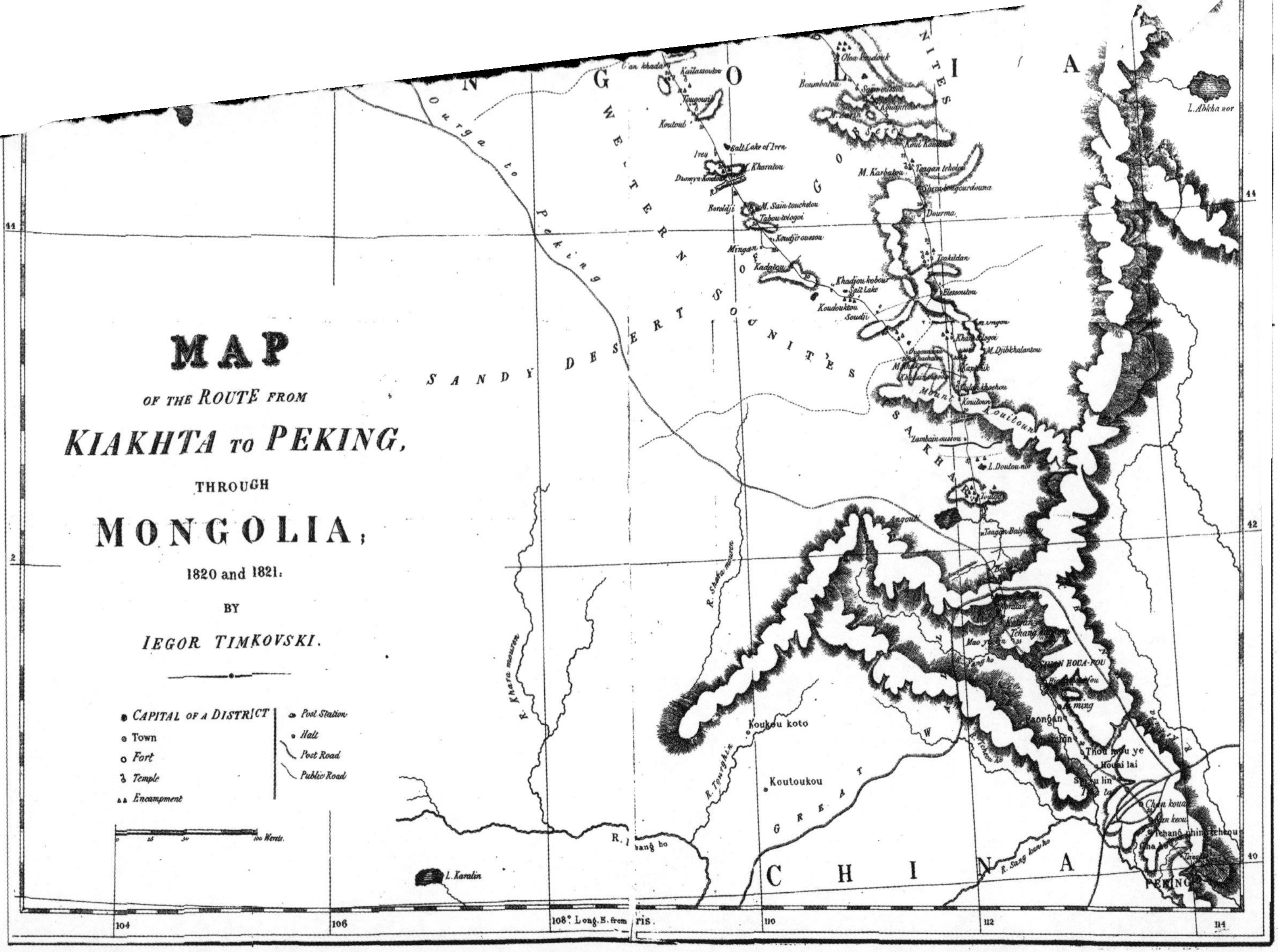
MAP
OF THE ROUTE FROM
KIAKHTA TO PEKING,
THROUGH
MONGOLIA;
1820 and 1821.
BY
IEGOR TIMKOVSKI.
CAPITAL OF A DISTRICT
Town
Fort
Temple
Encampment
Post Station
Halt
Post Road
Public Road
100 Wersts.
SANDY DESERT
WESTERN SOUNITES
MONGOLIA
CHINA
GREAT WALL
Ourga to Peking
L. Abkha nor
L. Karalin
L. Doutou nor
R. Khara mouren
R. Shara mouren
R. Tourghix
R. Sang kan ho
Koukou koto
Koutoukou
Koudoukou
Koutoul
Salt Lake of Iren
M. Kharatou
M. Karbatou
Dourma
Tsakildan
Elessoutou
Khadjou kobour
Salt Lake
Zambain oussou
M. Djibkhalantou
Kouitoun
Tsagan Balgassou
Boumbatou
Ireu
Boroldji
M. Sain touchetou
Tabou tologoi
Koudjir oussou
Mingan
Kadatou
Soudji
Tchang kia keou
Mao yu tan
Thou mou ye
Houai lai
Chen kouan
Tchang phing tcheou
PEKING
104
106
108°. Long. E. from Paris.
110
112
114
44
42
40

环扉：

季姆科夫斯基地图

穿越戈壁的茶叶之路详图：

穿越戈壁的茶叶之路显示在这张由19世纪早期的俄国特使季姆科夫斯基绘制的地图上。他标示了东面两条穿越海拔较高地区的商队路线和一条西面平地上的驿道。商队路线与一系列有着水井、寺庙和牧场的山脉相连。驿道选择了更为直接的线路，因为信使不会为驮畜所拖累。

封二：

戈东诺夫1667年地图，施莱辛格于1690—1693年提供

这张地图左边的菱形框里写着："本地图奉所有大俄罗斯人、小俄罗斯人和白俄罗斯人的伟大的国家元首、皇帝和伟大的统治者之旨，并遵照总督格戈东诺夫之命绘制。"菱形框的第一行按照俄历标着1667年；俄历从开天辟地算起，这种纪年法一直用到彼得大帝（死于1725年）时期。地图的左上角，在有着城堡图标的长城后面可以看到Kitai，Cathay即源于此。俄国人仍在使用Kitai表示中国；这个词源自饮茶的北方草原民族契丹（Kitan）。

这张地图是戈东诺夫总督在一个俄国使团归来后监制的，标出了一条新的去往中国的路线。出使俺答汗的使者们归来时，带来了一张米努辛斯克地区的草图。这点燃了沙皇阿列克谢·米哈伊洛维奇绘制地图的深层兴趣，他命令西伯利亚的军事长官戈东诺夫提供一张。当时这个国家没有被勘测过，且没有用于绘制精确地图的仪器。这张地图是靠询问探险者和商人去过哪里、经过哪些河流和山脉、遇到了哪些部落和民族、用不同的交通工具从一个地方到另一个地方用多长时间的办法绘制的。这样绘出的地图在很久前就消失了，没有听说留下过印刷用的木版。我们了解这张地图的唯一途径就是通过这份施莱辛格制作的副本。请注意"北"是在这张地图的下方，很多古代俄国地图也是这样。蒙古人持有这样的观点："右"在蒙古人的西面，"左"在东面，这是由于视角是坐北朝南观察的缘故。

封三：

新欧亚大陆桥地图

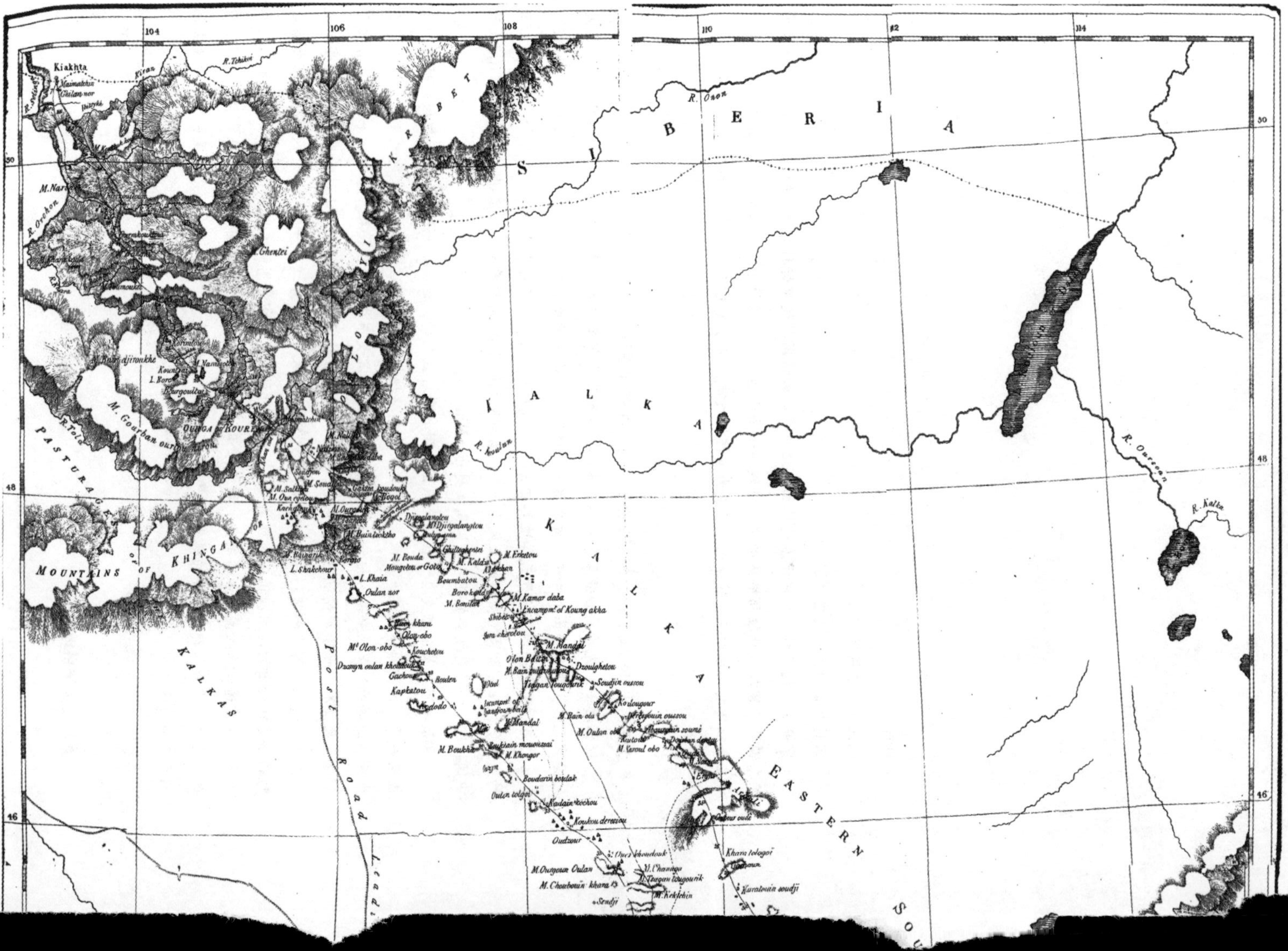

104
106
108
110
112
114
50
48
46
Kiakhta
Maimatchin
R. Tchikoi
Kiran
R. Orchon
M. Narbou
SIBERIA
R. Onon
Ghentei
M. Gourban ourou
R. Tola
PASTURAGES
MOUNTAINS OF KHINGAN
KALKAS
Post Road
Leadi
KALKA
R. Kerulun
R. Oursoun
R. Kalka
M. Mandal
Encampmt. of Koung akha
M. Kamar daba
M. Erketou
Boumbatou
M. Khongor
M. Boukha
Boudarin boulak
Oulan tologoi
Koukou dereseu
Oudzour
M. Ousgoun Oulan
M. Choubouin khara
Khara tologoi
Karatouin soudji
Dzoulghetou
Soudjin oussou
Koulougour
M. Bain ola
M. Oulan obo
M. Narat
Mt Olon obo
Kouchetou
Dzamyn oulan khoudouk
Gachou
Kapkatou
Boulen
Oulan nor
L. Khaia
L. Shakchour
EASTERN
SOU

茶叶之路

中俄跨越大草原的相遇

[美] 艾梅霞 著

范蓓蕾　郭　玮　张　恕　张行军 译

五洲传播出版社

图书在版编目 (CIP) 数据

茶叶之路 / (美) 玛萨・艾梅霞著. -- 北京 : 五洲传播出版社, 2023.1

ISBN 978-7-5085-4952-1

Ⅰ. ①茶… Ⅱ. ①玛… Ⅲ. ①茶叶－中俄关系－双边贸易－商业史
Ⅳ. ①F752.751.2

中国版本图书馆CIP数据核字(2022)第222877号

茶叶之路

著　　者：(美)艾梅霞
译　　者：范蓓蕾　郭　玮　张　恕　张行军
策　　划：潘　岳
责任编辑：黄金敏
装帧设计：田　林
出版发行：五洲传播出版社
地　　址：北京市海淀区北三环中路 31 号生产力大楼 B 座 6 层
邮　　编：100088
发行电话：010-82005927　010-82007837
网　　址：http://www.cicc.org.cn　http://www.thatsbooks.com
设计制作：北京尚捷时迅文化艺术有限公司
印　　刷：北京市房山腾龙印刷厂
版　　次：2023 年 1 月第 1 版第 1 次印刷
开　　本：720 × 965 mm　1/16
印　　张：15.75
字　　数：85 千
定　　价：98.00 元

献给父亲
约翰·萨金特·艾弗利

The Tea Road: China and Russia Meet across the Steppe

by Martha Avery

左图：“双头鹰”

这个图案取自刻有纪念沙皇阿列克谢·米哈伊洛维奇的铭文的珐琅彩金盘子。双头鹰是伊凡三世于1497年从君士坦丁堡采纳过来的。“圣乔治屠龙”的图案位于中间，这个图案当时是、现在仍是莫斯科的徽标。双头鹰在俄国武装征服西伯利亚途中是俄罗斯帝国的主要象征。资料来源：巴德利。

扉页图：“佩特拉先驱者”（Petra herald），组合了东、西方的意象，用西里尔字母写的“Petra”嵌在蒙古风格的浮雕里。资料来源：巴德利。

说明：前言及第一至第六章由范蓓蕾翻译，第七至第十一章由郭玮翻译，自序、大事年表及词汇表由张恕翻译，注释及图注由张行军翻译。

目　录

自 序

本书讲述的是“茶叶之路”的故事，主题是经济史和文化史：茶叶之路是如何将欧亚大陆联结成一个整体的。这个故事的载体是茶叶，它在不同民族的人们生活中意义深远重大，又可以用来追踪一个大陆上人们生活的轨迹。

茶叶之路本身现已成为历史的一个标本，然而，文化交流依然引导和塑造着人们日常生活决定性的样貌。本书提供了一个解读过去的方法，同样地，希望它也能昭示解读未来的方法。

对这一题目的兴趣始于我客居蒙古以及其后客居布达佩斯之时。我在亚洲生活、工作多年，现在开始将关注点放到大草原的西面，这与我与生俱来的理解世界的方式迥然不同。美国精神框架的中心通常就是美国，欧洲和亚洲海岸线则对那种美国中心论构成一种有限的制衡。然而，无论从欧洲还是环太平洋地区看来，欧亚大陆腹地都是一块湮没无闻、暧昧不清的地域。

在布达佩斯，我有幸见到一位名叫卡拉·捷尔吉（Kara György）的匈牙利学者，他对蒙古和突厥研究有很深的造诣，特别是从语言学角度看。20世纪50年代末，年轻的卡拉被派到乌兰巴托学习。到我认识他的时候，他已经成为欧亚腹地研究界首屈一指的人物。卡拉在布达佩斯和印第安纳均花时间给我以指导，在最初谈及蒙古人、突厥人和鞑靼人的过程中，他无意中为我关于中国历史的支离破碎的想法确立了一个框架。

他还帮助我澄清了我在头脑中酝酿了好几年的一本书要写的内容。有一次，我利用工作机会在圣彼得堡历史研究所的档案中见到了一批照片，在涅瓦河畔一座宫殿的地下室里花了好几个小时研究，那里收藏的珍贵图片有100多万张。这些玻璃底片最初是俄国沙皇们下令拍摄的，目的是记录他们的统治越过西伯利亚、进入中国的进程。杰出的考古学家谢尔盖·米尼雅耶夫博士[1]帮我搜集了来自俄罗斯的图片和资料，而我的最初目的是用这些有趣的照片做一本画册。

然而，随着时间推移，我已在蒙古生活、工作了好几年，对这些照片背后的历史的兴趣也与日俱增。我就生活在这样一些人中间，他们的文化与这些有关茶砖作坊的图片紧密联系在一起。我的蒙古朋友有父母去世，下葬的时候总是在头下枕一块茶砖。[2]社会史及其古代茶叶贸易分支对我产生了强烈的吸引力。我开始了最初的研究，查阅中文和蒙古文文献，遇到满文和俄文则求助于一些研究者，不久就写出了一份特别厚的、有好几百个脚注的手稿。

我把手稿寄到华盛顿大学出版社，出版社欣然同我签订了出版协议[3]，同时反馈给我一些审读意见，说这不是一本书，而是五本书，内容特别有趣，但就是艰涩难读。

诸位现在拿在手里的这本书乃是初稿上半部分的简写本。我把注意力集中在一个主题上：政治史与文化交流是密切相关的，而文化交流就存在于一些极为简单的事情里，一如茶叶的故事。仔细阅读本书，你会清晰地看到未来的征兆。如果时间允许，我会出版这本书的下半部分，站在俄国人的立场上讲述这个故事。

写作本书是一种享受，它将我一生中许多本来可能散漫飘忽的章节整合在一起。现在，我坐在北京的房间内，眺望着窗外这座充满使命感的、强烈脉动的城市。我回到中国工作，发现这个中国已经和我30年前认识的那个中国完全不同了，然而又没什么不同。写完这本书后，我找到了一些规律。

多年来许多人鼎力相助，我无法一一列举他们的名字，因为那样的话，我要写出一生的朋友才行。对每一位朋友，我要道一声感谢。毋须说明的是，本书一切舛错和疏漏，责任皆在于我。

艾梅霞

2003年6月，北京

茶叶之路大事年表

公元前?千年
野生茶树在青藏高原东南缘开始人工栽培。

公元前3世纪
匈奴联盟或曰“草原国家”在中原以北地区建立；几乎与此同时，一个北方实体形成；公元前221年，一个汉族国家在南方建立。

约公元500年
茶叶培植传播至中国沿海地区，特别是今福建省一带。

约800年
日本僧人最澄（三津首）将茶树种子从沿海地区带回日本。

约1000年
日本优雅的历史小说《源氏物语》写成。

1004年
信奉佛教的契丹与北宋订立“澶渊之盟”：中国人以茶为贡币支付给北方草原上的契丹。“契丹”（Kitan/Kitai）最终成为俄国人对中国的称呼，古英语和诗歌用语中的“中国”（Cathay）也来源于此。

1064年
宋朝设立茶马司，与吐蕃进行以茶易马的贸易。

1206年
成吉思汗建立蒙古国家。

约1228年—1240年
蒙古文的历史著作《蒙古秘史》写作的大致时间。

1260年
忽必烈汗成为蒙古帝国的第五位大汗以及统治中国的元朝的第一位皇帝（1260年即汗位，1271年定国号为元）。

1236年—1437年
金帐汗国时期。金帐汗国由包括蒙古和突厥在内的不同民族组成，统治今俄罗斯南部地区，都城是伏尔加河畔的萨莱。

1552年—1556年

伊凡四世（雷帝）依靠蒙古和鞑靼盟军和军事顾问，征服伏尔加河畔的喀山和阿斯特拉罕。“俄国人”开始穿过西伯利亚向东跨越欧亚大陆。

1571年

长城的一个关口张家口开始成为北京以北的一个“马市”。

1577年

蒙古的土默特·俺答汗授予锁南坚错（索南嘉措）“达赖喇嘛”的称号并支持其格鲁派在西藏的统治地位。

1638年

茶叶首次作为一种政治上的试探，正式被靠近中国的俄国人介绍到俄国。浩特阔特阿勒坦汗和俄国使节在乌布苏湖畔会谈。

1644年

汉族的明朝被满洲人击败，后者建立了清朝（1644—1911）。

1689年

茶叶之路开通，形成东西方两大帝国之间直接的贸易和政治接触面。满清和沙俄政府签订《尼布楚条约》（《涅尔琴斯克条约》），认可俄国对东西伯利亚的宗主权，并许可清朝军队征服蒙古准噶尔部占据的土地。

1691年

多伦诺尔会盟。东部蒙古和南部蒙古地区的王公一致同意维持与满清康熙皇帝的藩属国关系。

1696年

准噶尔汗国的噶尔丹·丹津博硕克图在“杜鹃花溪战役”中被满清康熙帝击败。满清帝国在蒙古大部建起了保护国。

1727年

满清与沙俄签订《恰克图条约》，确立官方贸易关系并勘定国界。

1757年

满清击败阿睦尔撒纳及漠西蒙古卫拉特部，至为重要的独立的准噶尔汗国灭亡。

1824年

通过恰克图进行的茶叶贸易达至巅峰。

1860年

清朝与西方列强签订《北京条约》，开设通商口岸，特别与英国进行贸易。海上贸易的增长打击了陆路的茶叶之路。

1869年

苏伊士运河开通，终结了以快船绕过好望角运输茶叶的需求。

1896年

下诺夫哥罗德贸易博览会，伏尔加河畔的贸易中心下诺夫哥罗德举办的最后一次盛会。

1905年

西伯利亚铁路竣工：俄国靠马车运输茶叶的历史终结，恰克图和下诺夫哥罗德贸易中心地位丧失。

1925年

道奇汽车穿越戈壁滩进行运输：单靠骆驼商队运输茶叶的历史终结。

1929年

中蒙之间最大的茶叶贸易公司大盛魁商号关闭。

前　言

中国、俄国、大草原：三点透视茶叶之路

“茶叶之路”是一条联结中国东部和俄国西部的商路。这条路由中国向北伸展，穿越茫茫戈壁，然后由东向西，横跨西伯利亚针叶林地带“泰加群落”，最终抵达俄罗斯帝国的都市中心。与茶叶之路相比，开通较早、位置偏南、贯穿中亚的丝绸之路是大多数人所熟悉的另一条商业动脉，其上的撒马尔罕和布哈拉位于北纬40度，而茶叶之路的大部分路段处在北纬55度左右。

两条路都走过的人知道，南面的丝绸之路其实更容易走。然而，俄国人不得不选择这条北面的茶叶之路与中国开展贸易，那是因为他们南下的路途上驻扎着一些强悍的部落。

公元1689年，茶叶之路正式成为一条商路。本书所讨论的茶叶之路的形成，成为俄国和中国交往过程的一个象征。从16世纪中叶开始，位于欧亚大陆北部东西两端的中俄两国同时开始与对方接触。1689年，俄国与满清帝国签订双边协定，双方正式确立了外交关系。由此产生的商路——茶叶之路——便成为十八九世纪东西方贸易的主要通道，到20世纪初期，茶叶之路的重要性才慢慢降低。这条中俄间的商路向北绕开了一些强悍的草原部落，草原部落的势力也逐渐为商路两端的两大强国（俄国和中国）所削弱。而在15世纪，这些部落的力量比俄国和中国明代的军队强大得多，也就是说，商路的中段比两端要强盛。至16世纪末叶，这种局面才有所转变。

贸易和政治是相互作用的，而这种作用的方式又与地理因素紧密关联，成为一种可读的模式。笔者认为，欧亚大陆的地缘政治走向可以用某一贸易物品的发展过程来分析研究，茶叶即是一例。虽然本书的主题是茶叶，但是笔者的写作主旨却是以茶叶作为回顾历史的线索、追述历史的工具，从而进一步分析欧亚大陆的一部分，亦即我们所知的西伯利亚和蒙古的未来。笔者认为，茶叶贸易就像染色过程中染料的洇染一样，由青藏高原的边缘向外扩展，首先渗入中国，接着向北扩张到蒙古和西伯利亚。

茶叶之路从中国开始，至圣彼得堡结束，而本卷仅追述到恰克图为止。本书的结构不仅与茶叶之路的松散路线相对应，也与历史相对应。本书是以11世纪中国东部沿海的发展作为背景来展开论述的。历史的发展不可能是直线式的，更像是错综复杂的蒙太奇，而文化历史的发展也不是简单明了的。本书同样如此。茶叶之路的故事，也不可能从一端开始讲起，一步步讲到另一端结束。此外，个人的立场很大程度决定了人们对欧亚大陆北部历史的理解。比如，让一个俄国人讲述茶叶之路的故事，他会告诉你："只要从西开始，一直向东就可以了。"可是如果问一个中国人，他却会告诉你："只要从东开始，一直向西就可以了。"[4]

有了起点和模式，历史就顺理成章地发展到了既定的终点。在寻找出发点和思路的时候，本书将重点放在茶叶之路的中心地段，因为从一开始，欧亚大陆的东部和西部就是由大草原来联结的。本书的目的之一，就是从与传统的中国中心论和欧洲中心论截然不同的角度来分析茶叶之路。

本书中许多17世纪的地图，北方在下，南方在上，因为绘图者和使用者习惯于坐北朝南去看他们的世界。[5]同样，本书采用大草原的视角，坐北朝南审视欧亚大陆的北部地区。草原部落[6]在中国农业文化"中心"的北部边缘逐水草而居，为中国贡献物品和技术发明。它对俄国的崛起同样至关重要，帮助俄国成立国家机构即为一例，提供贸易资金则是另一例。茫茫草原横贯欧亚大陆，一直是不同国家体系的连接桥梁。草原部落联结着严谨的中俄政治经济体系，而它自己却是一个不断变化的流动区域，对中俄两个强大势力的崛起影响深远。[7]草原部落的所在地即是我们的出发点，是两个边缘地带之间的中心。

那么，是什么给了这个中心这样巨大的活力？是什么决定了从欧亚大陆一端到另一端的连续性？从地理上讲，整个大草原处于基本相同的纬度，这显然是一个重要因素。相同的纬度决定了类似的生态环境，在整个地域上，动植物和微生物的分布是相似的，有一定的连续性。进一步地说，地理上的连续性还使自然而然产生的人文标准得以互相交流，由此把欧亚大陆的东部和西部统合成一个经济实体。这些欧亚大陆的人文标准——共通的金融运作方式、公认的记录标准、相同的用语——造就了欧亚大陆经济区。有着突厥和蒙古传统的大草原对相邻的经济文化实体的发展影响深远。中国和俄国发展成民族国家的过程，不仅得益于由草原部落创造和传播的文明，更得益于由这个中心促成的大陆体系。[8]

满清帝国和沙皇俄国利用草原部落的经验和资源来提高自己，然后在草原部落的四周开始扩张。每一个帝国的扩张都是由其内部的因素决定的。作为军事战略的手段，满清帝国以高度发展的中国经济体系为支撑，沿着茶叶之路向北扩张。俄国则利用哥萨克人向东挺进。伊凡四世（雷帝）于1552年夺取了伏尔加河畔的喀山；此后，在不到100年的时间内，俄国的哥萨克人占据了太平洋西海岸的北部。沙俄和满清帝国在黑龙江（阿穆尔河）河谷发生冲突，其结果是两国于1689年签订了至关重要的《中俄尼布楚条约》。在条约中，中俄两个强盛帝国瓜分了欧亚大陆东北部的大半，对于生活在这片他们根本不了解的土地上的居民则毫不顾及。这两个帝国达成了一个200多年基本没有变动的贸易及边界协定，却把世世代代生活在草原上的居民的利益抛到脑后。

茶叶之路就是两个强大帝国联结的结果。这个联结过程有一点像牵牛花。牵牛花的藤蔓随风摇摆，似乎柔弱无力，然而，一旦抓住一个机会，一条嫩枝，一根木棒，任何一个它可以抓住的机会，它就会缠住。几秒钟之内，柔弱的藤蔓可以产生一种特别的力量，紧紧地缠绕住它的支撑物，在其余生抓住不放。茶叶之路也是这样的。一开始的时候，中国的北上和俄国的东进看上去只是随机性的试探，其实从长期来看，这是一个必然的过程。每一个帝国都在暗自酝酿，当国与国的协议给两边的扩张都带来支持的时候，两个实体的关系便互相锁定，而夹在两国之间原本独立的草原部落的命运就这样被他们牵住了。

本书就是在这样一个基本背景上开始论述历史的。本书可以让读者了解到骆驼商队如何穿过戈壁沙漠，以及茶砖是怎样制作的，又是怎样和纸币通用的。读者会读到比丘林，一个俄国修士，骑着光脊背的骡子穿过北京的大街小巷。读者还会读到元朝皇帝的金融大臣撒拉逊人阿合马·费纳喀忒，他生活奢侈，下场却很悲惨。通过本书的描述，读者可以选择从另一个角度来了解他们自己感兴趣的那一部分欧亚历史。

中俄两国关系不仅对蒙古、西伯利亚、中亚各国，而且对西方的政治家们来说，都至关重要。欧亚大陆的未来将为中国、俄罗斯，以及上述的中俄之间的国家的发展所左右，而这些国家的发展很大程度上由过去300年的历史决定。

本书从1000年前开始叙述，当时，中国的人口是1亿左右，茶叶的贸易蒸蒸日上。如今，第三个千年刚刚开始，中国的人口是13亿，它和俄罗斯之间的茶叶之路所经过的地区在政治上四分五裂，人口稀疏。历史上，茶叶贸易曾经起到巨大的经济桥梁作用。这里，我请读者和我一起思考茶叶之路的未来。

第一章

茶叶之路：从起始到终结

茶叶并非发源于欧亚大陆的广袤草原。它起源于世界上最高的高地——青藏高原——东南边缘的山谷之中。这一区域海拔平均3600米左右，面积大约是美国领土的四分之一。河流从高原咆哮而下，涌入印度阿萨姆邦、缅甸及中国的云南。丰富的水源造就了种类繁多的植被，其中包括山茶类植物，茶叶即为山茶类的一种。

怒江（萨尔温江）、澜沧江（湄公河）、金沙江（长江）均源自青藏高原。[9]几条大河在横断山区并行奔流，有时河流之间仅相隔三四十公里，中间间隔着海拔4700米的山脉。海拔落差巨大，生物的类型也就多种多样。青藏高原的北端是青海湖，蒙古语称之为可可诺尔[10]，汉语则叫做青海。[11]沿着青藏高原的边缘，从云南向北到青海可以画出一条弓形的曲线，我们姑且称之为“茶文化之弓”。本书的故事就从这里开始。

“茶文化之弓”位于东经100度左右，是一道古老的分界线。它不仅造就了丰富的植物资源，还孕育了语言、文化及生活习俗迥异的多个民族。大体上，它沿着海拔2000米的等高线形成，而海拔高度又决定了它的生态小环境。19世纪，西方植物学家们[12]为寻找野生茶树走遍险山峻岭。当时他们曾猜测野生茶树已经不复存在了，而今天，这种猜测已是植物学家们的共识。[13]经过几千年的人工培育，以往喜马拉雅山南部山麓茶树的原始野生形态已经荡然无存。

来自植物学、地理学、生态学的多方证据表明，喜马拉雅山东南部山麓的傣族是最先种植和享用茶叶的民族。古老的商路把傣族与北部的诸民族联系起来。是傣族人首先带着茶叶沿着青藏高原向北行进，然后，大约在距今2000年前左右，茶叶的饮用和种植传播到了中国各地。[14]

几百年来，压缩茶饼、茶砖一直是最佳的包装运输方式——茶叶可以被压缩得很小，便于运输。傣族人最先发明了用竹筒来储存、包装茶叶的办法。茶叶被填塞到竹节之中，敲开竹节，茶叶就变成了一个硬硬的圆柱。几百年来，傣族人把这种茶砖卖给藏人和其他少数民族。至公元10世纪，沿着青藏高原边缘延伸的茶叶贸易之路已经初具规模。13世纪时，成吉思汗的宫廷就曾进口茶叶，以满足蒙古都城哈拉和林的需求。当穿越蒙古地区和俄国的茶叶之路在17世纪晚期逐渐形成的时候，紧压茶砖已经成为携带茶叶穿越大草原的唯一方式。

运输的便利仅仅是将茶叶压成茶砖的原因之一。紧压茶砖可以保存茶叶的维生素和风味，保持茶叶特有的刺激性，这些优势都是散装的茶叶无法比拟的。茶砖还可以包容更硬的叶子和小枝子，蒙古茶叶至今仍是如此。草原牧人在煮茶之前，会把小枝子捣碎，将小枝子中那些比叶子含量更丰富的单宁酸、咖啡因和香精油都释放出来，令茶叶的香气更为诱人。迄今为止，欧亚大陆中部地区仍然沿用制作方法几百年未变的茶砖。蒙古西部的哈萨克妇女是做蒙古奶茶的好手。她们首先把装有茶砖的马皮袋从毛毡蒙古包[15]的一边取下——马皮比牛皮要结实，经得起日常的磨损，幼马的皮最好[16]；用刀切下茶砖一角，将这些茶叶放入一个直径一英尺左右、由挖空的树桩制成的原木桶；之后，拿一根木棒把这些茶叶捣碎；接下来，将茶叶放在水壶里煮沸，加入牛奶，第二次沸腾后，搅拌一下，等到第三次沸腾后，茶才算煮好。[17]整个过程比西方人煮茶的方式要费时费力，可是功夫并不白费，做出来的茶味道却更好；这就如同煮咖啡之前把咖啡捣碎一样，是为了得到更好的风味。

沿着青藏高原边缘延伸的茶叶之路上，压缩茶砖一直是主要贸易货物。后来，茶砖成了和俄国进行茶叶交易的主要物品。19世纪初叶，当穿越恰克图、沿着蒙古和西伯利亚边界的贸易达到顶峰的时候，茶砖的尺寸被统一，便于记账：标准的尺寸被用来作为交易的基本单位。1860年，中国开放贸易口岸之后，俄国人开始自己生产茶砖。当时的汉口，有七个俄国人的作坊制作茶砖，产品用以满足恰克图地区及茶叶之路沿途的市场需求。汉口是鸦片战争战败之后中国开放的贸易口岸之一，坐落在长江边，位于茶叶出产省湖南、湖北、安徽、江西的中心。当时的汉口迅速成为活跃的贸易中心。

20世纪初，正如当时历史的发展一样，茶叶贸易的方向也发生逆转，茶叶开始由西方输入东方。自中国起经蒙古至俄国的茶叶之路上，商人把在俄国格鲁吉亚地区生长及加工的茶叶反过来运到蒙古草原。今天，绝大多数蒙古人喝的砖茶来自高加索南部的格鲁吉亚。

本书收录的照片显示了19世纪汉口茶厂制作砖茶的过程。这张照片是由俄国摄影家鲍雅尔斯基拍摄的，用的是玻璃底片。这张底片珍藏在俄国西北部涅瓦河畔古老而美丽的圣彼得堡文化历史研究所里。照片是用研究所地下室的一台19世纪的、被称作“鳄鱼”的放大机翻拍的。

到19世纪末叶为止，有两条主要路径把茶叶从中国运到西方：一条向北，由陆路（茶叶之路）穿越蒙古和西伯利亚到达欧洲。另一条向南，由中国南部贸易港口沿海路运到欧洲。由海路运送的茶叶被称为“tea”，由陆路运送的茶叶则被称为“chai”。

美国人喝“tea”，俄国人则喝“chai”。语源的差异与茶叶输送到这些国家的方式密切相关。茶叶由陆路经过中国北部和茶叶之路到俄国，俄语的“chai”是由中国字的“茶”演变而来的。16世纪末叶，荷兰海员从厦门和福州港口的沿海居民手中买来茶叶[18]，又将茶叶由海路带到西欧。沿海居民说的是闽南方言[19]，闽南是首先进行广泛的国际茶叶交易的地区之一。[20]英语的“tea”就是从闽南话的“茶”演变过来的。18世纪时英语中“tea”的元音发音实际上同“day”，亚历山大·蒲伯（Alexander Pope）在他的诗句中就是这样押韵的。[21]

值得一提的是，除了巴斯克人，在欧洲只有葡萄牙人把茶叫做“chai”。葡萄牙人在南部海路贸易开展之前就喝从北亚地区运来的饮料，所以在他们的语言中，茶的发音和中国北方以及日本的“茶”发音一致。[22]

考察文字的起源十分有趣，我们可以用它来追溯文化交流。史书无法记录所有历史，但是人们总会描写他们喝什么。本书描述的是由陆路向北到欧洲的茶叶之路的故事。同样是茶叶之路，陆路和海路却结出了截然不同的文化果实。

北部的陆路是由俄国人开拓的，17世纪中叶开始形成，到20世纪的最初十年结束，比海路要晚。早先在南面海路称霸的荷兰人、葡萄牙人和英国人，已经在亚洲失势。中国长期控制着南面的海上通路。而俄国人则在北面陆路占了上风。笔者将在后面的章节勾画历史背景，分析内在的变化。俄国、中国，还有居住在中间地区的民族，都在茶叶之路的历史舞台上扮演了重要角色。

中国和俄国从欧亚大陆东西两端成功地挤压了中间的草原部落。代表东方的满清帝国和代表西方的沙皇俄国于1689年签订了《尼布楚条约》，正式宣告了这种挤压的开始。这个协定毫不顾及中间地区民族的传统协议，打破了这块土地上长期以来的和谐及平衡。

协定的结果是，已经形成的跨大陆贸易向北转移，贸易的利益基本上由中俄两国垄断。这种新的获利手段对俄国国家政权的巩固十分有利，对中国而言也不是新鲜事。中国历史上是一个成功进行货物垄断的国家，特别是对茶叶贸易的垄断。

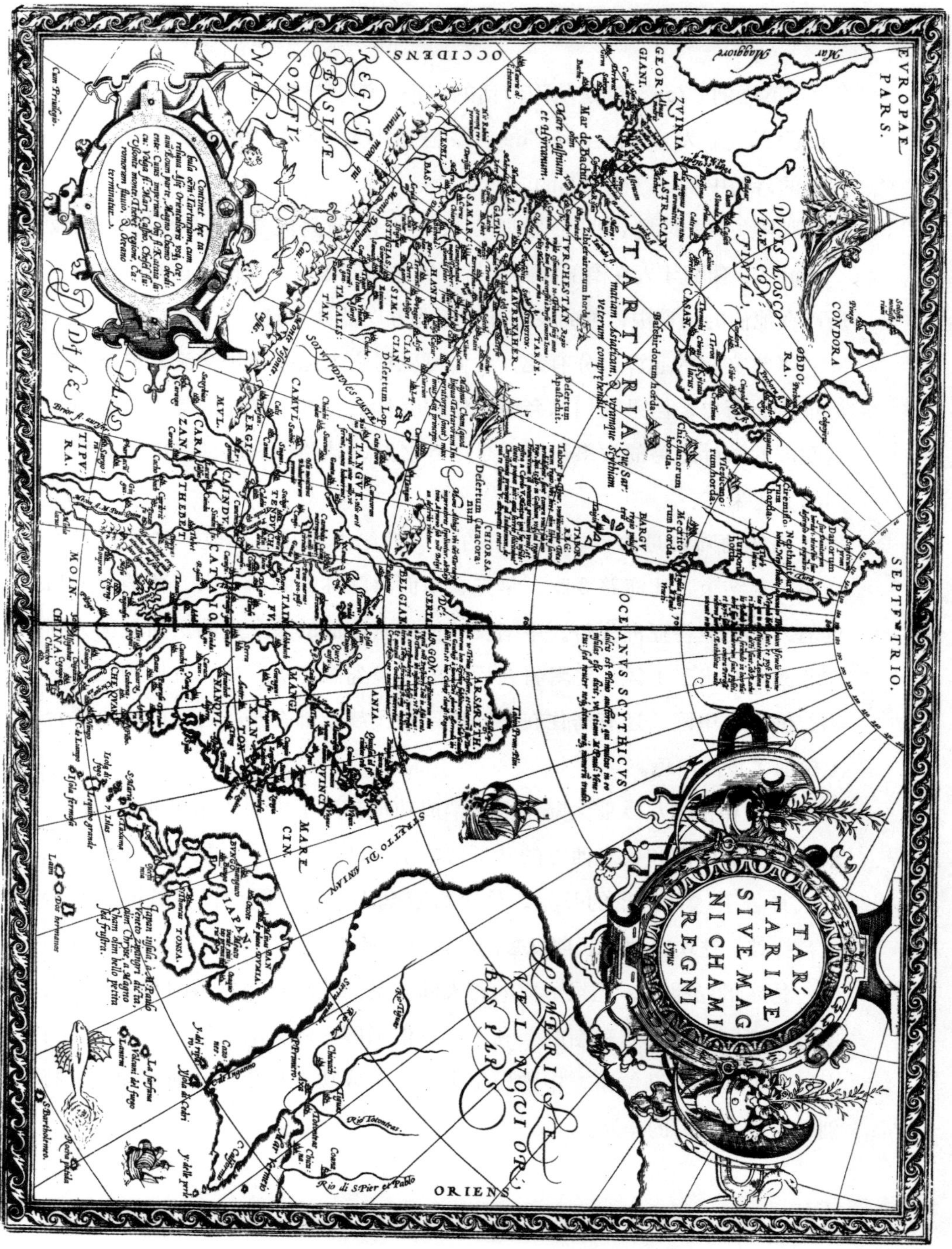
TARTARIAE SIVE MAGNI CHAMI REGNI typus
EVROPAE PARS.
SEPTENTRIO.
OCCIDENS.
ORIENS
TARTARIA
OCEANVS SCYTHICVS
MARE CIN.
STRETTO DI ANIAN
AMERICAE SIVE NOVI ORBIS PARS
IAPAN
CHINA
Cum Privilegio.

第二章

摘山煮海：中国茶叶贸易的起源

公元1000年左右，茶叶已经成为中国最大的经济产业之一。“摘山煮海”给中国，尤其是中国东部沿海的吴越国带来了巨大的财富。吴越地区在当时孕育了一些世界上最有活力的商业群落（现代的上海就继承了这种商业传统）。吴越和北方的契丹族是这种1000年前的国际茶叶贸易的起始者，是他们首先开创了茶叶之路。大草原上的契丹游牧族群，就是后来中国历史上的辽代，西方对古代中国的称呼Kitai或Cathay，就起源于契丹族的名字。

至少在1000年之前中国人就掌握到一个诀窍，那就是：垄断是最容易积累财富的方法。在北宋时期（960—1127），中国的国家垄断政策被翻译成一个成语“摘山煮海”。“煮海”指的是从盐井开采和利用盐池蒸发水分而得到盐，“摘山”指的是收获茶叶。到北宋时，茶叶和盐成为富有的北宋朝廷的重要财政来源。

仅在1060年，福建西北地区就收获了5.2万担茶叶；一担相当于133磅（60.5公斤），也就是说，收获了691.6万磅（341.4万公斤）的茶叶。[23]北宋的都城是汴京，也就是今天的开封。至今大家仍然可以通过一幅12世纪的卷轴画《清明上河图》看到（甚至在因特网上也可以看到）当时这个热闹的商业城市的情景。最近，中国的考古学家在开封古城的周边发掘了大约200个专门把茶叶磨成粉末的磨坊。中国北方人曾经最喜欢喝粉末状的茶（又叫抹茶），用茶臼把精制的茶叶捣成粉末状，喝的时候往茶粉内注入水，用茶筅（竹刷）搅均后烧热饮用，这种方法至今在日本最为讲究的茶道中仍然使用。中国出土的炉子和陶艺证明中国北方喜欢用深色的茶碗饮用起泡的粉末状的茶，而中国南方喜欢用浅色的茶碗喝有叶子的茶。北京大学考古系在茶叶这个领域的考古研究方面领先于其他考古部门，他们的研究成果也正在重新定义中国经济的历史。[24]

最近的考古发现表明，从10世纪到13世纪，巨大规模的茶叶贸易推动了中国当时的国有经济。虽然茶叶贸易有一部分是满足国内消费的，但大部分是国际贸易。国家可以直接从出口的收益中得到利润。

当时中国经济环境的几个变化为国际茶叶贸易奠定了坚实的基础。首先，国家政策偏向于起源于唐代（618—907）的海路贸易。唐代的管理机构放弃了商业的微观管理，开始把出口作为税收的主要来源之一。皇家垄断了茶叶、盐和其他关键商品，把这些商品作为国家经济政策的重要工具。另外，茶叶又作为回赠纳贡的礼物，用来和游牧部落交换马匹，以建立友好关系。

中国沿海地区的茶叶生产开始于唐代。福建西北地区的茶叶种植可以追溯到更早，至少到南朝的齐（479—502），不过建立起国际声誉的还是唐代福建东部沿海地区的福州和福建西北地区的建州。[25]后来，宋朝延续了唐代的海上贸易和税收系统，并增加了茶叶的产量。沿海地区的港口建立了朝廷的管理机构，以便控制、管理和征税，如杭州（989年）、宁波（992年）、上海（1074年）和泉州（1087年）。朝廷给一些特定的商人和家族发放执照，允许他们正式代表朝廷进行贸易。后来在蒙古，由中国垄断的茶叶贸易也是用这种发放执照的方式来运作的。更为重要的是，这种方式帮助了“大盛魁”商号[26]的茶叶和金融商人积累财富和提高其社会地位。至今中国的一些产业仍然采用发放有限执照的方式，生产的商品虽然不同，其管理模式说到底还是一样的。

中国经济环境的第二个变化是重新调整了中国内部的零售贸易。在此之前，为了加强控制和对贸易征税，任何一个地区只有一个贸易中心，而且只在规定的时间开放，能够买卖的商品和进行交易的双方都受到限制。这种体系到了公元1000年左右的宋朝初年便无法维持，市场开始自发兴起，于是朝廷的官员便集中精力对边境贸易进行控制和征税。

中国经济环境的第三个变化是由于粮食生产的提高、技术和管理的进步导致了中国南宋时代前所未有的繁荣昌盛，人口由此大量增加。到1200年，仅中国南部的人口就已经达到了1亿。人口增加自然导致了贸易的进一步发展。12世纪左右，为了征收税金，中国实行了一个两层的体系：第一层，由朝廷垄断经营一些特定的物品（包括茶叶和盐）；第二层，朝廷在一些物品（比如棉花）进入国境时对这些物品征税，但是朝廷不垄断经营。从宋朝开始，朝廷不再垄断对棉织品的对外贸易，一般私有商人被允许自由经营。

宋朝经济繁荣，从前的奢侈品如茶叶等，在当时可以方便地购得。繁荣的茶叶市场给茶叶商人带来了更多的利润。商人们将利润用于更大规模的投资，进一步扩大他们的关系网，茶叶于是成为历史上第一种大规模生产的商品。巨大的消费市场也使得金融系统进一步发展，以支持海外贸易。

10世纪早期，中国曾四分五裂成许多小的地方王国，直到宋代才又从这种多国体系演变成单一的、统一的国家。所以说，即使从秦始皇开始，中国也并非一直是一个单一的、纯粹的中国。除了不时的分裂，在过去的2000年中，有一半时间“中国”是由非汉族人统治的。10世纪，东部沿海的小国吴越从茶叶贸易中获得巨大利益。吴越这个小国其实有着悠久的历史，它由早先的两个国家——吴国和越国——合并而成，而这两个国家早在公元前6世纪就存在了。在这个世界上，由于具备了集中的信息、人才资源和优越的地理位置，有一些地区有改变历史的能力。这样的地区是周围地区的神经中枢。如果我们把社会体系看成是生物体，这些神经中枢则能激发整个社会的运作。它们允许体系中控制更好、更有结构性的部分成长。这些神经中枢虽然在传统政治中心的外围，却被其利用，它们一般在大的国家的边界地区，而非在其统治之下。香港曾是上个世纪的这种神经中枢的典型代表。而1000年前，吴越就是一个这样的神经中枢。吴越地区包括扬州、杭州，以及现在上海的前身。

吴越是国际经济精英的聚集地。吴越从在沿海地区居住的外国商人那里学会了贸易。当地开发和投入贸易的第一种商品是糖，因为扬州出产高品质的甘蔗。扬州及其附近地区的糖产量迅速超过了糖业和糖提炼加工技术的诞生地印度。[27]当时吴越不仅有对佛教的虔诚信仰，还致力于获取印度的糖提炼加工方法。扬州是这种技术转移的受益者。第二种商品是茶叶，吴越地区几乎垄断了这种商品的交易。

吴越对于茶叶之路的起始至关重要。最突出的是，它和北部大草原的契丹蒙古人的商业往来促成了洲际的交流系统。这种洲际的交流系统对我们今天的社会组织结构及语言、艺术形态的发展起了关键作用，本章的其余部分会详细讲述。

吴越的开国君王是钱镠。他的王国始于907年，也就是统一的唐朝的最后一年，此后，中国一系列的独立王国继起。在唐代和北宋之间（907—960），吴越是存在时间最长的一个王国，而且在战争和和平期间都很繁荣。吴越王国那时已经拥有和北方进行联络的主要干线；向南又通过水路和广州相连。918年，钱镠占领了在吴越和中国南方城市之间陆路运输的一个关键地点。这样，吴越使得出产货物的南方和拥有财富的北方游牧王国之间能够互相以贸易沟通。而契丹人在这种贸易中扮演了重要角色。

契丹是中国历史上北方五个王国中最强大的。五个王国中有三个是由非汉人统治的，其中包括契丹人的辽国。汉人必须向他们朝贡。钱镠统治下的吴越成为北方独立的王国和南方进行贸易的主要合作伙伴，这主要归因于它和契丹人的联盟关系。

尽管中国历史上把契丹人称作“腥膻”的野蛮人，但他们其实有着丰富的文化，而且在经济上很富有。契丹被称作辽国，统治了中国北部长达116年之久（907—1125）。辽是其汉语名称，原称西拉沐伦，西拉沐伦是一条河流的蒙古名字，流经契丹王国的发源地。契丹人操一种蒙古语，和我们现在所知的蒙古语有一定的关系，尽管被学者们称作“小字”和“大字”的契丹文字，不是像蒙古语那样，从维吾尔（回纥，回鹘）语那里演变而来的，而且至今还没有全部解译。我们可以从554年完稿的《魏史》中稍稍了解到契丹人从4世纪到6世纪的活动。在后来的中文资料记述中，我们可以看到，从6世纪开始，契丹一直是一个很特别的部落。到10世纪时，契丹人已经十分强大，在东北亚地区纵横驰骋。

除了饮茶，契丹人在绘画、建筑和陶瓷艺术上也卓有成就。他们被认为是唐代中亚艺术传统的继承者，给东亚带来了波斯的艺术。吴越是中国南部第一个和契丹建立正式关系的独立的王国，而茶叶在双方的外交关系中起着直接作用。11世纪早期，吴越和契丹君王之间关于茶叶贸易的协议为后来的茶叶之路的东段奠定了基础。

俄国人和波斯人都称中国为“契丹”（Kitai）。在11世纪，突厥[28]部落首先用“Kitai”来称呼中国，并把这种叫法带到了俄国的南部草原，后来契丹人也到了那里。“Kitai”的拉丁形式是“Cathy”；克里斯多夫·哥伦布就曾希望到达“Catayo”之国。这个目的地曾经让人很不解，直到1600年左右欧洲人才恍然大悟，“Kitai”、“Cathy”或“Catayo”其实指的都是中国。操蒙古语的契丹人首先把茶叶介绍给俄罗斯人，他们是突厥－蒙古草原上的茶叶贸易的关键人物。[29]

915年，钱镠派遣了一位大概是商人的使者向契丹人进贡。这是两国之间第一次商业接触。从915年到943年，吴越和契丹王国共有17次互访，有

13次是从吴越到北方，四次是从契丹国到南方。契丹人不仅对和吴越贸易有兴趣，而且想从吴越那里得到东南亚和印度洋的商品。[30]吴越王国则对和契丹王国及朝鲜贸易都有兴趣。于是两国间的贸易协定把南北的经济体系联结成了一个统一的整体。

1004年，契丹王国和北宋签订了“澶渊之盟”——澶渊是黄河下游的一个地方。不久，在1024年，双方又签订了一个更为严厉的协议。这些协议[31]是胜利的契丹人强迫北宋朝廷签订的，要求北宋以“岁币”进行军事赔偿，即以进贡的物品作为贸易和停战的条件。进贡的物品一般比从贸易中得到的利润多——中国和其北部邻国的关系有些时候让人觉得耻辱，可总的来说还是划算的。每年进贡的物品包括200万匹绸缎和10万两[32]纹银，后来增加到300万匹绸缎和20万两纹银。“两”的词源来自马来语，足见国际贸易的影响。

根据“澶渊之盟”，宋朝同意开放北部边界的五个永久贸易点，契丹王国则相应地开放它自己的三个贸易市场。官方贸易仍然不同于私人贸易：茶叶、丝绸、瓷器和谷物属于官方垄断商品。茶叶必须从有政府执照的吴越商人那里购买。

由于拥有这个有利可图的执照，再加上地理和运输优势，吴越国信奉佛教的商人和契丹国信奉佛教的统治者开通了后来不断加强的南北贸易渠道，政府官员也可以从中得到一定的红利。

978年，吴越王国的第五个统治者向北宋王朝投降，以此和平终结了独立的吴越王国。吴越王国被融入更为广义的、重新统一了的中国，可是这个地区通过发放（或买卖）执照，一直保持着对盐和茶叶这样的关键商品的垄断经营。这样一个体系运作良好，以至于吴越地区在今后的1000年间一直保持着一个主要的茶叶贸易中心的地位。它的主要城市，特别是杭州和扬州，一直是文化中心。当北宋王朝的朝廷迫于游牧部落的压力南逃的时候，它重新定都在富有的杭州，保证了这个繁荣的大都市的财富。当马可·波罗于13世纪到达这个城市的时候，他宣称，杭州毫无疑问是世界上最为精致和高贵的城市。[33]他津津乐道地详细描绘了“方圆百英里”的杭州、其主要的市场、它的12 000座石桥和3000个石浴室。[34]而其实这些都要归因于茶叶贸易给杭州带来的繁荣。

在这几百年间，朝廷派遣官员到福建北部的特定地区，监督皇宫专用的茶叶的生产。当时最高级的茶叶品牌是龙凤端茶，500克（一斤）可值二两金子。这样高品质的茶叶还被用作向契丹人进贡的贡品。据说有权有势的契丹人只接受皇帝用的小端茶，其形状像小的压缩饼。不要求高质量的贡品时，他们也用散装的茶叶来烧茶。1997年，从当时契丹的领地（现中国北方的河北省）发掘了一个11世纪的契丹人墓，其中的一幅壁画描绘了这样一个场景：一个备茶的仆人在用茶碾把茶叶碾成粉末。另外，1987年，考古学家在著名的法门寺塔下出土了一批约874年入土的文物，其中有同样的茶碾。[35]从塔下出土的茶道用具表明，从唐朝起佛教就深深沁入茶文化之中。

契丹人继承了唐代的艺术和文化传统。契丹人（辽人）刻意在陶艺、发型和着装上保持与南方的汉人迥然不同的风格。另外值得一提的是，不仅辽人是虔诚的佛教徒，吴越的商人以及和他们打交道的日本商人也是虔诚的佛教徒。[36]这个贸易三角中的商人们有意识地利用了政府所支持的佛教来进行贸易，互惠互利，造就了一个稳定的贸易网络，以创造财富。当契丹人向西朝巴尔喀什湖迁徙时，这种经济模式和对名茶的欣赏，随着契丹人一起到达了正在崛起的俄罗斯。

最早的茶叶贸易沿着起于青藏高原的边缘、一直向北到河西走廊的“茶文化之弓”展开。保罗·史密斯（Paul Smith）在他的《税收天堂的仓库：1074—1224》(*Taxing Heaven's Storehouse: 1074–1224*) [37]一书中就提到，在唐宋年间，这个地区经常有以茶易马的贸易。后来，当中国沿海的各个王国经历了人口增长和贸易繁荣时，茶叶和茶叶贸易被传到日本。9世纪，日本的最澄和尚把茶叶种子偷偷地从中国带回日本，并在日本南部的九州岛上种植。茶叶的种植接着向东向北蔓延，直到北纬39度的种植极限。日本人于是得以在日本种植他们自己的茶叶。[38]英国和俄国由于都坐落在北纬39度以北，便只好进口茶叶，这造成了他们巨大的贸易逆差。

虽然日本增加了自己的茶叶生产，可它还能不断地从同中国的贸易中受益，尤其是纺织品。到1004年北宋和契丹签订“澶渊之盟”时，贸易所积累的财富使日本的平安朝达到了艺术审美的高峰。1000年左右，紫式部开始写作世界上第一部长篇小说《源氏物语》。这部伟大而精致的作品描绘了平安朝时代日本的宫廷生活，展示了日本细腻精致的岛国文化。主人公的美学情操是由其商业背景支撑的。当紫式部在薄纸上写下《源氏物语》的时候，一水相隔的大陆上的地缘政治不断变化：角逐者们为获利于中国生产所致的经济繁荣而争相竞逐。此后的400年间，直到1369年，“中国”的主体部分一直都为非汉人的游牧民族所统治。[39]

非汉人的游牧民族在中国改朝换代，草原同盟也历经沧海桑田之变。在此期间，契丹人被迫向西迁徙。12世纪，他们建立了一个东西跨越2000英里，南北跨越700英里，包括撒马尔罕、布哈拉、喀什噶尔、和阗（田）、别失八里（北庭）在内的国家[40]，被称作中亚的“哈剌契丹”或“黑契丹”（Kara Kitai）帝国（该国史称西辽。——译注），其臣民主要信仰基督教。在此背景下，1114年黑契丹帝国对撒马尔罕的征服演化成了中世纪欧洲的“祭司王约翰”的传奇。契丹人以巴尔喀什湖为中心，统治了85年（1124—1309）。在这85年中，从属国的残余贵族继续向西迁徙，加入了准噶尔联盟。

在这西迁的过程中，中亚人、波斯人及后来的俄罗斯人把Kitai这个词诠释成契丹人曾经统治过的国家，即中国。同时，喜爱喝茶的商人把这种饮茶习惯向西带到了俄国南部，从而为后来茶叶之路的兴起埋下了伏笔。

当茶叶贸易在欧亚大陆的东半部盛行的时候，俄国（当时指的只是基辅和诺夫哥罗德这些城邦国家）迅速得益于这种贸易，从东方学到了许多经验，特别是东方的管理方法和商业机构。鞑靼人[41]还从蒙古人那里承袭了国家结构，这种国家结构为后来的俄罗斯人（即鞑靼人和斯拉夫人的混合）所接受。东亚政治的变化赋予了俄罗斯人学习东亚草原文化传统的一个契机。16世纪的草原地理条件、文化的连续性，以及突厥人和蒙古人的流动，共同促进发展了一个经济共同体，把东西双方由草原联结起来。[42]

最关键的是，这个巨大的发展变化是由一条跨越欧亚大陆的贸易通路及其贸易工具激发的。本书的下面一章就要开始详细讲述这条通路。

第三章

跨大陆的贸易工具：商业的润滑剂

公元13世纪蒙古帝国的巨大版图使得洲际贸易工具得以开始标准化。这包括估算价值的货币、长距离通信的方法，以及通过公认的文书来交流。这三种商业的润滑剂的存在是东西双方通过俄国和中国之间的茶叶之路进行贸易的基本条件。

当你走在北京城的那些老胡同里，你仍能感到北京作为一个古老城市的痕迹。如今，它们被现代都市不断升起的摩天大厦所包围，残存的一些胡同也已经被辟为博物馆街。胡同是不断发展变化的世界所包围的陈年印记，代表着一张加印在城市和我们的记忆上的旧地图。作为蒙古时代的遗留物，胡同是从蒙古语“井”这个词演变过来的。[43]

当蒙古人在1214—1215年间入侵北京[44]时，北京城已经做了最近两个非汉人王国的都城。北京城被非汉人统治有好几百年的历史，譬如，中国历史上有名的宋朝其实并不包括如今的北京地区。在蒙古人之前的统治者包括契丹人，他们统治的中国在历史上被称为“辽”，北京是他们五个都城中最南边的城市。还有女真人，其统治的中国在历史上被称为“金”，北京是其中都。所以回顾历史，可以说北京主要是由非汉人统治的城市。如今中国东北部其实深受这种历史上的文化和种族的染色体基因的影响，而这种影响给北京城烙上了种族的、语言的、制度的印记。

要理解联结满清帝国和俄罗斯帝国的茶叶之路以及它们之间的贸易，我们必须清楚地意识到，清俄之间的草原民族的贡献至关重要。是这些草原民族使得东西方成为一个统一的经济实体。草原民族和东西双方分享许多共同的传统，并且熟悉从大路的一端到另一端的地理形态。他们能够方便地利用东西双方的信息系统、贸易系统、发明创造和人文成就，是东西双方间最合适的中介。欧亚大陆作为统一的经济实体的历史，可以说就是这个中介的历史。草原民族的领地介于有着固定、刻板结构的清俄两大帝国之间，是一个发明的舞台，尤其允许发展灵活的贸易手段。

在沙皇俄国和满清帝国1689年的《尼布楚条约》（《涅尔琴斯克条约》）签订之前，毛细血管似的洲际贸易和交流主要是由撒拉逊人、维吾尔人、粟特人（索格底人）、伊朗人、亚美尼亚人、蒙古人、布哈拉人等进行的。尽管这些民族既不是汉人、也不是斯拉夫人，可是他们和这两者都有关系。由于几千年的扩张和移民，亚洲和欧洲是由一个连续的基因阶梯连接着的。现代的人类大约是4.2万年到4.3万年前由亚洲和非洲向欧洲扩张的。关于基因和人种的研究，最有名的属卢卡·卡瓦利－斯福扎（Luca Cavalli-Sforza）和他的同事，他们的研究表明，欧洲人的基因祖先大约三分之二是亚洲人，另三分之一是非洲人。[45]

接下来要讲的是最近1000年来的洲际互动，以及为欧亚洲际贸易关系奠定基础的标准化工具。我们要谈的是货币、文化、通信，以及“撒拉逊人”和“布哈拉人”与当今世界的关系。

草原民族和中国中原地区的贸易一直和地理条件相关。每一方都对对方的物品有所需求。在贸易区居住的人于是从贸易流通中获利。我们可以用一个生物的比喻来描绘这种经济的结果：在两个不同的生态的交界处，比如陆地和水之间，或者是森林和平原之间，一般可以找到密度更高、种类更繁多的物种。历史上，由地理因素和人种因素所决定的不同的经济体系之间，也同样可以找到更加集中的贸易。

在欧亚草原民族和中国中原地区交汇处出土发掘高密度的钱币，这是频繁贸易的证据。考古发现证明，距今3500年前，游牧社会和农业社会的交界地区就开始频繁使用钱币。[46]以贝壳作钱币是商业的古老而持久的证明——公元前1500年左右，贝壳已经在草原南部作为钱币使用。比如，20世纪80年代在内蒙古东部的赤峰大甸子（夏家店文化遗址）840个墓的发掘过程中，就发现了贝壳及其青铜复制品。此遗址属于公元前1600年的一个早期青铜时代文化。[47]大甸子的意思是“大的草场”，描述的是周围的环境。在商朝（公元前1600—前1046）的最后一个都城、黄河之滨的河南安阳也发现了贝壳。从公元前1500年到前1000年左右，龟甲被用来敬神祈福，其结果是龟也被神化[48]。做成龟背形状的钱币是主要的交换媒介。公元前1000年左右，草原南部就把铜币烧制成龟背的形状，作为流通货币使用。[49]最近几年，内蒙古出土了许多龟背形状的铜币。这些公元前1000年左右的钱币的龟背形状逐渐被抽象化，乌龟的线条流畅，头部简化成了一个环，可以用来把钱币穿成一串。

公元前500年前后，草原民族和中原地区用来加速物物交换的钱币被烧制成刀的形状。游牧民族对刀很珍视。如同早些时候以贝壳作钱币作为交换媒介一样，以刀作为交换媒介导致了刀状钱币的产生，并在公元前4世纪和前3世纪的东北亚广泛使用。内蒙古东部就出土了许多刀币。在燕国，即今天的北京地区，人们铸造两种刀币——直刀和折刀。[50]广泛烧制刀币表明中原地区和草原民族的贸易联系非常紧密，也证明了南部和北部经济体系在几千年之前就已经互相渗透。

1989年的夏天，内蒙古包头火车站东部的一个建筑工地的推土机令人惊异地推出了一批“明刀”。[51]钱币的一面铸有早期汉字“明”，包括“日”和“月” 的字样。这样的钱币已经在好几个北方省份出土，可是西至包头，还是头一次。这些是公元前4世纪到前3世纪的钱币，当时，包头是赵国的疆土，而不属于“明刀”的原产地燕国。这个发现证明广泛的贸易往来沿着不同经济体系的交界线展开，不仅是南北向的，还有东西向的。[52]

再往西，我们可以追溯到非汉人作为垄断洲际贸易的商人的历史。由于文化交流的原因，这些民族主要活跃于金融业。蒙古人统治的元朝实行一个新的更标准化的现金体系，即纸币金融系统，非汉人的地位也被显著提高。撒拉逊人和维吾尔人，也就是波斯人和突厥人的后裔，担任元朝蒙古人的金融顾问，他们规定了纸币为蒙古帝国的法币。他们在800年前就实行了这种纵贯大陆的金融操作。由于纸币的使用，欧洲和亚洲开始结成浑然的一体。

亚欧能结成统一的整体，经济比政治发挥了更重要的作用。在过去的2000年中，有三个伟大的草原帝国统治过欧亚大陆的中部。他们是：匈奴帝国、突厥帝国和蒙古帝国。这三个帝国的兴起和衰落造就了草原地区的政治局势的变迁，和周围相对稳定的国家相比十分独特。本书中政治局势的变迁不是讨论重点，我们要详细讲述的是由文化交流所推动实行的洲际标准化工具。

建立洲际金融系统是成吉思汗之孙、元帝国的皇帝忽必烈汗（1215—1294）的成就之一。到1214—1215年成吉思汗入侵燕京，蒙古人已经好几次试图进攻中国。1234年成吉思汗去世的时候[53]，蒙古人再一次入侵燕京，这次他们打算长期留下来。1273年，蒙古帝国从波斯招募了一批懂得新的攻城技术的穆斯林工程师，同时，蒙古人以不可阻挡之势扩张到了中国南部。1279年，忽必烈汗终于征服了全中国。[54]

洲际贸易开始随着蒙古帝国版图的扩张而增加。马可·波罗在他13世纪的游记中记录了亚欧地区对蒙古人的畏惧："在亚洲和东欧，狗也不敢在蒙古人离开之前乱叫。"[55]蒙古人开通了纵贯大陆的信息通道，除了攻城技术之外，其他一些技术开始传入中国。比如，当时蒙古人所统治的波斯向草原地区以及中国内陆传入数学、天文和医药知识。由于自己就患有痛风病，忽必烈不仅对从波斯，而且对从南印度和朝鲜传来的医药知识，都相当能够接受。然而，最为持久的技术发展是在金融方面。13世纪，一批金融和贸易"专家"统领了东方和西方的金融中心，他们是令东西方贸易通路畅通的关键人物。这些专家制定了规章和机制，使得一个国际金融体系很快发展起来。这个系统虽然没有发明纸币，却指挥了金融标准的实施，从而使得后来纸币的使用成为可能。他们把金融标准写进法律和规章，然后建立许多机构组成实施网络，并且通过一套奖惩体系来监督执行。

一位名叫阿合马·费纳喀忒（Ahmad Fanakati，?—1282）的外族穆斯林作为财务大臣为忽必烈汗服务了20多年。官方的《元史》卷205《奸臣传》记载了他的生平，仅从这一点就可以看出阿合马·费纳喀忒在中国历史上是一个很重要的人物。他的最终下场也被记录在官方的《元史》卷205中。阿合马是他自己的名字，因为他来自费纳喀忒，也就是今天的乌兹别克斯坦塔什干的西南地区，所以又被称为阿合马·费纳喀忒。马可·波罗在他的《马可·波罗游记》中称费纳喀忒为撒拉逊人。[56]虽然马可·波罗和阿合马·费纳喀忒都是外国官员，蒙古统治政权却不分国籍，愿意使用所有有能力和有经验的人。蒙古帝国在巅峰时期拥有有史以来世界上最大的国土疆域，而全部蒙古人的人口不过区区70万。统治中国的蒙古人精英只是很小的一个数字，这些精英利用其他民族的人才来扩张他们的影响。许多人才来自有着长途贸易的优良传统的地区。扬州是吴越东部沿海地区茶叶和盐贸易的中心，马可·波罗本人即被任命在扬州为官，并且在那里住了三年（他在中国总共住了七年）。在元代，这样的外国官员被称作色目人，意为其他种类的人，或者按照字面意思表示"眼睛有颜色的人"。[57]

许多这样的外国官员都是撒拉逊人，他们的母语是波斯语。作为一个在欧亚大陆东端的北京工作的撒拉逊人，阿合马是从北京到多瑙河洲际网络的一部分。多瑙河西岸的布达佩斯是一个撒拉逊人的城市。现代匈牙利语中，撒拉逊人的意思是“黑肤色的人”，指的是南方人。蒙古人于1241年从欧洲撤退之后，贝拉四世国王（Bela IV，1235—1270在位）于“新山”时期将匈牙利首都从埃斯泰尔戈姆迁到了佩斯地区的布达。根据1251年的宪章，贝拉四世国王也允许犹太人在其国家居住。佩斯地区允许撒拉逊人、伊斯玛仪派突厥人及犹太人居住。这些民族的人在金融和贸易上都很有天分，所以在非穆斯林国家他们都受到了严格的监控。在信奉天主教的匈牙利，他们被规定必须居住在有主教的城镇，布达就是其中之一。允许犹太人在其国家居住给这个国家带来了巨大的经济利益，在贝拉四世国王回到布达城堡之后，犹太人就在这个城堡中铸造钱币。

尽管布达有撒拉逊人居住，表明了撒拉逊人跨越欧亚大陆的存在，但在19世纪，大部分撒拉逊人主要集中在今天的乌兹别克斯坦塔什干周围，这使得他们成为哈剌契丹（黑契丹）帝国的国民。他们是和吴越及日本进行贸易的饮茶的契丹商人传统的继承者。在蒙古人占领了他们的土地（1218—1220）之后，契丹人向西迁移，把他们的贸易本领和发达的文化也带到了西方。精通贸易和金融的阿合马就是契丹人向西文化传播的受益者。

作为在北京定都的新的蒙古帝国的财务大臣，阿合马掌管国家垄断的茶叶、盐、酒、醋和金属的管理权。他在这个职位上干得相当出色，为蒙古帝国、也为他自己带来了丰厚的利益。据说他在职20多年，也有记载说是25年。[58]可能是因为嫉妒他的成就，忽必烈的二儿子决定除掉阿合马。蒙古人煽动一个叫王著的汉人，来刺杀这个撒拉逊人。1282年的春天，有人假扮太子邀请阿合马去参加一个会议。在途中，王著纠集了100多个同谋者与阿合马发生冲突。王著从衣袖中抽出一柄铜锤，将阿合马打死。[59]王著事后立即自首，说他很高兴能替国家除害。阿合马被刺杀的日子是1282年4月10日；王著则在同年5月1日被执行死刑。

这个针对阿合马的行动是在忽必烈不在都城的时候发生的，因为据说忽必烈对他的财务大臣相当欣赏。当忽必烈听到这个消息的时候，许多支持忽必烈的二儿子的人编造了诸多阿合马的所谓罪行说给忽必烈听。他们告诉忽必烈汗说，商人们通过阿合马献给忽必烈的宝石，结果全中饱了阿合马妻子的私囊。他还被告知，官员们在阿合马的壁橱里发现了两张硝制的人皮，有人瞧见阿合马把这些人皮放在祭台上并且献上祭品。有人说阿合马对谋求官职的人威逼利诱，强占他们的妻子、姐妹、女儿。马可·波罗在他的《游记》中提到了最后一点："任何有一点姿色的女子都成为他占有的对象。"[60] 忽必烈最后同意下旨，对一个穆斯林施行最大的羞辱：1282年6月7日，掘开阿合马的坟墓，剖开棺木，将他的尸体曝露于北京城的北门外，纵狗啃咬他的尸肉。骨头上的肉都被清除之后，他的骨骸被战车辗得粉碎。

就这样阿合马结束了元代最有名的财务大臣的显赫一生。其他当时有名的穆斯林也受到了迫害。忽必烈汗被迫支持反穆斯林的论调——反穆斯林的政策从13世纪70年代末期开始，一直持续到1287年。13世纪蒙古人的征伐过后，中亚的商人们利用洲际贸易垄断了中国北部的贷款行业。他们所用的系统被称作保税制：他们向统治中国的蒙古人求取在中国征收税务的权利。这些商人或隶属于贸易商会，或建立某种伙伴关系[61]（在突厥语中叫"斡脱"，是"合作伙伴"的意思），由此获得了巨大的利益。与此同时，盈利少的中国官员们也许感到了挤压，希望这些中亚的商人们遭到驱逐。

阿合马虽然死了，但他所监管的纸币却维持发行了50年。蒙古人虽然不是纸币的发明者，却使纸币第一次在一个广阔的地域内使用了近一个世纪，远远超出了一个地域的限制。在忽必烈汗统治的时代之前，纸币在世界上几个地方都曾发行：比如他的前任窝阔台和蒙哥统治时期，比如唐代和宋代的中国[62]，另外也偶见于中东地区。由于货币发行者的不稳定，哪一个体系都没能维持多长时间，也没有一个体系可以上升为国家唯一的货币体系。

元代的纸币系统对于建立现金偿付、税收、货币调节和贸易的洲际标准至关重要。它成为佛罗伦萨乃至整个欧洲的金融操作的原始模式。比如，匈牙利货币福林的名称就是从佛罗伦萨人的货币演变过来的。纸币系统通过共同的经济文化和经济操作把东方和西方联系起来。

第一次大规模发行纸币是在1228—1260年金人统治中国北方的时候，早于定都北京的元帝国的建立。蒙古帝国发行的纸币主要是适应市场的需要，但是基本延续宋代和金代的做法。1260年，只使用纸币的货币系统开始实施。[63]实施的主要原因之一是在帝国辽阔的国土上长距离的军事通信的需求：带着沉重的铜钱行军以及随时找到金属铜来铸造铜钱都是极其困难的。铸造铜钱的过程耗资巨大，而且很难铸好，而纸币却随时可以发行。最重要的也许是，当帝国开始稳固的时候，纸币系统可以很快地统一和集中化；而由各地铸造铜钱会导致经济的分散与分裂，继而导致政治上的分裂。元代蒙古帝国于是禁止使用铜钱，它买下所有可以购得的金银来保证纸币的发行，并且对私下的金银交易进行严厉处罚。由于铜钱不被承认，纸币于是成为国家唯一的合法货币。

据马可·波罗的游记记载，纸币所用的纸是用桑树制成的。马可·波罗写道："人们用桑叶养蚕，桑树树干则可以做纸。如果把桑树树干取下，然后取用树木和坚硬的树皮之间的一层皮或细腻的白色植物纤维，就可以做成一张张纸，不过是黑色的。"[64]

1276年之前，纸币是木版印刷的。而在1276年之后，纸币更多地是铜版印刷的。一开始，丝绸被用作保证金，1000两丝绸担保50两银子，这也是当时纸币的单位价值。蒙古帝国在各地设立了买进金银及散发纸币的部门。国家法律保证这些部门可以拿取多至百分之三的服务费。这样，当地居民就可以通过可靠的、价格合理的渠道得到纸币。军队和当时的朝廷都用纸币的单位来记账。

1267年到1350年期间，元朝的纸币[65]发行已经成为一个很稳定的系统。纸币可以用来付所有的账，包括税金。[66]元朝纸币系统的成功之处并非纸币本身，而在于其有着明确定义及规范的系统来担保纸币的价值，包括一个详细的现金法律，对纸币系统加以规范和标准化。1282年，蒙古帝国开始施行一个包括14条条例的规定。这个规定定义了纸币系统的基本准则，包括编制、适用范围、新旧纸币的相对价值、买卖金银的方法、私下交易和伪造纸币的惩处，等等。尽管这个纸币系统后来随着经济的发展而有所变动，但它仍有效地运作了大约90年。

不过这个纸币系统最后还是垮台了。1350年到1368年期间，蒙古帝国只发行过一次纸币，相应地还有一次铜币的发行。这是历史上第一次由纸币来担保铜钱的发行。从1350年起，这个纸币系统开始问题百出。[67]1990年在元代故都上都附近的一个墓地的考古发现，佐证了金融政策的反复无常。前朝的铜钱从金融流通系统中退出，积累在私人手中。由于这些铜钱在通货膨胀的环境中毫无用处，其拥有者便把它们作为随葬品入葬。[68]这个墓地是元朝前都城上都的殡葬地点，在上都遗迹东南七公里处的砧子山山脚。这个元朝的首都在1358年红巾军起义之后被遗弃，而元朝则在11年之后覆亡。

在北京坐镇的蒙古帝国的统领者所实行的金融系统既非蒙古人也非汉人的创造，而是纵贯欧亚大陆的贸易所联结的民族近百年交流的产物。这种交流在一个共同的文化空间——“伊斯兰之域”——得以实现，也在不同的宗教、语言和民族间展开。快速的文化传播使得接受国际标准成为可能，加上蒙古朝廷的容许和促进，使得多种信仰和风俗得以融融共存。

新的金融系统结构进一步增强了这片古老土地上的统治者的权力体系。阿合马及其他人给蒙古帝国带来的金融工具使得统治者更加容易统治。这是标准化可以促进中央集权的一个典型。欧亚大陆上草原游牧族群的各个统领们开始发现一个事实，一个地区的货币越是流通，这个地区就越容易受到外围势力的干涉。这些军事首领发现他们为周围一种看不见的力量所左右，他们的统治能力被削弱了。这种看不见的力量包括货币流通和贸易扩张，及这种扩张所带来的向非本邦人支付的贸易税的增加。这种外围势力中大一点的可以控制本来由当地统领所拥有的经济和军事权力。通过货币政策，外围势力可以进一步确认这种统治权力。

这些原则在13世纪蒙古人统治的波斯伊儿汗国得到充分应用。[69]后来，继蒙古人之后，满族人统治的大清帝国也应用了这些原则并且取得成功。在蒙古，茶叶之路兴盛的那些岁月里，茶叶就是货币化的一种特殊工具。

至19世纪末期，在茶叶之路周边以及整个蒙古地区，都有寺庙自己印刷发行纸币的情况。使用这样的纸币其实也就是由寺庙作保证者。中国的商号，包括鼎鼎有名的“大盛魁”商号，都使用这种寺庙的纸币以及他们自己商号的纸币（称作银票）。这些纸币有一定价值，是合法的流通货币。从1860年到1870年，九个蒙古地区[70]就印刷他们自己的纸币并且在他们的领地应用。他们用纸币向喇嘛支付报酬、发放救济物、偿还债务，以及进行贸易。

14世纪早期的时候，白银是蒙古帝国纸币的保证金。到19世纪的时候，蒙古纸币以茶叶作为保证金。

蒙古语把砖茶或绿茶称作黄茶，杀青炒青之后发酵的中国红茶则被称作黑茶。如今情形略有不同，绿茶指的是来自格鲁吉亚的茶，格鲁吉亚茶砖的角稍圆，所以被称为“圆角茶”[71]。在十八九世纪，一方绿茶砖理论上可以分成60份，每一份的价值被称为“一黄茶”[72]。“半茶”则是绿茶砖的一半，也就是等于30个“黄茶”。当然人们只是用茶砖来作保证金，茶砖本身并不被如此分割。[73]印刷纸币使用的是手工制的木版。每一张纸币都由一个官员用蒙古语来写下纸币的面值，在其上再加盖官印。[74]1999年，在乌兰巴托艺术博物馆的商店里，你可以花80美元买这样的一张1745年的纸币。

蒙古的商品主要是用茶叶来标价的。1870年，在靠近今乌兰巴托市中心土拉饭店的库伦老市场，一头羊的前半身值两个半到四个黄茶。至于肉更多的羊后半身，则值四到六个黄茶。1870年，一磅牛肉值两个半到三个半黄茶，在当时相当于四到五个俄国戈比。一头活羊值10到16个黄茶，一头活牛则值30到50个黄茶。[75]

从19世纪后半叶开始，蒙古北部使用俄国的卢布。在俄国革命之前，蒙古人欠俄国人的债是用寺庙印刷的纸币来偿还的，这些纸币上印的也是俄国卢布的面额。比如1915年，车臣汗盟的钦邦金旗（音译）——就是今后杭爱省的大塔米尔——印刷了价值2万卢布的纸币。十个这样的纸币值约两个半戈比。[76]19世纪蒙古纸币主要是由其南北两大强邻的实力来作金融保证的，蒙古自己并不拥有如它的纸币所显示的财富。

今非昔比，在忽必烈汗统治的早些年，蒙古帝国的财政实力曾经十分雄厚。元代所发行的纸币显示的是货币的图案，比如十个钱币穿在一起的图案，表示纸币是由看得见、摸得着的铜钱来作保证的。1260年，忽必烈发行了代表十枚到1000枚铜钱的纸币。代表1000枚铜钱的纸币今天被称作“黑尔希”，在蒙古语中是“一贯”的意思。一贯纸钞由相同价值的纯金和银币来担保。一贯纸钞价值一个达尔（37.3克）的白银，而十张一贯纸钞价值一个达尔的纯度极高的黄金。达尔又叫做两，是起源于马来语的混合语，一开始在契丹人、汉人同东南亚人进行贸易时采用。由于金和银同时和货币比价，这就给买卖金银提供了很好的机会，因为不是所有的商路沿线都对金银有相同的比价的。比如中国就一向看重白银。16世纪，哈克卢特（Hakluyt）的《游记》就记载，从新大陆来的船只发现，在中国，他们偶尔可以用银子换取同样分量的金子。

到元代末年，蒙古王朝的财政部门共发行了40多种纸币。纸币上的中文一般包括这样一条警告：“伪造者处死，首告者赏银五两，仍给犯人家产。尚书省奏准印造，至元宝钞宣课差役内并行收受，不限年月，诸路通行。”纸币上还印有印造库子、宝钞库子署名以及印制年月日。

在中文字的左右两旁是一行行“忽必烈汗方形文字”，这种方形文字是由一个西藏喇嘛应忽必烈汗的要求而发明的国书文字，叫八思巴蒙古新字，或八思巴文。这些文字是中文“至元宝钞，诸路通行”的音译。这些文字依新发明的字体书写，但所对应的词却是中文的。在元代，许多官方文件都是用八思巴文写的，不过只是重复中文的发音，而且有中文对照。

如今，我们几乎见不到流传的元代纸币。我们所知的元代纸币主要是考古学家从13世纪的遗址中发掘出来的。比如，1982年在呼和浩特的一个遗址中发掘出1260年首次发行的一张价值十枚铜钱的纸币，长175毫米，宽100毫米。其他纸币大小类似，但似乎没有一个标准尺寸。从内蒙古的额济纳旗——1227年成吉思汗的军队击败唐古特（党项）之后蒙古人所攻占的一个古老的前哨，又称为哈拉浩特[77]——也出土了纸币。哈拉浩特，在喀尔喀蒙古语中叫做Harhot，其遗址是由俄国人科兹洛夫（Petr Kuzmich Kozlov）在其1907年至1909年的蒙古及西藏探险活动中首次发掘的。[78]科兹洛夫挖开堆积的沙子，发现了一个中央舍利塔，其中藏有许多11世纪和12世纪的唐古特文件。前面提到过的纸币以及有一个图书馆收藏量的唐古特文件现收藏在圣彼得堡的冬宫（艾尔米塔什博物馆）中。[79]在哈拉浩特（亦即中文所称的“黑城”）周围地区的考古一直延续到1991和1992年左右，许多西夏文件以及宋代、金代和元代末期的钱币都得以发掘出土。[80]

考古发掘的钱币除了展示金融工具的发展之外，还显示了贸易的另一重要润滑剂的发展过程。这个润滑剂就是一种被广泛接受的书写语言，正是书写语言使得茶叶之路时代的商业交流成为可能。值得一提的是，在中亚地区及中国居住的维吾尔族学者对这种书写语言的持续发展起了关键作用。

忽必烈的祖父成吉思汗并不识字。1227年成吉思汗去世的时候，他所选定的继承者是他的四个皇子之一窝阔台（元太宗）。窝阔台于1241年去世，引发了一场汗位争夺战。到后来忽必烈统治中国的时候（1260—1294），蒙古帝国分成四个独立自主的汗国，由成吉思汗的四个孙子分别统治着。忽必烈汗表面上从他的都城统治着整个蒙古帝国，该都城最初设置在开平，1264年被忽必烈命名为上都。上都是柯勒律治（Coleridge）由鸦片所激发灵感的长诗《忽必烈汗》所描绘的世外桃源。上都的考古发掘工作开始于1992年。在这之前，这座古城的城墙墙砖在19世纪50年代被用作正蓝旗附近的军队农场的建筑材料。

作为忽必烈的主要都城，上都仅仅维持了三年（1260—1263），但是直到1358年这个城市还是蒙古人的居住地。[81]1263年，忽必烈把他的冬季行宫迁到了契丹人的旧都燕京，并将其重新命名为大都，即现在的北京。在这里，他开始建造一个跨大陆的文明社会。

忽必烈之所以有如此的眼光，他的母亲对他有着不可低估的影响。他的母亲是一个十分出色的女子，名为唆鲁禾贴尼别吉，其中的“别吉”是贵族女子的一个头衔。在志费尼（Juvaini，生于1226）的《世界征服者史》（*History of the World Conqueror*）一书中，有着对这位女性较为详细的描述。唆鲁禾贴尼别吉与成吉思汗的一个能干但是酗酒的儿子拖雷成婚后，生下了四个儿子，这四个儿子就是后来统治着蒙古帝国的四个汗国的头领，其中之一是忽必烈。唆鲁禾贴尼别吉对忽必烈的影响主要是在对于宗教的宽容和文化修养上，而这两者对于贸易的顺利进行都至关重要。唆鲁禾贴尼别吉希望她的儿子们都能够读书识字。她坚持认为读书识字有益，这对后来蒙古人的文化程度提高有很直接的影响。作为一个克烈部的景教（聂思脱利教）教徒，她主张宗教宽容以及允许多种宗教并存。为了管理蒙古帝国疆域内的不同民族，她让每一个儿子从小信仰不同的宗教并学习不同的语言。在蒙古帝国存续期间，所有的宗教信徒，包括摩尼教徒、景教徒、穆斯林及佛教徒，都有免税权。帝国的圣谕规定，他们唯一要缴的税是祈求帝国的繁荣昌盛、祈求神灵赐福。方便贸易交流的混合语书写文字以及允许多种宗教的并存，极大地刺激了纵贯欧亚大陆的贸易交流。

混合语这种文字的创造使用，一大部分原因是为了记录保管货物。从楔形文字时代使用削成三角形尖头的木棒在黏土泥版上刻划来记录账目起，这种文字一直被用来进行贸易。蒙古人发行纸币的时候，他们把自己的文字印在上面，来宣示他们统治的合法化，并确定纸币的价值。这种文字一开始是把蒙古语转录给帝国各地居民的一种音译方式，大约是1269年由西藏的佛学大师八思巴（1235—1280）发明的。八思巴，又译作帕克思巴、八合思巴、拔思发等，在藏文中念成Pagpa，在蒙古语中则念成Pagwa。

八思巴是西藏中心地区负有盛名的藏传佛教萨迦派第五代祖师，元代首任帝师。在他八岁的时候，忽必烈就曾邀请他到大都（北京）。萨迦派喇嘛教早在1073年就创立了，可是它的政治影响却在两个世纪之后、八思巴和忽必烈开始交往之时才变得很重大。萨迦派喇嘛教在西藏的支配地位全靠蒙古人的支持，可是八思巴却拒绝在忽必烈面前称臣，骄傲地保持了一个平等的地位。八思巴引导忽必烈信仰藏传佛教，尽管忽必烈在位期间同时坚持着他的祭祖活动。

当八思巴还是个孩子的时候，他的叔父萨迦班智达（又称萨班）带着他到了北京的蒙古朝廷。萨班的喇嘛寺的名字萨迦代表着青藏高原中部地貌常见的颜色，意为“灰白土”。八思巴是西藏历史上极为重要和具有影响力的人物，他的藏族名字实际上是罗古罗斯坚赞（或者罗追坚赞），但是大家所熟悉的是他的姓八思巴，意为“圣者”。忽必烈让八思巴发明的这种文字从1269年3月17日起变成了蒙古帝国的官方文字（国书）。八思巴文是自上而下书写的，与维吾尔文类似，与横着写的藏文不一样。这样的设计考虑到了让这种方形文字和汉字一起书写的便利性。[82]这种方形文字涵纳了西藏、印度、维吾尔的不同元素。在忽必烈1271年下达的诏书中，他明文规定蒙古皇族男子以及军队首领都必须学会这种文字，以便进行交流。

忽必烈还规定他们必须从维吾尔族学者或老师（巴克什）那儿学习。700年过去了，巴克什至今在蒙古文中还是“老师”的意思。这个词本身显示了欧亚大陆词汇的变化发展，以及欧亚大陆中部文化的流动性。这个词来源于汉语“博士”一词，意为“知识渊博的学者”，如今代表着教育中的最高学历。当这个词传到维吾尔语中时，它就染上了浓厚的宗教色彩。

哈萨克人用这个词表示穆斯林长老，尽管在蒙古语中这个词至今仍然和宗教没有多大关系。从20世纪初在吐鲁番发掘的14世纪的文件中，我们可以了解到，八思巴蒙古新字不仅用于公文，还用于书写佛教经文。这些文件显示，在14世纪初，许多佛教的经文被翻译成了蒙古文。一些蒙古诗词以及杂文显示了相反的、蒙古文化对西藏以及印度哲学的影响。[83]

八思巴蒙古新字最终还是没有能够为蒙古人提供一个合适的书写体系。结果维吾尔族学者所使用的维吾尔文取而代之，成为蒙古人和附近其他民族在过去的700年里所使用的文字。大蒙古帝国的共同语是维吾尔族和其他突厥民族使用的突厥语。在那时，蒙古人所采用的是突厥人从维吾尔语字母发展过来的文字。维吾尔语字母是从粟特语或东部波斯语发展而来的，起源于亚拉姆语。由于大草原地带草原的连续性，欧亚大陆的东部继续使用着从西部起源的古老字母。

早在任何书写文字传播之前，印欧语系的语言就已经在中亚地区以及现在的中国西部和蒙古中部地区广为应用。欧亚大陆草原的游牧民族促成了这种广泛的传播。走过丝绸之路的人都知道，在塔克拉玛干沙漠南缘有一座城市叫和阗，现简化为和田。在当时，和阗地区是操一种伊朗语的塞人王国的中心。粟特人和更早一些的斯基台人也说一种伊朗语，而这些语言成为后来从亚拉姆语演化而来的、在欧亚大陆东部广泛使用的书写文字的先驱。

13世纪，蒙古帝国甫一立国，便开始使用维吾尔语书写文字，而在此之前，这种文字已经开始在蒙古疆域之内使用了。20世纪，鄂尔浑河[84]河谷地区出土了809到821年间用三种文字（汉语、维吾尔语和粟特语）记录的印文石块，这表明了这三种文明及其文化的互相影响和交流。从亚拉姆语演化而来的粟特语使得蒙古语也有一些闪族的特点，比如不能有很清楚的表示蒙古语元音的方法。一旦采用维吾尔语，维吾尔语的整个书写体系以及字母即全部得以保持，以至于维吾尔语所不能表示的蒙古语的一些发音也没有新的字母来表示。1599年，蒙古腹地东部的满族人也开始采用这种文字。他们只是于1623年加了一些区分音声的记号，比如点和圆圈，可是这却大大丰富了他们表示不同的发音的能力。在西部，咱雅班智达达赖也于1648年发明了一种托忒文来解决发音的不清楚性。由于能够明白无误地表示发音，这种托忒文对于历史学者十分有用。在20世纪出土的三种文字的印文石块以及其他一些遗迹证明，鄂尔浑河河谷地区从古代就是一系列游牧民族帝国的心脏地带。鄂尔浑河的名字可见于18世纪早期突厥语的文字记录，但是这个名字出现在突厥人之前，它的起源已经由于时间的流逝而不为人知了。

在8世纪的中国西北，以今天的蒙古地区为基地的突厥军队把唐王朝从755—756年的安禄山叛乱（“安史之乱”）中拯救出来。汉族的习惯是授予有着粟特背景的人“安”姓，所以安禄山的父亲很有可能是粟特人。突厥血统在唐朝皇族中占有优势，而中亚对唐朝的影响是十分突出的，无论军事支持还是商业和艺术方面。突厥人，特别是维吾尔人，从他们的军事支持中得到了有利可图的贸易权。[85]

在唐代的文献中，维吾尔人又叫回纥人或者回鹘人。古维吾尔人和古突厥人共居一地。汉人的史书上把他们称作北部大草原地区大突厥联盟的领导者。维吾尔人第一次出现在汉人的历史著作中，是作为7世纪初蒙古北部色楞格河流域的民族之一被提及。当时，那个地区由讲突厥语的部落统治，维吾尔人是其主要文化的三个分支之一。突厥人和维吾尔人说着同样的语言，他们在共同的土地上生活着。维吾尔人从突厥人那里借用了如尼文的文字。当7世纪末突厥人的实力衰弱时，维吾尔人则变得更有信心，最终于742年加入一个同盟，攻灭先前的宗主国——后突厥汗国，建立了自己的独立政权。把突厥人和维吾尔人区分开来逐渐变得只有政治意义。在蒙古的维吾尔王国实际上就是第三突厥帝国，正是由于这个帝国的军事支持，唐朝才得以维持其统治。

本书讨论的是欧亚大陆的中部对东部和西部边远地区的影响。以非汉人为主流的跨欧亚大陆的商业贸易从唐代开始就延绵不绝，在数百年间还有所增强。这种状态一直到19世纪末遭到中国西部穆斯林的阻挠才被迫中断。[86]

大蒙古帝国在十三四世纪所使用的通用语是突厥语。蒙古帝国几乎从欧亚大陆的一端延伸到大陆的另一端。忽必烈汗手下的一名财务重臣是说波斯语的撒拉逊人（指阿合马）。蒙古宫廷的公文使用的是由一个藏人发明的八思巴蒙古新字[87]。这些欧亚大陆上文化传统的交集对茶叶之路上的文字、语言、商业和共同的文化空间产生了持久的影响。在这里，我要提到的最后一个重要元素是驿站，它是一直到20世纪早期在漠西蒙古地区仍然可见的交通和通信系统。

突厥－蒙古语中的jam一词，今天依然活在汉语中的“站”中，如火车站、加油站，等等。对于起源于2000多年前的这种通行体系的建立，成吉思汗功不可没，可是他的继任者窝阔台才是真正开始有效地启用这种体系的人。[88]虽然领地位于今中国北部的拓跋氏[89]统治者在4世纪、5世纪时就有着类似的系统，但此前的匈奴人就已经使用了这种通行体系。匈奴和罗马帝国同时代，是历史上的的第一个草原帝国，由一个突厥人部落统治。

拓跋氏统治者控制的驿路不仅把佛教带入中国，还帮助筹措资金，创造了一些世界上最伟大的艺术品。在收藏拓跋氏王国雕塑品的一些西方博物馆中，许多被称为“中国”雕塑的作品，其实是由这个说蒙古语的部落创造的。山西北部的大同云冈石窟中的佛雕也是拓跋氏工匠的杰作。19世纪末（1892—1896），丹麦语言学家威廉·汤姆森（Vilhelm Thomsen）成为第一个揭开拓跋语音系统之谜的人。拓跋氏是一个说蒙古语的部落，是非汉族的佛教徒，于北魏时期（386—538）统治着中国的北部。现代汉语中的拓跋是对古老的单词Tabgach的一种近似的称呼，Tobgach一词则起源于威廉·汤姆森所破解的8世纪早期如尼文文字系统。拓跋氏的通信体系造就了一个商业和艺术的繁荣王国，是成吉思汗和窝阔台所使用的通信系统的前身。

13世纪，遍布蒙古帝国的驿站之间的距离大约是一天的路程，也就是25到30英里。加急信函的传递可以快得多，每天能够走200到300英里左右。蒙古语中把驿站之间的距离称为ortog或örtöö[90]，意思仍为“驿站”。19世纪茶叶之路的年代里，在蒙古仍然有大约75个驿站。这包括27个喀喇沁驿站，以及伊犁和北京之间的20个喀尔喀驿站和14个科布多驿站。[91]

蒙古语中表示路的词zam是从这种古老的驿站系统演变过来的。蒙古人对路的认识很含混，所谓的路就是一个人直接走过或骑马穿过、到达目的地的一条路径。这个词本来的意义和“网络”更接近。突厥语表示路的词是yam，一些突厥语中也用“j”来起头，叫jam，而西部突厥语则用“y”来起头，叫yam。俄语把西部突厥语的这个词借用过来。俄国把茶叶之路上的车夫叫做驿夫（yamshchik），意思为“管路的人”：19世纪俄国小说中就有许多喝醉酒的驿夫。

蒙古帝国建立驿站的主要目的是用来传递贸易信息。比如，1281年的历史记录表明，从别失八里到山西北部太和岭的许多驿站被更新为30个驿站的系统。山西北部是4世纪拓跋氏北魏王朝的心脏地带，是中国早期金融系统的诞生地，后来则是为茶叶贸易筹措资金的大牌商号“大盛魁”总柜所在地。和吴越地区一样，这个地区集中了技术、信息和人才。游牧草原族群所发明的驿站通信系统终于找到了进入中国经济体系的切入点。

早在茶叶之路时代以及东西方通过中俄贸易相联系之前，纵贯大陆的标准化的贸易机制就已经形成了。在过去的2000年里，一个通信体系的概念和实践联结着东方和西方。本章所描述的是三个基本元素，我认为它们的存在奠定了欧亚大陆成为一个历史单元的基础。本章回顾了一些早期历史来探讨这些纵贯大陆贸易工具的形成，有助于我们理解后来发生的历史事件。茶叶之路是这些早期历史发展的一个结果。

第四章

长城之侧的明代马市：张家口

16世纪宗教和政权的共同需求导致了茶叶之路上的城市张家口的崛起。张家口坐落在北京的北面、万里长城边上，是汉族人和北方大草原上的蒙古人之间分界线上的一座重镇。

如果鸟瞰公元1578年时中国的万里长城，你可以看到这一年有4万匹马穿过张家口[92]的城门向南进入中国；同时还可以看到银两、谷物、布匹以及铁质容器以相反方向从中国向北流入大草原。不过在那时倒没有多少茶叶。

直至1578年，还很少有朝俄国方向流动的货物。伊凡雷帝刚刚于1556年拿下伏尔加河畔的阿斯特拉罕，俄国还没有向北部的针叶林“泰加群落”挺进。对俄国的茶叶贸易还要等到100多年之后——那时，俄国扩张到了太平洋，满清的康熙皇帝则统治着今天蒙古国的大部分地区。尽管如此，16世纪70年代之后，茶叶还是成为张家口主要的贸易物品，不过不是出口俄国，而是销往蒙古地区的。在和俄国进行茶叶贸易之前，汉人最先和蒙古人进行贸易，而蒙古人则成为后来中俄茶叶贸易的关键中介。

俄罗斯人认为茶叶之路是从圣彼得堡开始的，而中国人认为它是从北京开始的。不论它是从哪儿开始的，蒙古毫无疑问是中间的关键部分，这与蒙古历史上的伟大领导者之一土默特·俺答汗（约1508—1582，亦称阿勒坦汗）的功绩密不可分。

16世纪，大草原东部地区就是由这个人来统治的。俺答（阿勒坦）在蒙古语中是“黄金”的意思，土默特则是一个部落的名字。俺答的称号并不是指某一个特定的人或者大草原的某一部分；黄金可汗们统治着从东到西的大片土地，包括今天的哈萨克斯坦在内。比如，阿拉木图艺术博物馆陈列的一个身着金色铠甲、头戴高高的金色头盔的“金人”（原件藏哈萨克斯坦国家银行。——译注），实际上是一个“金女人”。在土默特·俺答汗统治时期，大草原上的民族对东西方的贸易起了重要的桥梁作用，并且保证他们自己从中受益。

在欧洲，由国家政权支持的不同的基督教对国家的形成起了重要作用；同样地，土默特·俺答汗的皈依藏传佛教促使现代蒙古形成一个独特的政治文化体系。16世纪的蒙古人不再延续他们无定形的文化形态，而是开始重新将他们定位为一个政治单元、一个国家的一员。对藏传佛教的重新接受则是这种改变的因素之一。

1206年之后的蒙古帝国时期，西藏的佛教被介绍到蒙古。维吾尔族佛教学者把不少佛教经典翻译成蒙古文，并加上了注释。[93]藏传佛教直到16世纪晚期才得到强有力的政权的支持。16世纪，西藏的喇嘛教格鲁派（又叫黄教或黄帽宗）和拉萨关系薄弱，急需政治上的支持。蒙古的土默特·俺答汗则需要宗教的支持。于是两方面一拍即合，组成了政权和宗教的联盟。蒙古大汗授予格鲁派的最高领袖一个新的称号“达赖喇嘛”。[94]

商业贸易是这些联盟的最主要的动机。在茶叶之路的年代，贸易很快跨过了边境城市张家口。这个地名的发展很能代表当地历史的演变。张家口这个城市的蒙古名字是Kalgan，最早则叫Chuulalt Haalga，意思是“聚集之门”，至今内蒙古的蒙古人仍然这么称呼。数千年以来，这个城市一直是军事要塞，1578年之后，又迅速成为商业重镇。张家口之所以能发展成茶叶之路上的重要节点，和土默特·俺答汗对宗教和商业相关联的理解息息相关。在授于西藏喇嘛教格鲁派的最高领袖锁南坚错（又译为“索南嘉措”）以“达赖喇嘛”称号的同时，土默特·俺答汗正在和明朝协商开放其北部边境。

1571年至1578年的短短八年间，这些重要的历史事件相继发生。事情所以如此，是因为外交手段而非武力积极推进了这些变化。

当时土默特·俺答汗所面临的是一个对他强化政权有利的环境。[95]蒙古帝国灭亡后，蒙古部落开始分裂，后来又重新组合，这一点令他受益。1368年元代灭亡，中国南方的一个农民朱元璋取得了皇位，蒙古对中国的统治也就随之结束。其实在这之前，蒙古各部落的联系就已经十分松散了。部落之间的冲突导致大草原地区分裂成几个中心，而每一个中心都不足以有和新生的明王朝进行边界谈判的的强大力量。1407年，定都南京的明朝廷开始在北京修建新的都城。汉人不再担心北部的游牧部落会再强大起来，便开始修建紫禁城。1414年，明永乐皇帝率领他的军队从北京向北，摧毁了前蒙古帝国首都哈拉和林。哈拉和林的最后一次毁城原因大约是大火。卡拉·捷尔吉发掘出土了这个旧都的屋顶瓦片，并且注意到瓦片的釉面都已经熔化，由此可以推测火势一定很厉害。

到了15世纪中叶，游牧部落的一支再次将蒙古各个分支联合起来，进而威胁到南面汉人的市镇。他们的目的是商贸：假如商贸不能进行，他们就靠袭击市镇来满足他们对物资的需求。历史上把这支部落称为卫拉特，或瓦剌。[96]这是一个古老的民族，13世纪的《蒙古秘史》（*Secret History of the Mongols*）可以证明。[97]卫拉特起源于西伯利亚，活动于贝加尔湖西边。到了15世纪的时候，这个地区的大约20个部落组成联盟，使得漠西蒙古成为他们的统治中心。尽管并不为大多数人所知，这个联盟其实在欧亚大陆的历史上扮演了重要的角色。

1449年，卫拉特的领导人——一个名叫也先（又叫额森台吉）的漠西蒙古人——袭击了中国的北部并且俘虏了明英宗（朱祁镇）。也先于1449年的9月1日在大同附近的草原边缘抓住英宗，还击溃了明帝的50万大军，这是中国历史上的一大惨败。英宗被绑架了整整一年，后来也先才意识到北京的政权是不会交付赎金的。英宗的一个弟弟（明代宗朱祁钰）已经继位，高高兴兴地做起了皇帝。蒙古人于是释放了英宗，后者在七年之后复位。由于这段经历，后来所有明代皇帝都不太愿意和北方的邻居走得过近。

后来也先在1455年的一次叛乱中被杀，而他的卫拉特残部在战败后向西迁移，成为准噶尔西部联盟的主导部落。他的卫拉特联盟的权力暂时让给蒙古南部一个叫做土默特的部落，土默特从卫拉特先前侵占的土地得利颇多。1449年绑架明英宗的时候，也先成功地获取了黄河河套的鄂尔多斯地区。鄂尔多斯南部地区毗邻甘肃走廊（河西走廊），在当时是一块丰饶的土地，也是商业的重地；这里也落入土默特蒙古人之手。当时河西走廊是蒙古人和西藏人的分界线，远处的青海湖提供着源源不断的水资源。河西走廊两边高山耸立，中间为狭长的平地，是东西方商贸的主要通道。土默特蒙古人得以统治这条走廊，应该归功于一个名叫满都海赛音可敦的女子的领导，她成功地把蒙古再一次、也是最后一次联合了起来。满都海赛音可敦嫁给了比她年轻的有名无实的部落首领达延汗（约1464—1532），后者重新统一蒙古的时候，实际上还是个孩子。达延汗的名字是巴图蒙克，后来他重新恢复了“大元”汗的称号。前面所提到的土默特・俺答汗则是他的孙子。

到1543年土默特・俺答汗统一蒙古南部的时候，几个不同的联盟在蒙古的西部和北部分散了权力。随着土默特・俺答汗对鄂尔多斯和河西走廊地区的控制，他也就处于与西藏协商结盟的地位。

直到16世纪末叶，明代朝廷对付蒙古人的方法仍是加强北部城市的军事实力，并且限制汉人和北方民族的交往。明代的前线军队拥有大约39.5万匹马，多是从河西走廊地区购买的。从宋朝起，河西走廊就为中国骑兵提供主要的马匹资源。1074年，朝廷设立了“茶马司”以垄断四川的茶叶生产，以便换购藏北的战马。这个茶马司从青藏高原的边缘也就是现在的四川购买茶叶，然后通过维吾尔中间商，在甘肃和青海湖周边地区的市场以这些茶叶换取马匹。[98]

虽然藏语属于汉藏语系，但西藏人的祖先却是北蒙古人。蒙古的土默特·俺答汗双管齐下，利用武力威胁和与西藏格鲁派喇嘛教的亲密关系，迫使汉人同意通商。

在明代，进入中国的关口是由在北京的朝廷控制的。对这些关口数目上的限制也就意味着对袭击威胁的控制。每一个关口由一支卫戍部队驻守，而卫戍部队的消耗比关口的贸易税收要高，所以，中国的官员并不主张增加通商的关口。

1470年，一个脱黑脱汗想派遣他的纳贡使团从离张家口不远的一个关口入关。明朝廷回答说，那不是一个正式的入关关口，可汗和他的贡使团必须取道更西边的大同。1470年的时候，张家口以及其他的东部关口都不允许作为贸易中心使用。由于当地的汉人官员自己可以从贸易中获取益处，他们希望中央朝廷能够给予特殊的考虑。可是明朝廷不愿更改，此后的100年间，东部的入关关口没有一个被开放为通商口岸。

16世纪50年代，土默特·俺答汗率领着他的骑兵部队向北京进发，用强大的军事实力迫使明廷暂时开放其北部的关口作为通商口岸。他的策略虽然取得成功，却需要不断的压力。1570年到1571年，明廷开放了好几个关口，并且都维持了不短时间。这一次和谈并不是通过武力威胁，而是靠土默特·俺答汗对宗教、政治以及地方官员的利益的把握。这些在下面都有详细的讲述。1571年，六个马市被中国朝廷正式确认为合法边界贸易口岸。在这些口岸，游牧部落可以用他们的马匹来换取中国的银两以及其他货物。其中最主要的马市就在张家口。

汉人把这个城市称作张家口，意思是“张家的关口”。“口”表示进入的地方，这个长城上的入口说不定在历史上某个时候是由姓张的家族统治的军事要塞。张家口作为出入蒙古的一个天然关口，最终成为现代中国

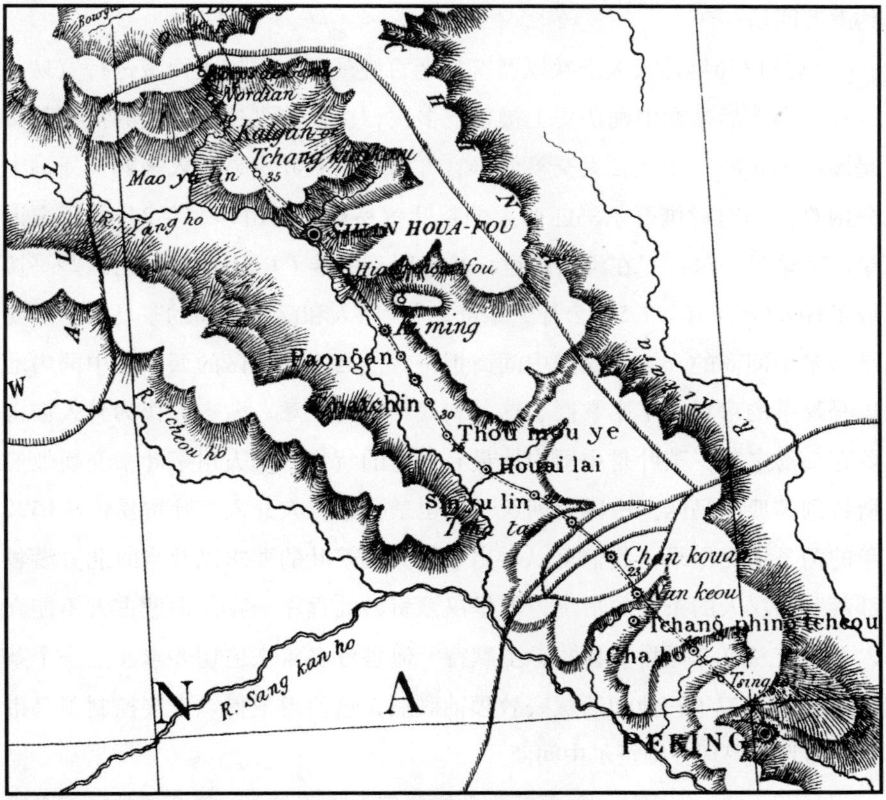

茶叶之路北京至张家口段，选自1820—1821年季姆科夫斯基地图。

和蒙古之间最重要的关口，一度也是唯一的出入口。这段历史可以一直追溯到明代的马市。明朝和蒙古人都需要贸易。明朝廷愿意和更远的地方进行贸易，来满足其对马匹、羊毛和兽皮的需求，甚至于1375年和1376年从遥远的琉球群岛购买马匹。琉球的马是蒙古种。类似的情况是，13世纪，蒙古人曾企图占领日本，他们的足迹到了朝鲜和日本之间的济州岛；他们在济州岛留下了一种蒙古战马，这些战马于是得以在岛上繁殖。明朝和西藏的茶马互市数量十分可观：约有39.5万匹战马用于前线边境防御，而民用、军事以及通信用途的马匹有80万左右。这样一来，每年至少要更新大约上万匹马。

早至1376年，汉人士兵以及普通老百姓就不允许进入西藏进行贸易。这样的禁令后来在中国历史上被重复多次，由此可见违反规定的情事其实是屡禁不止的。非法私人交易使得官方用垄断茶叶贸易收入来购买战马十分困难。当时对维吾尔马匹商人的茶叶贸易规模，由1435年2月的历史记录即可略见一斑："在洮州附近，吐蕃部落供奉了1.3万匹马，用这些马换取了109.7万磅（497 590公斤）茶叶。"[99]藏人和汉人之间的茶马贸易需要维吾尔中间商的介入。这些中间商把持着河西走廊地区的西藏和中国内地以马易茶的市场，牢牢掌握了这种利润丰厚的生意。蒙古人作为外人被排除在交易之外。茶叶是中国内地最有价值的货物，汉人用茶叶来交换他们所特别需要的马匹。中国的朝廷于是也禁止蒙古人介入茶叶贸易；从1572年的两条历史纪录，我们可以看出蒙古人对茶叶的要求以及当时北方游牧部落购买汉人的茶叶的情况，但是汉藏贸易的程序一直使得蒙古人不能介入批量交易（非零售交易）。土默特·俺答汗多年来迫切要求建立一个茶叶市场。1577年，他和西藏宗教领袖联盟，这使得他得以直接控制茶马市场，而且不用理会维吾尔中间商。

1577年[100]，土默特·俺答汗把西藏格鲁派喇嘛教[101]的最高领袖锁南坚错带到了青海湖边，授予"达赖喇嘛"称号。"达赖"是一个蒙古语词，表示"海洋"或者"广阔"。"喇嘛"是一个藏语词，词干表示上级的、崇高的，这样，"喇嘛"这个词的引伸义就是"上师"。"达赖喇嘛"这个称号以前从来没有过。土默特·俺答汗宣称锁南坚错是达赖喇嘛一系中的第三位，于是，这个新的称号就有了其历史渊源。

锁南坚错[102]这个名字本身就已经蕴含了达赖（海洋）的概念。他的全名在藏语中是"优秀品质的海洋"，由四个词组成：Bsod-nams-rgya-mtsho。前面两个词表示"美德"，第三个词表示"广阔"，第四个则表示"海洋"。在授予锁南坚错第三世达赖喇嘛称号之后，第四世达赖喇嘛[103]也很容易地找到，他是土默特·俺答汗的孙子。西藏和蒙古之间的有力联盟就这样建立起来了。[104]

同一年，西藏政权对蒙古授予的达赖喇嘛称号表示认同，明朝廷也给予蒙古人介入茶叶贸易的官方认可。1577年的秋天，茶叶第一次正式地由汉人卖给了蒙古人。

另一个促使明朝政府政策转变的原因是明世宗（1521—1567在位）的驾崩。在他的统治下，汉人在马市上可以交易的物品寥寥无几。比如，铁锅作为游牧部落家庭的必需品却被禁止交易。在英宗被蒙古人掠为人质之后，明代后来的皇帝，特别是世宗，尤其担心他也会遭受同样的命运。世宗迷信于道教，并且采用不同的方法以求长生不老。在他长达46年的统治中，他变得不讲道理，可能是因为喝了含有铅、砷和汞的迷药。[105]在他驾崩之后，中蒙间的贸易才得以向前发展。

为了使明朝开放贸易，土默特·俺答汗采取了战争和贸易相辅相成的外交方式。他的同盟者是总督毗邻北方土默特·俺答汗的草原地区的宣府、大同和山西三个地区军务的王崇古将军。王崇古将军意识到和土默特·俺答汗建立贸易关系比战争要好得多。明世宗甫一驾崩，他即于1571年的3月7日给新即位的皇帝上疏。他写道："蒙古人于漠北之地生息，不事耕作，土地不生产任何物品。他们完全依赖华人来获取铁锅、布匹及丝绸。现在他们发誓不再袭击掠夺，要求建立市场以便用交换来获取他们的所需，而不用靠偷窃或抢劫。蒙古人以他们的金银、牲口、马匹、兽皮以及马毛来换取布匹、丝绸、铁锅以及其他物品……各镇各令本路副参等官，各统本支精锐官军五百驻扎市场。交易日期，大率以一月为期。"其他的人也上疏支持王崇古将军的请求。他们嘲笑关于卖给蒙古人金属制品危险的论调。王说，蒙古人"生锅破坏，百计补漏用之，不得已以皮贮水煮肉为食。盖广锅生铁不受炼炒，行之已久，此可效行"。最终朝廷总算批准了王崇古将军的上疏。

1571年之后的每年春天和秋天，张家口以及其他地方的市场都会开放一个月进行贸易活动。不过这一个月的定义却是十分灵活的。比如1572年，靠近宁夏的鄂尔多斯地区的秋市就是从10月7日到11月25日。到1578年的时候，张家口远比所有其他马市都重要。16世纪的记载表明，在大同和山西的市场都只有一个蒙古部落参加，而张家口市场则至少有两个重要的蒙古部落以及两个较小的蒙古部落参加。马匹交易一开始为数不多，平均一个市场大约2000匹马。1578年的时候，若鸟瞰万里长城，你可以看到大约有4万匹马穿过张家口关口。40年之后，则可以看到一个颇具规模的贸易中心。

张家口最初开埠是在1571年。1577年，官方首次允许把茶叶卖给蒙古人，不过不能在张家口进行交易。1579年的3月14日，土默特·俺答汗向明朝政府要求在西部的主要马匹贸易中心洮州以500匹马交换茶叶。后来这个要求被允准，不久，东边的张家口也可以进行茶叶贸易了。

由于这个策略的成功，茶叶之路的中蒙段开通了。17世纪初叶，明朝在张家口的北面沿着万里长城修筑了一道石头城墙。城墙上建有城堡，用来驻扎军队以及充作户外贸易市场。这种城堡在汉语中叫做“堡”（音pǔ）。张家口的城堡很快就显得太小，不能容纳规模日益扩大的马市。十七八世纪，张家口市场超过了“堡”的限制，贸易范围扩大到长城的南北两侧。

张家口的古“堡”立有一块石碑，上面刻的汉字表明这个地方叫做“来远”。这块石碑大约是在1616年设立的，据旅游者记载，一直到1945年仍然存在，设立在城堡北城墙上的一座寺庙里。这块石碑还记载了张家口这个城市及其市场的建设过程。张家口的城墙至今依然无恙，圈住了现代张家口的一部分，叫做下堡。老的来远堡及其周边地区则叫做上堡。这两个堡之间距离还不到两英里。

20世纪初期，张家口的关口见证了许多怪异的情景。戈壁上的一个蒙古王公从北京定制了一个玻璃房子。70个劳工用肩扛着这个有着木框的玻璃房子不远千里运送到蒙古。经过张家口关口的时候，一个劳工不小心滑了一跤，其他人也随之受到牵连，结果玻璃房子摔了下来，而戈壁王公的玻璃房子之梦也就随之破碎了。[106]

许多明代地图上都标有沿万里长城而建的“堡”；在早期的地图上也可以看到卫护“契丹”（Kitai）的两道城墙。“堡”一开始是作为军事基地建起的，在明朝和蒙古人协商之后，才作为市场使用。张家口堡的贸易发展得十分迅速。17世纪晚期的时候，通过张家口的贸易不仅指向蒙古，而且远达俄国。[107]从18世纪初叶到19世纪末叶，张家口一直是从中国到俄国的主要茶叶聚散中心。俄罗斯人、汉人和蒙古人把茶叶运送到北部以及更远的西部地区贩卖。1883年，季雅各（James Gilmour）记录了这样一个情景：等待运送的茶叶堆积得很高，看上去像一个有着条条街巷的村庄。茶叶箱子被垒成“又长又宽的山岭”，然后再苫上几层草垫，以防天气变化。[108]

蒙古的地缘政治形势在17世纪晚期变化得很快。自从在青海湖边册封达赖喇嘛起，蒙古便开始正式接受藏传佛教作为国教。同时，蒙古社会也开始向一个财富和权力集中的经济结构转型。蒙古人并不坚持要自己控制这种权力，相反，他们允许东方的另一个半游牧民族——满族——来参与这种经济结构。下一章我们就要详细论述这一点，并且描述茶叶之路时代活跃于蒙古地区的最大的茶叶贸易公司。

第五章

王相卿和大草原上的茶叶贸易

贸易和政治总是紧密关联的，自然的地形地貌把这种关联演变成了看得见摸得着的贸易流。本章要讲述的一个特殊例子是驰名中外的旅蒙商“大盛魁”商号。这样一个没有文化的商贩所创立的商号，几乎垄断了北方大草原地区的茶叶贸易。大草原高层对汉人资本的依赖成了它财富的源泉。大盛魁商号的故事显示了汉人的经济势力如何沿着茶叶之路向北扩张。

大盛魁的创始人叫王相卿，是一个力量过人的高大汉子。能在1700年的中国西北这样一个不太容易创业的环境建立一个商业帝国，此人必有惊人的能量。王相卿的商号位于满洲人统治的中国北部的前沿地带，是北方草原游牧部落和内陆汉人农民间的主要中介，并得以从双边的贸易中获利。大盛魁的主要贸易有以下三种：银票信贷、牲畜买卖和茶叶贸易。它的商业模式向我们显示了中国的政治是如何通过贸易去影响一个外民族文化的。

王相卿的商号兴隆了200余年，它的茶叶贸易从1700年开始，一直做到1929年。大盛魁在其巅峰时期雇用员工近7000人，按照19世纪墨西哥鹰元的标准，年收入大约为1000万鹰元。大盛魁利用它的优势地位在蒙古建立了一个体系，合法地从政府的财富中获利。19世纪末，有三个晋商的商号——大盛魁、天义德和元盛德——实力强大。它们被称作旅蒙商号（Loshir），是设在蒙古的九个汉人商号中最强大的三个，其中大盛魁又独占鳌头。

大盛魁创立于中国变换其商业策略之时——中国的商业结构是由不断演变的宏观经济条件决定的。宋元两朝，中央集权统治对商业贸易的控制不断放松，中国与印度以及东南亚的贸易加剧了这种发展趋势。明朝晚期，新的商业结构从与中国以北富有的游牧部落的贸易中诞生。除了和外部的贸易之外，中国的内部市场也茁壮成长。截至1600年，中国的人口达到了2.3亿；至1650年，则增加到了2.7亿。也就是说，在美利坚合众国成立100年之前，中国的人口就超过了今天美国的人口。

中国的商人们对这种机会反应迅捷。尽管商人在中国的社会阶层（士、农、工、商）中地位最低，但事实上，由于他们所积累的财富，他们拥有实际上高得多的声望。1600年左右，商业王国这个概念不仅得到充分理解，也深深融入中国的经济体系之中。[109]

从16世纪到18世纪，中国的市场经济迅速发展。司空见惯的商业运作模式包括：低价销售、迅速周转以便使资金运转更加流畅，以行会来征集资金，以及大批量生产消费品。一种类似银行的体系在山西北部，特别是聚集了金融精英的祁县开始出现，使得满清王朝逐渐形成了在金融上对它的依赖。清朝末年，慈禧太后就从祁县的渠家票号大笔贷款。祁县处于历史悠久的丝绸之路上——丝绸之路是连接东西方的要道，聚集了熟悉中国环境的伊斯兰金融精英——，而且处于南北两个不同体系（北部的草原体系和南部的农耕体系）的边缘。这两种不同的经济体系其实一直保持着相当紧密的关系。在历史上，当中国腹地统一强大的时候，其北部的草原部落也相对统一强大。尽管在边远地区有不断的冲突，但两个政治体系其实始终保持互惠互利并相互扶持的关系。居住在这两个体系之间的经济活动者则从双边贸易中获益。王相卿就是他们当中早期的银行家和贸易家之一。

王相卿出生于山西省太谷县，具体的出生日期不详。17世纪90年代中期，这个年轻人从他的家乡出发去北面的长城杀虎口，为驻守在那里的满清军队提供服务。杀虎口位于山西省右玉县，是长城上的一个险要关口。尽管杀虎口是一个汉语地名，但这个地方曾被游牧部落长期占领，他们对它有着各自不同的称呼。[110]

王相卿和另外两个年轻人[111]一起，用扁担挑着货物到各个军队的帐篷里出售。这些军队是由满清皇帝所赏识的费扬古将军指挥的，他雇用这三个人做厨夫和杂役。他们三人建立了松散的伙伴关系，但是生意不是很景气，于是另外两个年轻人回到了家乡。这时，王相卿的坚韧不拔和非凡才能开始得以发挥。生意有所好转后，他把两个同伴叫回来与他合作。他宣布，每一个人将拥有商号（后改名为“大盛魁”）的一份股权。这种一人一股、外人无份的体系后来延续了200年。从一开始，商号就只从盈利中获取投资的资本，而不借助外部或所有者的资金。

费扬古将军是满洲正白旗人。他成为康熙皇帝[112]（1661—1722在位）手下一位大将，袭封一等公。我们可以从旗帜的颜色以及是单色还是有红色或白色镶边来区分满洲八旗。八旗的等级排序如下：正黄旗，镶黄旗，正白旗，正蓝旗，镶白旗，正红旗，镶红旗，镶蓝旗。[113]费扬古将军作为朝廷的宠臣，被选中率兵攻打满清帝国在北方的主要对手——漠西蒙古的一位可汗噶尔丹·丹津博硕克图。

康熙皇帝御驾亲征，和费将军一起扑向这个猎物。康熙三十五年，也就是1696年，他们终于击败了噶尔丹。这一年也是蒙古历史的一个转折点，因为从1696年到20世纪初恰克图的蒙古革命为止，东部大草原上的游牧部落一直是归满清帝国统治、从而由他们的汉族金融家们掌控的。

当费将军的部队向北挺进蒙古腹地的时候，王相卿和他的合伙人也跟随着他们。他们向部队提供他们所需要的任何货物，这些货物是从中原地区及当地的牧人那里采购的。一开始，商品包括烟草、食品和茶叶。王相卿从蒙古人那里购买牲口和肉，与此同时逐渐学会了蒙古语，并且熟悉了游牧民族的社交习惯，这些都是在大草原上做生意的先决条件。取得胜利之后，费将军的部队驻扎在漠西蒙古的乌里雅苏台，这个地名表示“有杨树的地方”，因为乌里雅苏台有着非常密集的杨树[114]。乌里雅苏台是一个干燥的地方，不过至今仍然长有杨树。这个地方成为蒙古的满洲军队的前营，后营则在科布多。

王相卿很快和漠西蒙古地区的蒙古人建立了联系，而这些蒙古人对他的日益壮大的生意献力不少。传说王相卿初涉乌里雅苏台的时候，恰逢一个蒙古王公的女儿生了重病，濒临死亡。王相卿给她服用了一种自治的珍贵药物“龟灵集”，这是一种源自山西的珍稀秘方。这位小姐得救了。为了报答救命之恩，她的父亲，这位蒙古王公，把她嫁给了王相卿的第三个儿子。这对夫妇后来有了一个孩子，而蒙古贵族和汉族商人之间的联盟也就顺理成章地有了保证。

康熙皇帝战胜噶尔丹后，取缔了明朝设立的、散落在大草原东部、充作汉蒙贸易中心的“马市”。明朝初期对蒙古的贸易政策相当保守，主要是惧怕边境上的敌人发展壮大。随着明朝的衰落，朝廷对边境的控制也放松了，官方同意中原的谷物和布匹也可以在马市交易。这些市场日益兴旺，其中最有名的要数张家口，长城的这个关口成为茶叶进入蒙古再到俄国的关键入口。数百年来，边界上其他的小一点的市场也是部落间关系的重要组成部分。康熙皇帝是不能阻止所有这些贸易的，因为当地的跨边境商贸已经到了任何政府都不能控制的地步。

不过，康熙建立了一个叫做“旅蒙商”的新体系来运作跨边境商贸。满清帝国的法律禁止商人们在蒙古有固定的住所。由于这些商号不能固定经营，而必须流动经营，于是便得到了这样一个称号——“旅蒙行商”。

满清帝国给其中一些商人颁发了经营执照（部票），允许他们到蒙古进行贸易。大清朝廷通过出售经营执照来保证其驻蒙古官员也能参与其中的运作。

后来这种新的体系被不断更新。朝廷不断采取措施追查在蒙古的不法汉商。另一方面，如果满洲官员可以从中获取更多的利益，其他的商人们则会被允许经营，从而得到高额利润。理论上，直到20世纪，满清帝国的法律还规定，没有执照的中国商人不允许进入蒙古地区进行贸易。商人们如果不沿着一定的路线进行贸易，或者不在特定的地点进行贸易，便会受到惩罚。商人们在蒙古的时间不能超过一年。中国的商人不能和蒙古女子结婚，也不能用大量的银两来购买货物。可是从一开始，王相卿的商号大盛魁就可以无视这些条条框框的规定。

费将军的部队占据蒙古时，驻守在如今蒙古中西部的乌里雅苏台。由于满族人已经将蒙古的东部牢牢控制，这个军事和管理基地在西部地区就相当重要了，准噶尔[115]残余势力直到18世纪50年代中期一直对西部地区有所控制。[116]一个远离满清帝国腹地的军事基地须要维持大量士兵的供给，这一切则需要一个商业组织的帮助。大盛魁可以提供军队需要的任何商品。在大盛魁的早期，其总号设在乌里雅苏台，分号在现内蒙古的呼和浩特，18世纪70年代之后，总号设在漠西蒙古地区的科布多。后来，商号的总部被迁到呼和浩特[117]。

1960年，内蒙古的一个研究小组开始研究大盛魁的历史。这个小组采访了137人，其中11人超过80岁，17人在70岁到80岁之间，55人在60岁到70岁之间，24人在50岁到60岁之间。这个调查活动由于“文化大革命”而终止，其结果也从未正式发表。不过，这个研究给我们提供了一些关于这个辉煌一时的商号的重要线索。大盛魁能在蒙古进行垄断经营的一个得力工具是龙票[118]，研究小组采访的一些呼和浩特的老人甚至见过这些龙票。可是如今，没有人能够说出在这赫赫有名的票证上具体写了些什么。据说龙票是1英尺3英寸到1英尺4英寸（约38厘米到40.5厘米）见方，由厚重的麻布制成。龙票上印有满清帝国四种官方语言[119]中的三种：满语、蒙古语和汉语，还盖有玉玺。龙票的周边印有彩色的龙的图案。没有人知道大盛魁是何时拿到龙票的，不过龙票是发行银票的执照却广为人知。[120]

直到嘉庆年间（1796—1820），满清朝廷才开始颁发在蒙古地区发行银票的执照，同时也紧缩其边界政策。一开始只有两个商号得到这种在蒙古行商的执照。其中一个叫做天义德，但是除了内蒙古地区的一旗以外，它不久即退出在所有蒙古地区的经营，因为这些地区的蒙古王公们都被大盛魁收买了。于是大盛魁得以垄断经营。票号是中国的一种早期银行形式，发行银票。大清朝廷颁发给大盛魁的发行银票的执照其实也就是银行的执照，凭此执照可以建立一个票号，而且有权以高利息放贷。

银票的生意主要有两种运作方式："一羊三批"和"包办进京"。"一羊三批"指的是一只羊可以分三批得到利润。比如一个蒙古王公需要购买丝绸或茶叶——要么自己使用，要么卖给他的旗民，因为没有现金，他可以要求大盛魁借款给他。相应地，这位蒙古王公会在作为凭据的银票背面盖上他的旗的大印，这样他就有责任偿还债务。如果债务相当于一只羊羔的价钱，那么三年之后，按照常规的利息，这个旗可能欠大盛魁两只羊羔的价钱。最后的债务偿还还要包括牲畜自然生长这个因素，所以在三年之后，这位王公可能会发现他欠了大盛魁两只三岁的羊。这是"一羊三批"之中的一批。

另外，因为几乎是垄断经营，大盛魁可以定高价，并从丝绸和茶叶的交易中获得高额利润。这是前述银票利息之外的第二个利润来源。大盛魁从王公手中购买牲畜以使王公归还他的债务时，又可以将牲畜的价格定得很低，以保证大盛魁可以获利。这样，大盛魁可以从一单生意中得到三批利润。在汉语中，这种体系又叫做"三流合一"。

要明白这种体系在蒙古的运作，就必须了解旗的体系，即盟旗制度。

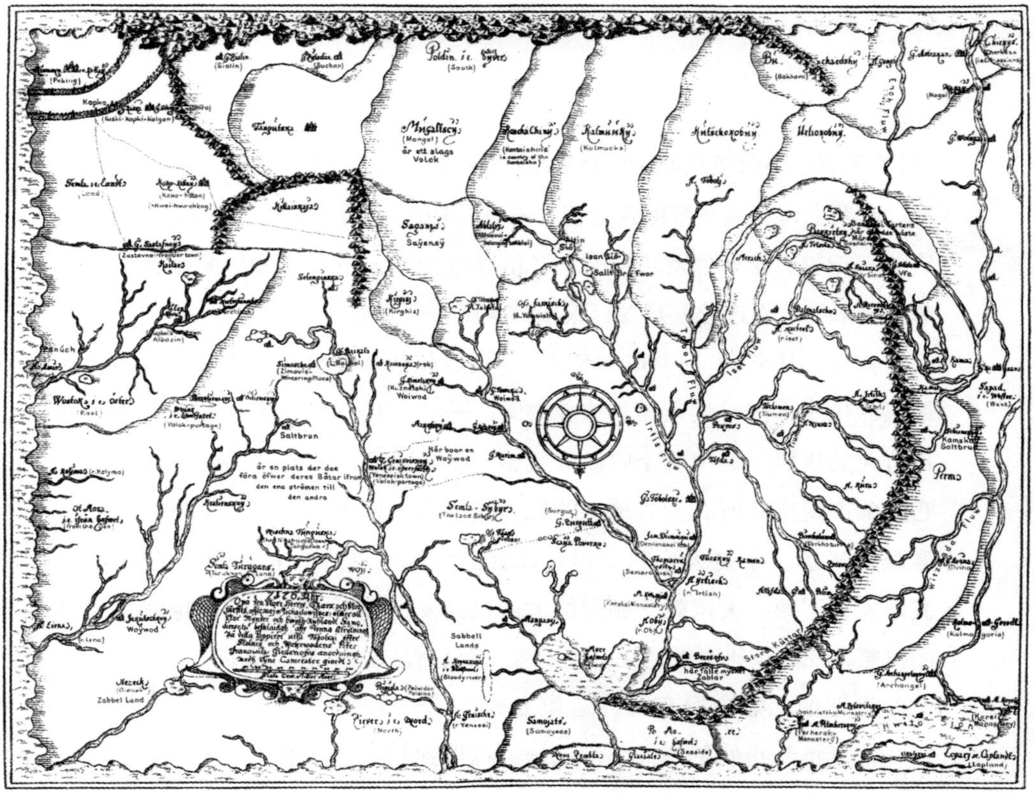

以俄国为基点的世界尽头的“契丹”地图，戈东诺夫原图复制品。直到16世纪末，欧洲人对于欧亚大陆北部的自然特征的知识还是相当贫乏的，相关信息几乎完全来自托勒密和其他早期作家以及中世纪的旅行家。古代丝绸之路以北、鄂毕河以东的亚洲，正如巴德利（Baddeley）所说，“像月球背面一样无人知晓。俄国人停驻在无知的、依靠经验的状态中；而一位热心的荷兰人维特生（Nicolass Witsen）打算在历史上第一次通过一系列地图使这一广大地区为人知晓。”在俄国的地图绘制者中，最著名的是雷梅佐夫（Semion Remezoff）和戈东诺夫（Gerasim Ivanovich Godunoff）总督。戈东诺夫在沙皇阿列克谢·米哈伊洛维奇（1645—1676年在位）统治时期是托波尔斯克的总督，受沙皇的命令，他于1667年利用采访旅行者的办法绘制了一幅详细的地图。这张地图已轶。两个瑞典人把地图借走了一段时间进行复制，并于1669年完成。这里展示的就是那张复制品。

旗在蒙古语中又叫“胡硕”。胡硕表示“尖锐的东西”，比如动物的尖鼻子或者是一面三角旗。在满洲人占领蒙古之前，游牧部落由不同的地方首领统辖，但是牧人们的游牧范围不会被限定在某一个特定的区域。可是这种自由在清朝初期受到限制。清朝政府在蒙古建立了管辖单位来控制游牧的地理范围。这种单位被称作胡硕，而垒起的石头堆（敖包）则用来表示一个胡硕的边界。[121]

地理范围的概念建立之后，政府开始逐渐增加旗的个数，以减少每一个旗的面积。当地贵族王公和佛教寺庙领受这种管辖权力，这样满族以及蒙古上层就可以对每一块领地的每一个人进行控制。这种对土地的地理分割是符合当地首领的需求的，对以牲畜的形式征收税务以及保证游牧的劳动力也至关重要。清朝廷在蒙古征收税务的结算以银两为准。[122]可是银两并不那么容易得到，税务便转化为牲畜的数目。然而以牲畜的形式征收税务有许多问题，比如牲畜的质量、运送牲畜的时间以及运送本身等等，官员们没有那么多的精力来处理这些问题。于是清朝廷指定大盛魁作为其官方的代表来负责蒙古地区的税收。

早在元朝就有这种指定中标者来征收税金的形式，蒙古人在中国沿用了13世纪金帐汗国的一种税收体系。所以说大盛魁只是在延续一种古老的传统。

汉人向蒙古人出售茶叶这样的日用消费用品首开这种商业模式的先例。如果以某个旗的名义发行银票，旗的首领则从采购货物中受益，不过债务是由该旗的牧民们承担的。在满清政府控制下的蒙古开展贷款业务自然与我们今天的银行贷款不同，因为这项业务是由对各旗牧民有生杀予夺大权的王公贵族们主宰的。反过来说，由于数目庞大的债务的存在，这些王公贵族实际上被清政府的代理人控制住了，其中最著名的代理人就是大盛魁。债务的偿还主要通过牲畜和其他自然资源的强制销售完成。这个体系成为一种将蒙古草原上的牛羊马匹转移到中国内地市场上的手段，茶叶则是为蒙古人招致最初的债务的主要日用消费品之一。

大盛魁的第二种主要收入来源于和清政府的合作。清帝国是由满洲首领皇太极于1636年建立的。1644年，满洲人占领了北京，中国于是成为帝国的一部分。1789年《理藩院则例》要求所有的蒙古王公要经常到北京朝贡。王公们被迫轮流去北京上朝，而长途跋涉并且得体地在北京亮相其实开销颇大。王公们发现他们不可能自己筹集旅资，更不想随身带着巨额银两在路上招惹是非。大盛魁愿意通过贷款为这些王公提供旅费以及在京城的费用，贷款数额则是根据每个王公旗下成年男子的数目来决定的，然后根据这个王公旗下的人口来决定债务的偿还。王公从贷款中获利，不过他偿还本金以及高额利息的任务则由他的旗民承担。

出发去北京之前，蒙古王公会要求大盛魁派一个人陪同，以帮助他支付路上的费用。大盛魁的雇员会负责以下一些支出：为王公购买衣服、答谢官员、招待客人，以及王公旅途上一般的打理和费用支付。大盛魁的雇员知道蒙古的王公贵族不想给人留下穷人的印象，于是以他们的名义向官员们赠送昂贵的礼物，或者因为得到礼物而送出更加昂贵的回礼。总之，每一宗花销都是最奢侈昂贵的，这样他们的债务很快就会积得很高。

打理这些生意的商号其实不是大盛魁本身，而是大盛魁的一个叫做“大盛川”的小号。大盛魁的小号几乎都有“大盛”两个字。大盛川其实是在山西省祁县建立的银行之一。它最大的一个分号在北京，还有其他分号设在茶叶之路上的张家口，不过总号总是留在山西。一旦蒙古王公们到达北京，大盛川便开始掌管他们所有的费用支出。它会支付特定的娱乐活动、佛寺里的朝拜以及招待客人们乡间出游的费用，目的是让这些王公们的花销很快便积累到几千两银子。在某些年份，它替王公们支付的费用超过一年10万两银子。因为这个商号有足够的资本来提前支付王公们的费用，并且有办法从王公们的旗下收回欠款，许多蒙古王公都愿意采用这种债务形式。在巅峰时期，蒙古的140个旗和蒙古人所谓的“沙毕”[123]中，只有十来个旗的王公没有欠大盛魁高额的债务。

大盛魁正式建立之前，王相卿和他的合伙人的商号叫做“吉盛堂”。更改商号名字的时候，商号被迁到北部大草原和南部农业地区之间的经济中心呼和浩特（青城）。在明朝，中国人将这个城市改称“归化城”[124]。中国人给予一个先前的蒙古城市这样一个名字，意在暗指现在蒙古已经归顺中国。改名发生在土默特·俺答汗和明朝边界统帅协商开放边界以进行贸易时期，也是一种很实际的让步。呼和浩特一开始是两块聚居地，后来合二为一变成了一个大的聚居地，在土默特·俺答汗时期成为蒙古人重要的商业中心以及可汗的控制中心。1570年，土默特·俺答汗从明朝廷得到了"顺义王"的称号和大印。他接受了汉人"王"的称号和身份后，更加巩固了呼和浩特作为大草原和中原地区的经济纽带的地位。[125]

大盛魁是这种生意的自然继承人，而其总号所在地也选得很合适。呼和浩特坐落在黄河河套的东北部。河套是由于北部的阴山山脉阻挡而形成的。阴山是东西向的山脉，从蒙古大草原的边缘开始崛起，尽管不很高，它却迫使黄河的河道转而朝东然后南下。你可以在一天之中翻越阴山山脉，经过汉人的军营。当山脉在较高的海拔趋于平缓的时候，平原开始出现，但已经不能用草原来称呼，因为这些土地已经被过度牧垦，变得荒瘠。与蒙古之间的边界被朝北推进，大大超越了阴山所定下的自然地理分界线。

在呼和浩特阴山庙（席力图召）前佛殿的正面，有一块横幅匾额，刻有四个遒劲的汉字"阴山古刹"。在其右书有"大清雍正朝甲辰年"[126]，在其左第二行底部书有"大盛魁敬献"。这个匾额证明了在1724年之前，大盛魁就已经用这个名字在呼和浩特开始经营了，而这个名字一直延续到1929年商号关张为止。

在200多年前，中国晋商商号的总部叫做总柜。大盛魁的总柜设在呼和浩特。随着生意的兴隆，除了在乌里雅苏台和科布多的主要的分号之外，大盛魁又在全国各地建立和收购了一系列的"小号"。其中名声最响的要数"大盛川"票号，其总柜在山西省祁县。清代同治年间（1862—1874），在当时范围比今天大得多的山西省共有17家票号，其中七家在祁县，至少两家是大盛川的分号。

大盛川在祁县的总柜只有六七人，但在北京分号有至少十人。每一个新学徒在山西受训，学习会计、生意的基本知识，以及怎样和客户联络。

北京的分号则和满清朝廷的各个机关保持着良好的关系：许多满汉官员在大盛川都有账号，其中有一些向大盛川借了巨款。蒙古王公进京时，他们首先向大盛川当地的分号要求贷款。祁县的总柜会接到贷款的数目并且对这个王公的家资进行评估，然后向北京的分号建议可以贷给这位王公多少数目的钱款。当这位王公到达北京时，大盛川北京分号的主管会在一个特定的地点接待他，来商讨贷款事项。每个月，大盛川的各个分号会向山西祁县的总柜交一张生意的清单，在年末则会有一年的汇总。这些文件会以丝绸以及金字来彰显其重要性。大盛川每四年清一次总账。

除了其主要的银行分支之外，大盛魁还拥有和银行生意相辅相成的其他生意，其中一家小号后来被称作“资荣昌”（音译）。这个商号的总柜也在山西的祁县，但是大盛魁和大盛川的名字并不在它的账本中出现。它在北京、天津、上海、汉口、沈阳、张家口、包头以及另外六个地方都有分号。1911年辛亥革命前夕，大盛魁向各地的分号、小号都派遣了代表，向分号、小号的掌柜传授革命一旦爆发的应对之策。其策略是收回贷款以尽量减少风险，同时也还在市场上保持着一个金融资本提供者的姿态，尽量紧缩。1911年武昌起义之后，各地的地方冲突导致了全局的混乱，许多银行经历了大量客户同时提款的挤兑风潮，丧失信誉，最终导致关门，资荣昌却毫发无损。[127]

还有一种生意也是总号的顶梁柱，那就是茶叶生意。在茶叶之路的年代，茶叶生意要求向三个地方投资：其一是要投资在湖南和湖北采集茶叶；其二是要投资于运输以及储存茶叶；其三是销售以及收集货款。茶叶商号的生意于是和票号的生意不可分割。大盛魁的主要茶叶生意由其小号“三玉川”经营，而三玉川的资金是由大盛川提供的。大盛魁的许多小号都喜欢用“川”来结尾，以取其利益源源不断之意。

在大盛魁从中国中部购入茶叶然后卖给草原游牧部落的生意中，大盛魁的三玉川小号提供了茶叶，而其中所使用的资金则是由其银行小号大盛川提供的。小号向总号保证货源，生意的各个环节都有钱可赚。当大盛魁在蒙古卖掉茶叶时，它得到的是高利息的约定支付的票据，而这一般会由牲畜交易的收入来抵偿。牲畜交易的对象是大盛魁的另一家小号。大盛魁相当多的小号都会和这个商业系统有关，在中国的不同地点提供不同的贸易货物。大盛魁的四大小号包括：经营丝绸的“天顺泰”商号，把货物通过销售网络运输到呼和浩特和蒙古地区的“东盛昌”零售商号，把马匹和羊从蒙古贩卖到中原的“德祥魁”畜牧商号，以及经营皮货的“盛吉茂”商号。大盛魁建立并拥有的这些商号对总号的壮大发展提供了巨大帮助。

茶叶商号三玉川的基本投资及附加资金都是10万两白银。和票号一样，它的本部也在山西祁县。三玉川从两湖地区的三个主要地点[128]收集茶叶。雇用的采茶者从夏季开始采茶，到冬季则回家休息。三玉川的两个雇员在汉口[129]长期驻扎，负责管理茶叶运输以及货款支付。茶叶生产的季节性体现为，采茶者“棚民”每年夏季有三四次被雇来采茶。“棚民”一词最初出现在唐代初期，指的是这些住在临时性住宅中的流动劳动者。

自1860年的第二次鸦片战争“打开”中国大门之后，长江上的汉口因其重要的运输位置而成为一个开放的通商口岸。许多在本书中出现的俄国照片就是在汉口附近拍摄的，俄国人在那儿有七个茶叶工厂制作砖茶，以销往茶叶之路沿途。

三玉川在呼和浩特的分号作为大盛魁的代理人把茶叶销往蒙古。茶叶之路上的张家口还有一个分号，负责把茶叶卖给我们称之为“后路”的商号。这里的“后”指的是靠近满清腹地的商号，而“前”指的是满清帝国西部前沿地区的商号。后路的商号主要分布在蒙古和俄国交界处的恰克图和蒙古中部的库伦（现在的乌兰巴托）。在库伦，茶叶被卖给蒙古人和北方的俄国人。

20世纪初期，三玉川平均每年精选和采购的茶叶有6000箱到8000箱之多。三玉川授权其他商号提供特殊种类的茶叶，比如出产于湖南南部的梅红茶、米心茶和千两茶等。大部分梅红茶被出售给汉口的俄国商号。米心茶是用梅红茶压成的茶砖，先被运到呼和浩特，然后运到新疆卖给哈萨克人。千两茶则是一种比砖茶品质更高的细叶茶，往往被运到大草原以南地区——东至张家口，西到甘肃——贩卖。

茶叶卖给北方大草原游牧部落的时候，大盛魁对其进行加工，以适应买主的不同口味。向大盛魁出售茶叶的茶商对大盛魁的意见也很尊重，不断改进他们的生产和包装方式。除了三玉川之外，大盛魁还购买其他小分号的茶叶。这些分号自己也到茶区采摘茶叶，进行加工。这样一来，大盛魁便可以在货源紧缺的时候采取其他对策，还可以控制市场。比如，1911年和1912年蒙古市场急需茶叶的时候，大盛魁保证了货源，每年售出1万多箱砖茶。[130]在呼和浩特，一块茶砖大约值三个鹰元（银元）——从马萨特兰运来的墨西哥鹰元是当时流行的钱币。运到前营乌里雅苏台的茶砖，一块至少值四个银元，这是当时整个蒙古地区商号的标准价格。大盛魁在蒙古市场茶叶奇缺的这两年，将每块茶砖的价格从一开始的五个银元提高到后来的八个银元。由于不是直接支付茶叶的购买费用，而且大盛魁在货奇缺的时刻总能保证货源，蒙古王公们便接受了这样的高价。这样下来，除去运输的费用，每一块茶砖大约有四个银元的利润。

呼和浩特地处大草原和中原地区、北京和中亚地区之间。这样的战略性地理位置使得它不仅成为华北和蒙古的商贸中心，而且是新疆的商人们进行交易的重要地点。因此，呼和浩特也成为大盛魁的一个非常重要的基地。全国各地的货物聚集到呼和浩特被评级估价，然后由骆驼商队运到不同的地区出售，或者在呼和浩特直接出售给蒙古各旗。牲畜、皮毛和其他从蒙古运来的货物则在呼和浩特汇集，然后再运往中国各地。在手工制造各种商品、用算盘算账和用手工纸[131]记账的年代，呼和浩特地区的货物量和成交量十分惊人。大盛魁用自己的商人来获取货源，用自己的运输体系来批销货物。比如，大盛魁有骆驼数量庞大的驼队在蒙古地区批销货物。每次交易都会有一个账房先生坐镇，以保证销售的货物有银票作保，每张银票都会给大盛魁总号带来两到三倍于正常交易的利润。

大盛魁在蒙古地区的乌里雅苏台和科布多都有分号，距茶叶之路的一条支线大约有300英里远。科布多距乌里雅苏台有14个驿站的距离，相当于骑马走上15天。[132]大盛魁还在茶叶之路主线上的库伦和恰克图有分号。它在蒙古的主要的运作不是通过固定的商店门脸，而是通过一个由流动的商业帐篷构成的独立系统完成的。尽管大盛魁有“总柜”和“房子”[133]的说法，但这个商号并不通过任何柜台交易，也没有一间固定的店铺。骆驼商队是大盛魁在蒙古的主要商业组织，大盛魁几乎完全依赖骆驼商队来进行在各旗之间的流动贸易。

大盛魁对于这些骆驼商队的管理比较灵活。由于它每年从呼和浩特运到蒙古的货物多种多样又不计其数，很难精确记账，于是大盛魁用“房子”作为整支商队的统计单位和清算货物的方法。这里的“房子”指的是一定数量的骆驼所构成的一个帐篷[134]，也就是一个运输单位。每个单位有自己的管理人员和流动的住房。商人是不可以在蒙古境内建立永久居住的建筑物的，许多商人于是就住在这样的帐篷里，也有许多人住在当地的蒙古包里。

任何时候，大盛魁都有路10到15个骆驼商队在路上。从呼和浩特派出的主房能够容纳大约40人，叫做“大房子”，它的货物和生意都是由总柜来安排的。一般来说，一个“大房子”包括14个骆驼“把子”，每一个“把子”有14峰骆驼，也就是说，一个“大房子”有14乘以14等于196峰骆驼。当然，数字没有那么精确。另外，“房子”的主管人“掌柜”和他的三个助手是骑马的。所以说，大盛魁所经营的每一个“大房子”，骆驼和马匹总数在200左右。蒙古人的方式和汉人区别很大。蒙古人的“把子”，骆驼数目不一定，一般来说由商队里骑骆驼的蒙古人的数目决定。

在任何时候，大盛魁都有15个左右的“房子”在经营买卖，也就是说，约有近3000峰骆驼在路上。包头北部地区是大盛魁的主要基地。从呼和浩特向北、接近蒙古的时候，“大房子”被分成若干个小“房子”或帐篷，而这些“房子”或者帐篷的大小有三个标准等级。“大房子”能容纳40人左右饮食起居；中等的“房子”可以容纳30人左右；最小的“房子”可以容纳17到20人。14峰骆驼的“把子”是最小单位，由“小房子”管理，在各旗之间进行流动贸易。

这样一种组织方式灵活机动，以市场为导向。“房子”的掌柜根据不同地区的人口和需要，来决定用一个两个还是三个四个骆驼“把子”。掌柜售卖日用品时，账房先生会在一旁把蒙古人购买的茶叶的价钱转换成大盛魁银票的价钱。最终这些银票会转换成牲畜，并贩卖到中原地区。

18世纪初期，大盛魁还没有能力在全国设立自己的采购机构，它销往蒙古地区的货物是在呼和浩特采购的。[135]随着生意兴隆，大盛魁开始自己直接从货源地采购货物，这样便可以获取更多的利润。除了采购货物的分号、小号之外，它还有专管营销的几个分号，其中最大的在乌里雅苏台。大盛魁的总柜迁到呼和浩特的时候，乌里雅苏台的分号继续发挥其重要作用，它由与呼和浩特的总柜重要性相当的一个掌柜直接管理。[136]乌里雅苏台分号掌柜代表大盛魁参加蒙古王公的政治会议，其重要性由此可见一斑。这样一种政治地位表明，大盛魁在蒙古各旗的经济及管理上的作用都是举足轻重的。

乌里雅苏台的分号包括一个分成两部分的宽敞的仓库。仓库的一端储存着从中国各地运来的货物，货物在这里重新整理，以便由骆驼商队运往需要的蒙古各旗。仓库的另一端则储存着流动商队从蒙古各旗带回的各式蒙古货物。这些货物被整理分类，以便在合适的季节运到呼和浩特，再销往中原地区。仓库的两端都不轻闲，总是忙忙碌碌地货出货进，以至于人们把川流不息的骆驼群所走的路称为“大营路”[137]。

大营路是大盛魁在呼和浩特和乌里雅苏台之间运送货物的一条主干

路。其所以如此命名，是因为满洲军队的大营就驻扎在乌里雅苏台。这条路没有铺过，但是不时有石块做标志。至今一些乌兰巴托的老人还记得童年时曾走过这条路。这条路的支路通往库伦（今乌兰巴托）和张家口，而这两个城市都在连接北京和圣彼得堡的茶叶之路上。骆驼商队从呼和浩特到张家口要走15天，从呼和浩特到乌里雅苏台要走两个月左右，而从呼和浩特到乌里雅苏台再到满洲军队的后营科布多，则要两个半月左右。

作为贸易的大动脉，大营路也是茶叶的主要提供路线之一。茶叶的多种多样性不仅体现在茶叶本身，还在于茶叶包装的大小和形状。骆驼运输的茶叶被装在箱子里，而这种箱子实际上是麻绳或竹篾编的篮子。一个箱子装满茶叶的时候大约重140磅（64公斤）。一峰骆驼可以驮两只这样的箱子，一边搭一只，而背上驮着软一些的货物，这样就不会刮伤骆驼的背。

箱子里装着不同大小的茶砖。每一只箱子可以装载一定数量某种尺寸的茶砖，而这个数量则成为货物的名称。在蒙古，两种较普遍的茶砖规格是39号和24号[138]，也就是说，一个箱子可以装有39块小茶砖或者24块大茶砖。漠西蒙古的前营和后营——亦即乌里雅苏台和科布多——的蒙古人喜欢39号茶砖，尤其喜欢三玉川的39号茶砖，这些茶砖印有“三十九”三个字，以示其货真价实。漠西蒙古人对36号茶砖或是37号茶砖却不以为然，这些茶是专门卖给在张家口的“后路”商号（茶叶之路北面的客户）的。24号茶砖则主要在呼和浩特及包头出售。不同大小的茶砖适合不同的人，其中有运输或价格的需求，但更重要的是，某种被普遍接受的一定大小的茶砖在当地可以作为货币流通。

大盛魁的历史向我们展示了中国的经济势力如何向北扩展，形成了一个完整的体系，不仅满足了人口高度集中的农耕的中原腹地，还满足了大草原经济的需求。这种经济一体性在20世纪为俄国的敌对行为所限制。大盛魁的发展表现出中国沿茶叶之路的扩张得到了中央政权的支持，有一定的经济独立性，具有长期合作的特点，而不是强制性的。俄国给了蒙古和西伯利亚开了一个暂缓的窗户，不过这扇窗户现在正迅速关闭。

由王相卿创立的这个商号体现了中国商人是如何利用中国和北部大草原地区的地理差异来进行长期的贸易的。大盛魁和中国的满族统治者紧密合作，以保证官员以及商人们都有利可图。主要的生意有银行业、茶叶贸易以及牲畜交易。早期银行（票号）是其中关键的润滑剂。在当时复杂的贸易环境下，大盛魁显示了其卓越的金融才能，从蒙古当时的社会政治结构中获利。下一章我们就要来解析一下当时的社会政治结构，并特别描述，茶叶之路的时代里，戈壁滩上的人们是怎样生存的。[139]

第六章

通往库伦的骆驼商队：戈壁上的喇嘛和喇嘛庙

本章描述的是一个独特的戈壁世界。戈壁在茶叶之路上有着特殊的地位，因为这里是东方和西方最后的地理分界线。戈壁独特的生态使得游牧部落具备了这样的能力：既联结又分隔俄国和中国。本章描述茶叶之路时代戈壁上的社会组织结构以及沿着茶叶之路进行贸易的骆驼商队。本章最后还将阐明，机械化运输时代的到来，使得两大帝国间的这片分隔地段不再难以进入，从而永远地结束了这片土地的僻远无闻。

西方人（这里主要指西欧人和北美人）从19世纪60年代初开始对戈壁的考察。这是由于两次鸦片战争给西方人提供了涉足这个独特世界的契机。第一次鸦片战争（1840—1842）迫使中国对西方的海上贸易敞开大门。第二次鸦片战争后签订的条约——1858年的《天津条约》和1860年的《北京条约》——允许西方人向北旅行，进入蒙古地区。于是各式各样的西方人，从探险者到马贩到考古学家，相继从北京乘着骡车向戈壁进发。乘骡车从北京到张家口大约要走四天。大部分西方人对这片土地的陌生好奇使得这些戈壁游历者的游记顿时成为畅销书。

“就在几年前，从北京到蒙古几乎和从中国到英格兰一样不可能……而现在这个门槛已经可以跨过了”[140]宓契（Alexander Michie）在1864年从天津出发，开始他的蒙古之旅。当时的天津已经成为茶叶从华中运往北方的一个重要中转站。绝大多数的茶叶由骡子或骡车从天津或北京运往张家口，然后重新包装，再由骆驼商队驮运，出张家口向北跨越戈壁高原。

从北京北上的旅行者首先要穿越一条约15英里长的山谷，山谷内有一些古旧的城堡。万里长城以外约30英里又是一段更为坚固的第二道城墙。过了这段二道长城，再过了张家口，就到了进入蒙古前的最后一个山口。丹麦探险家哈士纶（Henning Haslund-Christensen）曾经描述过自己从中国到蒙古沿路的感受。1923年，他发现了一个蒙古人已经熟知的事实：蒙古大草原有着不同的特征、不同的地形、不同的动植物，这片土地上的人也和中国人大不相同。

“我们第一次在亚洲大陆的晴朗天空下卷着毯子入睡，”哈士纶写道，“第二天早上，鞭响马嘶，旅行队又开始了新一天的旅程。因为旅行队当天要从2400英尺爬到6400英尺，我们必须加油了。大家都在帮忙，我们拽啊，拖啊，喊啊，推啊　　爬过最后的300英尺之后，我们都气喘吁吁，但是大家都十分激动，总算到了这个山口。站在山口之上，展现在我们面前的是这样一片游牧民族的土地，这样广阔的草原。夕阳西沉时，我们似乎得到了重生，而这新的生命有着丘陵的坚强、天堂的深邃，以及日出的美丽。”[141]

哈士纶进入的是茶叶之路的一个新路段，这段路最难走、最具有挑战性，但也许是最美丽的。哈士纶对最后的攀登的描写可能有一些夸张，但毫无疑问，他是按照自己的辛苦体验以及后来的喜悦写下他的真实感受的。在茶叶之路时代，由于大车不能进行这样的攀登，于是许多外国旅行者借助一种在两头骡子之间架一块厚木板的骡轿走过这段路。在蒙古高原，他们进入了一个与充斥繁文缛节的中国截然不同的世界。无边无际的天空下，广袤的土地上，似乎有着无尽的自由。

宓契向我们描绘了随着驼队在戈壁似乎永无尽头的旅行的感受。“我

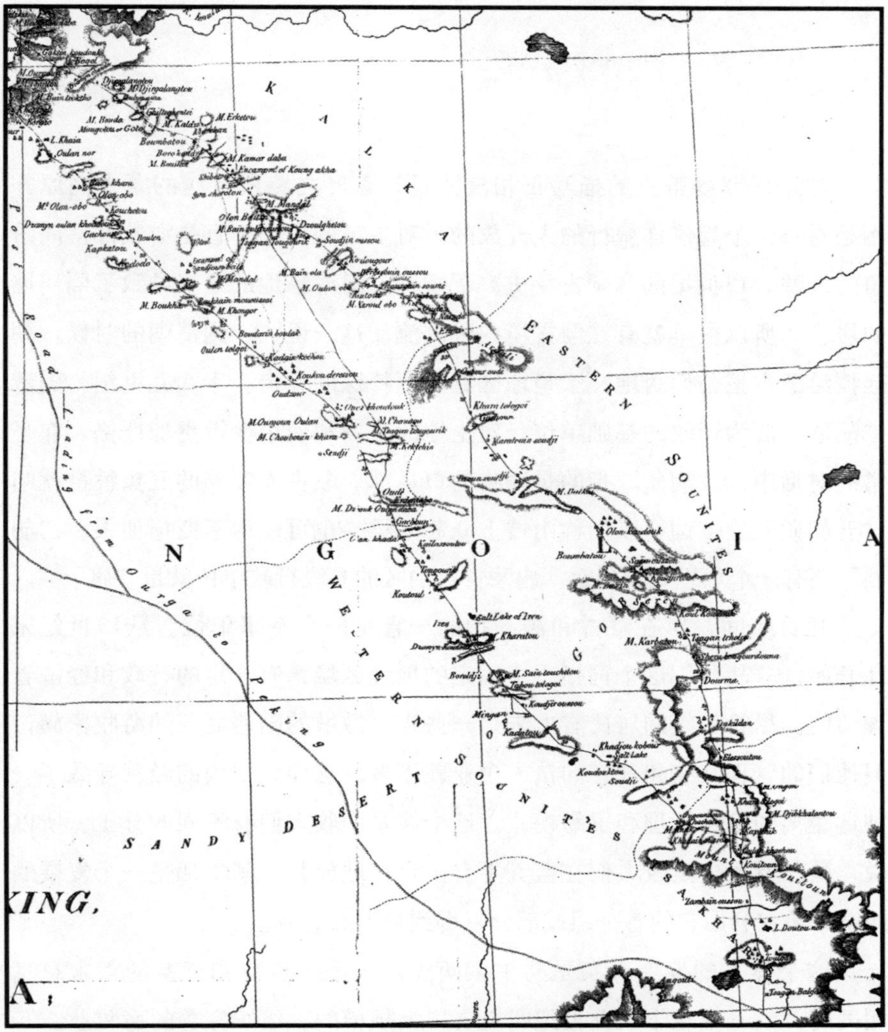

1820—1821年季姆科夫斯基地图局部。这里展示了两条穿越戈壁的路。东面一条临近水源的路穿越群山，是供商队使用的。西面更直的那条驿路是供邮政使用的。

们在蒙古已经有22天了，对和我们一起生活的人的习惯已经习以为常。你可能以为这样慢的速度会让人觉得受不了。不过我们并不觉得自己在旅行。时不时地，一个模糊的概念——有一天我们将要到达恰克图——会从脑海中一闪而过，不过那是很短暂的，我们每一天的作息使我们觉得自己就是这沙漠中的居住者。”[142]

和这样罗曼蒂克的描写正相反的是，茶叶之路所穿越的蒙古高原并不是对每一个想这样旅行的人开放的。对土地的控制一直是游牧部落间纷争的根源。13世纪的《蒙古秘史》记载道，对游猎地的争夺导致了隔离墙的修立，所以很早就有在蒙古境内限制流动这一说法。到清朝的时候，朝廷授给蒙古王公们封地，于是地区有了更特殊的界定。十八九世纪，随着“胡硕”成为行政的基础单位，对土地的控制和使用变得更加严格。在平常的对话中，“胡硕”指的是动物的口鼻部。蒙古人牧养的五头牲畜就叫“五胡硕”。该词可以指称山坡上隆起的梁，也可以用于贬损他人。“胡硕”还有一个意思是三角旗，内蒙古自治区的县级行政单位就是“旗”[143]。

几百年间，旗在蒙古和满洲指的一直是一个军事单位。从17世纪末叶开始，“胡硕”这个词指一个固定的地理区域，有一定的行政和经济管理功能。尽管各旗的居民看上去是一些零零散散的随遇而安的游牧家族，但他们的管理其实和现在的法人企业差不多。这样大规模的经营导致了一种远距离的草场管理和贸易模式。这个体系中牧人们有不同的分工。所以说，虽然看上去是牧人们在蓝天下自由自在地放牧，其实那是一个复杂的经济单位在利用它的各个组成部分以得到最大的效益。

这个体系的发展其实是与中俄两国对羊毛、皮货和牲畜的需求息息相关的。大戈壁在十八九世纪时就有了大规模的、组织完善的畜牧业。20世纪，由于俄苏对蒙古的经济生产的干涉，远距离的畜牧变成苏式的有围栏的定点畜牧。至于蒙古怎样在21世纪管理它的畜牧业，我们拭目以待。如果蒙古将朝着大型企业的方向前进的话，那在它的历史上也不是第一次了。

蒙古人对于国际贸易也不陌生。正如一位蒙古著名学者所解释的，“有些人认为游牧的蒙古人从来就没有参与过市场经济，这种理解是不正确的。他们设想中国和俄国之间的茶叶贸易是中国人和俄国人在蒙古土地上进行的交易，其实蒙古人在中间发挥了积极的作用，是贸易的重要一员。他们充分利用了市场经济。历史上，蒙古一直在俄国和中国之间积极协调，使得这两个国家在商业上紧密联结，而不是仅仅作为他们之间的缓冲地带。”[144]蒙古人不仅是中间商，而且自己也拥有和经手大宗买卖，其商品远销到俄国和中国的市场。

至少在过去的400多年间，蒙古的市场经济一直随着南方的中国经济情况变化而变化。在清康熙三十年（1691年）举行的著名的多伦诺尔会盟（多伦淖尔会盟）上，漠东喀尔喀蒙古的王公们表示归服清朝。在这次会盟上，清政府在漠东喀尔喀蒙古——也就是蒙古不包括漠南蒙古和漠西卫拉特蒙古的部分——仿效内蒙古设立了37个旗。当时满清已经控制了整个漠南蒙古，漠西卫拉特蒙古则在噶尔丹的统治之下。（1696年3月康熙再次亲征，平定噶尔丹的叛乱。噶尔丹走投无路，仰药自尽。西部边疆趋于稳定。）旗的数目从最初的37个增加到了1722年的72个，1815年又增至86个。19世纪，旗的数目一直维持在86个。这种旗的设立建立了一种新的边界制度，从而改变了蒙古族远距离游牧的习惯。蒙古于是逐渐被分割成小块小块的土地。各旗逐渐接受了这些规定，旗民们则慢慢成为清朝税收的对象。其中最直接也是最具限制性的规定是不能在本旗之外放牧。“山那边”现在变成了禁区。

旗的数目的增加就像在蒙古投了一张网，对每一个单位的控制都有所加强。旗被分成更小的“苏木”（蒙古语，意为“佐”），“苏木”又被分成“巴克”。“苏木”在前成吉思汗时代是大草原上的一种军事单位。在蒙古帝国期间，每一个“苏木”大约有150到200户，要求在紧急时刻能够提供150匹战马和相应数量的骑手。在20世纪，“巴克”大约有30到100户人家。“巴克”又被分成更小的“阿尔班”（十户），也就是在蒙古早期历史上军队的最基本单位。在清王朝时期，一个旗是最基本的行政单位。

这样的名称之所以如此固定地沿袭，和蒙古游牧文化的保守性有关。

在蒙古文化的观念中，生命是脆弱的，于是就会对历史上经过考验而保存下来的组织结构和概念特别依赖。满清的政治经济统治并不是把一个陌生的体系强加给不愿接受的民众，相反，是对已经存在的系统的一个调适。满清统治者不仅把蒙古现存的组织结构利益考虑进去，还考虑到商人和税吏、蒙古族和满族贵族的利益。

从17世纪开始，蒙古的两个社会组织机构对茶叶之路的贸易起了关键作用：贵族（统治阶级）和寺庙。蒙古的喇嘛庙使得在蒙古的茶叶交易得以顺利进行。季姆科夫斯基的地图上显示了把这些如今已经不存在的寺庙连接起来的穿越戈壁的茶叶之路。大部分的寺庙是佛寺，一些是重要的佛教中心。比如说“曼荼罗戈壁”，这个寺院的名字是从“曼荼罗”这一词演变而来的，在梵文中表示包容大小宇宙的圈，是一个冥想的代表记号。这个寺院不仅是宗教中心，还是金融中心。

另外一个蒙古的寺庙同时兼为贸易中心的例子是东乔伊尔的大召（庙）。这个大喇嘛寺建于雍正年间（1723—1735），约有2000多“沙毕”，其富有在蒙古赫赫有名。[145]乔伊尔坐落在穿越戈壁的茶叶之路上，大召如今已经不存在。在蒙古的社会主义时期，这个地方变成了一个庞大的苏军军事基地。20世纪90年代初，基地被遗弃。如今这里情景凄凉，你还能看见给军官们准备的没有完工的楼房，那空空的窗户洞使得乔伊尔就像戈壁上一个两眼空空的疯婆子。[146]

宗教系统在满清王朝的中原大地也同样地运作着。来自中部的茶叶沿着海岸线运到渤海湾畔天津港的仓库里。还有一些是用佛寺充作茶叶仓库，比如北京通州的“方湾庙”。[147]然后茶叶会由中国的和尚们用骡车运到张家口。18世纪及19世纪初的中国和尚和蒙古喇嘛都接受银两作为他们的报酬。蒙古的经济已经货币化[148]，并与以银两作为基础的南部的经济系统融合。在清代，当中国的白银储备减少的时候，蒙古地区的喇嘛庙开始使用茶叶作为货币单位。以茶砖为保证金的纸币和茶叶本身都可以作为货币流通。宓契写道："喇嘛卖骆驼的时候，他会把手伸进买主的袍子中，在那里比划他的价钱。我们的喇嘛卖了骆驼，会得到银锭。不过银两在蒙古人中间不太通用，他们真正的货币其实是粗糙的茶砖。"[149]

在蒙古商业活动中占据中心地位的大喇嘛寺对这些贸易市场进行监督和操纵。如欧洲中世纪的教堂一样，这些寺院可以免税。它们的"附庸"（"沙毕"）要交纳一定的供奉。"沙毕"（shabi）这个词很古老，源自梵文词"shravaka"的中印度语形式，经汉语和维吾尔语传入蒙古语。这个梵文词的词干"shra"的意思是"听"，"shravaka"最早是表示"听从者"或"依附者"的意思。后来这个词在宗教环境下表示的是"弟子"的意思，再后来在蒙古特定的经济环境下又演变成了"附庸"。[150]"沙毕"这样一种系统对于蒙古经济系统的运作起了很关键的作用。寺院是用牲畜贸易和贷款抵押的方式使用人力资源和财物的。19世纪末期，戈壁上的寺院运作起来就如同一个小小的经济王国。

1900年，蒙古大约有1260座寺庙。这些庙宇可以分成不同的种类，有喇嘛们居住的中心庙宇，叫寺（hiid）或"库伦"（hüree），有用来专门进行祷告而非居住的庙宇，叫"斯木"（sum），还有就是小的或者流动的寺庙。这种分类和日本相似，日本的宗教庙宇有大小之分，也有不同宗教的区别，比如神道教的神宫和佛教的寺院。

以上所讲到的1260座蒙古寺庙中，大约750座是有喇嘛居住的寺。在游牧时代的古代蒙古，这些寺庙聚集了众多的人口和建筑物。在戈壁上，僧侣的房间一般是一间间土坯砌的小房，坐落在寺庙的附近。至今在戈壁仍可偶尔看到这些土墙的遗迹。[151]尽管"斯木"是用来专门进行祷告而非用来居住的，但通常仍由喇嘛们拥有，不过他们没有寺那么大的政治权利。

这些寺和"斯木"是宗教朝圣、节日庆祝、医疗、教育及最重要的贸易集散地。蒙古北部最大的寺庙集中地是1666年为贸易而建立的城市大库伦（Ih Hüree），俄语称Urga，后成为蒙古的都城。城中最大的寺庙叫做甘丹寺。到17世纪末，这里已成为喀尔喀蒙古的宗教和商业中心。在这之前，呼图克图（蒙古地区藏传佛教最高活佛）是没有固定居所的。[152]

在漠西蒙古，准噶尔的领袖噶尔丹·丹津博硕克图于17世纪末叶在一些贸易中心建立了大的寺庙中心，这些地方后来发展成了科布多城和乌兰固木城。寺庙中心的财政收入来源于他们的“沙毕”的供奉，以及为中国商号提供的以骆驼为主的运输服务，还有就是向在寺庙里或周围进行贸易的中国商号收取的一定数目的管理费。他们还提供贷款，而贷款的利息根据法律规定不能超过特定的高利息标准。

到20世纪中期，许多这样的寺庙都不存在了。20世纪30年代蒙古的暴力革命摧毁了绝大多数寺庙，60年代的“文化大革命”则使内蒙古的许多寺庙毁于一旦。在蒙古，一些寺庙被烧毁，大多数则被拆除，以便重新利用木材和其他建筑材料。比如，乌兰巴托以南丘陵地带文殊菩萨庙的大梁和木料在30年代被拆除，然后被运到西面纳来哈的一座煤矿支援建设。

南戈壁省的布尔干“斯木”中一位年长的僧人，对戈壁上一座寺庙被拆除的情景记忆犹新。他从八岁起就由父母送到戈壁阿尔泰山附近的一座大喇嘛庙学习，成为一位喇嘛。他清楚地记得寺庙里的佛像以及其他有价值的文物。他至今还记得这座富丽堂皇的喇嘛庙被拆除的时候，那种令人心碎的倒塌的声音。回想的时候，他瘦骨嶙峋的手从头顶颤巍巍地摆动而下，70年前的这场噩梦至今仍萦回在他的脑海里。

这种有体系的对蒙古几乎所有喇嘛庙的摧毁，最终使一个长期发展的稳定的经济体系崩溃。在这之前，每一个庙宇都拥有自己的珍宝，有牲畜、土地、人口和钱财。每一座寺庙、每一旗、每一部（省）[153]，对这些所有物，包括人口，都有着完善的纪录。寺庙的“附庸”实际上相当于欧洲中世纪隶属于贵族或者教堂的农奴。[154]在蒙古，这些“附庸”可以被买来卖去，归属新的主人，就像商品一样。

理论上，蒙古的疆土属于满清帝国，其统治者不过是满清皇帝的代理人。实际上，蒙古的不同地区有着不同的地方自治权。南北延伸的四个大的汗国被称作四部（aimag），也就是今天蒙古的四个省。Aimag是蒙古语，满语则读为aiman。前蒙古（内蒙古地区）直接接受满清朝廷的统治，蒙古东部其他三个汗国实际上由当地的三位可汗统治着。库苏古尔湖以西的达尔哈特谷地是满清朝廷最后一个平定、进行统治的地区。对四部的精英阶层而言，其土地及土地上的人口都是他们的私有财产。精英阶层包括宗教和非宗教人员，也就是寺庙的高级喇嘛以及世袭贵族。

这些高级喇嘛和世袭贵族与茶叶之路的商贸路线和商贸系统是紧密相联的。他们的牲畜是商贸的重要组成部分。

在茶叶之路的年代，牲畜的管理需要有相当复杂的管理层级和专业技巧。一些畜群包括上千头的牲畜，需要有很大的放牧空间，牧场可以移到125英里（200公里）以外。19世纪蒙古版图的分区基本上是南北走向的，也就是说，游牧基本上是南北移动。戈壁上的庙宇拥有自己的放牧高手，比如说，有专门精通放养骆驼的牧人。这些牧群可能在戈壁南部的阿尔泰山麓过冬，然后向北迁移到杭爱山区度夏。专门放养某种牲畜的牧人也有可能一年四季都局限在大小博格达山的高原或平原地区放牧。游牧的形式主要取决于地理环境；总的来说，那时的牧场比现在要广阔得多。这样一种大规模的经济活动需要有一个强大的中央政权来支持。劳动的进一步分工以及远距离地使用牧场是必不可少的。大草原的精英阶层之所以能够制造出这样的规模经济，是由于他们拥有大量的牲畜以及可以管理这些牲畜的牧人们。在十八九世纪，这种经济体系得到应用和经济支持，而最终导致中国的商人们成为这种体系的实际拥有者。

19世纪的庙宇给予汉人商号在他们的领地上进行贸易的权利。作为回报，他们要求商号缴纳一定的费用，相当于租金。从他们的领土上过路的骆驼商队同样须要缴纳过路费。如果他们途经两个主要商业中心张家口和库伦之间的商路，即茶叶之路[155]的一部分，他们必须使用沿途的骆驼商队设备以及服务设施。这种商业模式其实是对中国商人和当地贵族的共同需要的一种自然协调。渐渐地，当地贵族欠下中国商人越来越多的债务。于是当地贵族向他们的“沙毕”征税，并且向他们贷款以征收利息来还债。1911年满清王朝在中国被推翻的时候，蒙古人，特别是戈壁地区的蒙古人的债务已经积累到相当高的程度。

戈壁的辉煌与它极度恶劣的环境息息相关。大众对戈壁的一个常有的印象是行进中的骆驼商队。由于戈壁严酷的自然环境，被称为“沙漠之舟”的骆驼成为戈壁上商队贸易的基础。商队在蒙古语里叫做jin[156]，或temee-jin，temee就是骆驼的意思。骆驼商队一般一天行走10到16个小时，每小时大约能走三到五公里。一支商队可以有20峰骆驼，或者多过100峰骆驼。最受欢迎的是阉割过的五到七岁的雄骆驼。[157]

骆驼商队的领路人被称为“驼手”。作为驼手，不仅要精力充沛，而且要公正廉洁，一般很受人尊敬。在戈壁的冬天，迎着西北风进行跋涉的商队成员须要忍受许多的艰难。[158]驼手负责处理长短旅途中所有后勤和管理的细节问题，这包括熟悉路途、知道在哪里能够找到水和食物、怎样治疗生病的牲畜、怎样以智取胜对付匪徒，以及最重要的，怎样把货物安全运达目的地。在蒙古有一句谚语：“骆驼商队的一次征途是对驼手和骆驼的挑战。”一个人的勇气、力量和才能常常能够化险为夷，拯救整个商队。

骆驼商队一般在从11月1日到来年4月1日这150天的冬季行路。由于夏天酷热难当，他们一般不在夏天行路。即使是夏天，一般也是在晚上走。一位驼手的儿子这样回忆起自己孩提时代的日子：“整个商队静静地行走在布满群星的夜空下，我坐在领头的骆驼上，觉得几乎可以伸手抓到这些星星。”这位老人熟知从张家口到库伦的每一个路标、每一块岩石的形状。“我总是记着这些岩石映入蓝天的轮廓，它们指导着我。”由于孩提时代对茶叶之路的记忆，即使没有地图指路，没有现成的路在眼前，他也知道该怎么走。

大约有20个驿站[159]的近距离行程采用的是不同的骆驼，承接任务的商号也不一样。蒙古语中的一个驿站（örtöö）作为长度单位等于两个驿站之间的距离，约20英里（33公里）左右。这样，20个驿站的距离就是400英里（660公里）左右。长一点的旅途大约有50个驿站的距离，也就是有1000英里（1650公里）左右。远程则至少有1250英里，也就是2100公里左右。驿站体系从5世纪开始，一直延续到20世纪50年代。那时，蒙古的部分地区有了汽车，不过西部的大部分地区仍然依靠驿站。西部的科布多省的一位老者还记得，典型的蒙古驿站包括两到三个毛毡帐篷，一个给客人住，一个用作厨房。

远程旅行有着自己的运作方式和规矩。远程商队要针对长时间的旅程中一切可能发生的事情进行商议和准备。驿站大大缓解了他们的困难。每一个驿站都有叫做“达马尔”（daamal）的人专门负责帮忙照看骆驼。四到六个“达马尔”可以照看40到50峰骆驼。“达马尔”必须十分可靠和有经验。他们会给驼手一些建议。他们负责起草运输合同，安排劳力并支付他们的工资，决定宿营的营期，安排分工，以及商业管理。现代蒙古语用“达马尔”这个古色古香的词来指代“老板”。

在蒙古有两种骆驼商队，分别由喀尔喀人和喀喇沁人掌握。今天成为蒙古主要民族的喀尔喀人，其实一开始是由许多不同的部落组成的，后来他们的语言和文化才渐渐融合。喀喇沁人是如今主要分布在内蒙古的蒙古人。喀喇沁人的骆驼商队的主要据点在呼和浩特，他们为汉人做事；喀尔喀骆驼商队则主要由蒙古当地的喀尔喀人来运作。

同是骆驼商队，汉人和蒙古人的行事方式却不一样。喀尔喀人主要在冬季行路。他们早上五六点钟出发，整整走十一二个小时，一直到将近傍晚。喀喇沁人的骆驼商队则主要在冬天的夜里行路。他们在下午3点到5点之间出发，大约走10到12个小时，一直到日出之前的凌晨3点左右。日常作息安排也是因地制宜、因人制宜。如果商队的骆驼比较健壮，驼手们比较年轻，那么商队自然每天多走一点。

还有一点可以区分汉人和蒙古人的商队。汉人的骆驼商队是由商号拥有和经营的，蒙古人的商队则是由几个人联合起来互相帮助，很有一点像集体制。这样的一个集体在蒙古语中被称作“噶尔”（gal），意为“营火”，指的是晚上做饭用的火堆。在蒙古人的骆驼商队中，一个“噶尔”是由两到四个人组成的，三个这样的“噶尔”在一起就成了一个“把子”[160]。一个蒙古商队的“把子”包括40到60峰骆驼。

蒙古语的baaz，也就是汉语的“把子”，指的是一群骆驼以及需要进行管理的人的数目。汉语和蒙古语虽然都用“把子”这个词，但是每一个驼队有多少骆驼以及需要多少人手却不尽相同。汉人的商队也用这个词来做会计的单位。比如大盛魁就用“把子”来表示派遣到蒙古大草原的一个商队单位。

驼手们把骆驼照顾得很好，因为骆驼是他们的生命及运送物品的根本保障。这一点，再加上骆驼天性的高贵，使得骆驼在蒙古特别受到宠爱。骆驼并不是十二生肖的动物之一，于是便有了种种的传说来解释其原因。人们很浪漫地把骆驼和月亮联系起来：骆驼总是昂着头，向着月亮升起的地方。人们从骆驼的驼峰中间欣赏月亮的升起，就如同从山谷中看月亮升起一样，这是沙漠中的一道绝妙的风景。而沙漠中几百峰骆驼在日落时分行走的情景就更令人心旷神怡：金色的暖阳给骆驼的驼毛染上了一层金晕，而骆驼的眼神是那么地安宁和自信，它们站在那里给自然的美景增添了神圣的气氛。

母骆驼大约每两年会生育一次。走远路的时候，茶叶之路上骆驼商队的主人会把母骆驼和小骆驼留在基地。而走短程则不同，即使是今天，游牧部落迁徙的时候，人们也总是用母骆驼来运送孩子。婴儿们被放在特殊的柳条和芦苇编制的方形篮子里。这种篮子也用来收集作为燃料的牛粪[161]。方形的篮子比圆形的篮子更加稳当，当骆驼行走起来上下左右摇动的时候，篮子也不易晃来晃去。

戈壁的自然地理环境十分严峻。戈壁不是沙漠，是能够居住的土地，有着能够维持绵羊、山羊和骆驼生存的牧场。戈壁也有食物和水源，不过你得知道怎么去找。在冬季，当骆驼商队走上征途的时候，用来充饥和提供营养的主要食物是骆驼肉干。大草原上的游牧部落吃这种肉干已经有上千年了。这种骆驼肉干可以生吃，也可以就着热水一起吃，还可以和面条一起煮着吃，或者做成汤。骆驼肉干有着很高的蛋白质。马肉、牛肉、羊肉都可以做成肉干，不过在戈壁，最常见的还是骆驼肉做成的肉干。骆驼肉干可以分成两类，一种是瘦肉干（黑肉干），还有便是肥肉干。瘦肉干在春天做成，而肥肉干在冬天做成。制作这两种肉干主要选用骆驼颈部和脊柱旁的肉，有时也用驼峰的肉。驼肉先被切成细片，约有十英寸长，接着就要风干，以保持肉的营养和风味。在戈壁上，肉干主要在11月、12月，最迟在来年的1月制作。在春天融冻之前，肉干必须完全风干。人们经常可以看到戈壁滩的圆毡帐篷支撑的圆木上挂满了肉干。初来者一下见到这么多的悬挂着的肉干可能会不适应，不过不久就会习以为常。

在远行之前，驼手会把肉干磨成粉末状。蒙古的一个传说是这样说的，成吉思汗的一个士兵可以把一头牛的肉干粉都捣到一个大的鼻烟瓶里，加上马奶，他可以以此维生，穿越整个大陆。这可能有一点夸张，因为人们一般用比鼻烟瓶大得多的牛膀胱来装肉干。不过骆驼肉干有着极高的热量，这倒是真的。一公斤的新鲜骆驼肉可以制成大约350克到450克的肉干。

在没有砖茶的时候，蒙古人会把三种戈壁滩上生长的植物放在一起做成“茶”。其中的一种植物被传统的医生[162]用来配制草药，俄国的一种“伊凡茶”也以其作为主要配料之一。“伊凡茶”后来被俄国人带到蒙古，变得很流行。“伊凡茶”在蒙古语中叫“hovon oroit”，指的就是这种看上去像棉花的植物。另外一种植物叫做“刚嘎”（ganga）[163]，是一种麝香草属植物，据说有止痛的效果。戈壁上的蒙古女人们把它当洗发剂用，这令她们的秀发又黑又亮，像丝绸一般。第三种植物叫做“特勒尔吉”（terelj），是一种杜鹃属植物。这种植物得名于噶尔丹和康熙皇帝1696年对战的地点，位于乌兰巴托前面一道山脉的南麓。如今另外一个地方也叫做特勒尔吉，是乌兰巴托东部的一个公园。现在这三种植物的药用价值已经得到医药公司确认。

对蒙古人来说，既有极大的经济价值又有药用价值的一种植物是肉苁蓉（goyoo）。这是一种附生植物，附生在戈壁滩唯一能够结果的植物白刺[164]上。白刺主要生长在移动的沙丘表面，由于风总是由西北刮向东南，大批的白刺于是从蒙古向中国移动。其果实在未成熟时是青色的，不过在8月时，果子成熟变成黑色，有很高的维生素和矿物质含量。肉苁蓉有药用价值，和当年的茶叶之路时代一样，至今还很紧俏。肉苁蓉的寄生主体白刺的树干有30到40厘米高；白刺还有可以让它在邻近沙丘上扎根的一种系统。蒙古人认为一丛白刺是肉苁蓉的生产工厂，他们收获肉苁蓉，但是留着白刺，让其能够生产更多的肉苁蓉。

茶叶之路上的驼手们使用一种蒙古人特别喜欢的植物梭梭（dzag）[165]作为燃料。尽管有着毛茸茸的外表以及漂亮的微微发亮的树干，梭梭其实是一种很硬的硬木，油脂含量很高。它的燃烧和磷相似，火焰明亮无烟，且能够持续很长时间。安德鲁斯（Roy Chapman Andrews）发现他的第一块恐龙化石的地点蒙古语叫做巴彦扎克（Bayan Dzag或Bayan zag）。不过，这个地点并不是如安德鲁斯所命名的表示“燃烧的悬崖”的意思，而是表示“富有梭梭的地方”的意思。这个地方至今在悬崖底部仍然长有梭梭丛。

在戈壁用来喂骆驼的饲料则是猪毛菜[166]，是一种常见的戈壁植物。猪毛菜有棕色和红色两种，都长有小小的针状叶子，含大量的水。尽管猪毛菜长在盐碱地和贫瘠的泥土中，骆驼却可以从中摄取许多水分。棕色的猪毛菜能够在冬天很好地保存，当天气渐渐转冷，牧人们采集来喂骆驼。戈壁蒙古人的另外一种重要的食用植物是野葱。蒙古语中的葱（tsong）一词也用来代表蒙古的圣山（Songino Hairhan）。可资参考的是，藏语中tsong-kha（葱谷）代表的是著名的宗喀巴（Tsong-kha pa）。首先传入的是葱，接下来是与之相连的神性：这种植物在西藏和蒙古都被看得很神圣。戈壁有两种野葱，其中一种是戈壁固有的，蒙古人十分喜爱，叫做蒙古葱（*Allium mogolicum*）。这种野葱在夏末收获，先用盐腌，然后捣烂，十分可口。这两种野葱都是戈壁上的牲畜的饲料，据说这也就是为什么它们的肉如此鲜美的缘由。

我猜想古希腊历史学家希罗多德（Herodotus）对戈壁一定会很钟爱，因为他对神奇的事物有着强烈的兴趣。除了这些令人惊异的植物之外，他会惊讶于初夏布满碎石表面的如绒毯般的鸢尾花丛，也会对这里的野生动物赞叹不已。如果他来到茶叶之路的南段，他会看到像芭蕾舞女一样的羚羊在他面前蹦来蹦去，它们黑白相间的尾巴在毛茸茸的梭梭丛中忽隐忽现。他也许还有幸看到今天世界上仅存35只的戈壁熊。他能看到成群的野驴[167]和普氏野马——以俄罗斯探险家普尔热瓦尔斯基（Przevalski）命名的野马。在蒙古语中，这些野马被称作“精灵”（takhi）[168]，它们一直在戈壁的西南部生存，直到20世纪50年代才因为人类狩猎食用而灭绝。

对早期的西方探险者来说，戈壁自然环境严峻，而且空无一物。事实上，在茶叶之路的年代，戈壁提供了充足的食物、燃料，以及完备的社会组织。一些骆驼商队的商路如网络般交错，而在节点上有着寺庙、驿站和居民使用的水井。其中最著名的两条路分别叫做前营路和后营路。一条从呼和浩特向西通到满洲人统治的城市乌里雅苏台和科布多，另一条则从呼和浩特向东通到张家口，与从北京向北的茶叶之路主路会合。不计其数的支路则把蒙古中部杭爱山区[169]的主要地方和大的寺庙连接起来。

到19世纪，蒙古境内的邮政设施已经很发达了。马上快递可以在十一二天内走完从张家口到恰克图共780英里（1300公里）的路程。在季姆科夫斯基绘于1820—1821年的旅行地图上，蒙古的邮政其实有很直接的路径。邮路直穿戈壁，在骆驼商队的迂回商路的西面一点点。一个骆驼商队从张家口到库伦要花掉一个月的时间，而到达恰克图则另外要一个星期。骆驼商队基本上走两条平行的路线，在邮路的东面一点，海拔较高。这些路线连接了能提供食物、水和牲口棚的不同地点，这些地点往往有一些很大的寺庙。[170]

19世纪的时候，蒙古共有三条邮路。一条从北京出发，是供俄罗斯政府使用的。另外两条则从天津港出发，主要由恰克图的商人们使用，而天津是从中原运送茶叶到俄国途经的主要城市。供俄国政府使用的邮路是由满清政府控制的，而商用的两条邮路则由商人们自己掏腰包来集资经营。

随着汽车运输时代的到来，这样的情况终于发生了变化。第一批穿越戈壁的的汽车队是美国纽约自然历史博物馆的七辆汽车。这个博物馆组织的中亚地区探险考古队由安德鲁斯领队，于1922年开始了对戈壁的考察。仅仅一个季节，他们就挖出并运走了75具原角龙头骨和14具全身骨骼，还有无数的恐龙蛋。这些化石标本显示了从刚孵出来的小恐龙到老年恐龙的每一个恐龙生长阶段。这些科学家备有几辆汽车，还有125峰骆驼组成的骆驼商队陪同他们完成工作。虽然看上去不太协调，这种组合却有效地装载着燃料和食物，像一个移动的基地一样，总共支撑了五个月。1922年之后，探险队还有一些零零星星的活动，到1925年夏，探险由于探险队领队所称的“中国在蒙古边境的内战”而终止。探险队于是卖掉了七辆汽车，正式中止探险考古活动。

安德鲁斯在1926年致伦敦皇家地理协会的信中这样评价这些车辆在蒙古贸易中的价值：“我们的考察探险出乎意料的结果是，让蒙古开始了它的机械化运输。紧跟着考察，商业活动也开始在蒙古使用汽车。现在蒙古大约有100辆汽车，而在我们到来之前，骆队是唯一的运输工具。”安德鲁斯有一点夸张。据迪鲁夫的自传记载，在安德鲁斯的考察队到来之前，蒙古就有了一些汽车，不过其运输地位并不重要。

在1924年苏俄将蒙古纳为保护国之后，安德鲁斯的七辆汽车成为蒙古第一家国营企业的财产。这家企业于1925年7月15日建立，叫做Ulsyn Nevtruulekh Gadzar。七辆汽车是其几乎唯一有价值的财产。

机械化运输最终于1949年取代了历经几百年戈壁滩风风雨雨的快马邮递驿站。汽车代替骆驼商队，尤其是漠西蒙古的骆驼商队，则又要晚一些。沿着茶叶之路展开的贸易被穿越戈壁的铁路取代，而铁路选择的是较之商队道路更加直接的邮路路径。

这条窄窄的铁路在无边无际的戈壁中显得格外孤独。一个19世纪的英国旅行者在这无边的戈壁中见到一位喇嘛后写道："我们没有办法和这个喇嘛解释我们不是俄国人，这会推翻他的基本信仰。我确信一半以上的蒙古人认为蒙古是世界的中心，俄国在一端，而中国在另一端。"[171]

当你一个人孤零零地站在茫茫戈壁中的时候，你不会觉得这有什么不好理解的。

第七章

从库伦跨过土拉河

乌兰巴托古称库伦，位于中俄两大政治中心之间。中俄之间的贸易造就了这个城市，可以说没有中俄贸易就没有乌兰巴托。中俄双方对贸易都有限制和约束，而库伦的存在则为商人们提供了绕开这些限制和约束的途径。这是一个很有趣的现象：贸易限制却创造了一个绕开贸易限制的市场。类似的情形至今依然存在。

长城边上的张家口距蒙古的政治权力中心约1000公里。对于十八九世纪的骆驼商队来说，这段路程一般要跋涉一个月左右。快要到达目的地库伦时，来自北京的商队绕路而行，避开库伦南部拔地而起、高达几千英尺的山峦。如果选择踏着松针松塔、穿过飘着松木香气的树林爬上山巅，再穿过落叶林下山，即便是毫无负重也要整整一天。这本来是一段愉快的旅程，潺潺的山泉水质清冽，戴胜鸟到处可见，它们头部的艳丽条纹与茶褐色的岩石形成鲜明对照。可是这样的山对于骆驼来说太陡了，根本无法越过。北面山谷里的小城聚居着众多僧侣，毛毡帐篷和交易市场随处可见，这个城市就是库伦，俄语称之为Urga，蒙古语则称之为Ariin Ih Hüree[172]。来自东北方向的土拉河（又译图勒河、图拉河）流过库伦，然后向西边的群山蜿蜒流去。骆驼商队进入库伦之后，必须跨过土拉河才能到达目的地。[173]

发源于肯特山脉的土拉河及其支流塞尔布河[174]是库伦的两大水源，山下被茂密森林覆盖的丘陵地带从已经演变为现代城市的乌兰巴托一直延伸到俄罗斯边界。在历史上，这里曾经两次成为草原勇士活动的心脏地带。第一次发生在公元前3世纪末期，那时这片丘陵曾经庇护匈奴[175]，形成统一整个中亚草原的游牧部落联盟。[176]第二次是公元13世纪，在肯特山脉的掩护下，成吉思汗的铁骑发展壮大，最终踏遍了整个欧亚大陆。这一片巍峨的群山同时孕育了流向东方的克鲁伦河及鄂嫩河，而流向西部的主要河流则是土拉河。

蒙古有着几条世界上最为波澜壮阔的大河，其流域形成了东北亚的分水岭。这些河流均起源于蒙古群山，有几条流经西伯利亚东部、汇入北冰洋，有几条向西流入被山地围绕的中央盆地，还有的向东汇入太平洋。在所有的河流中，土拉河是从北京去往圣彼得堡的商队必须跨过的第一条大河。每一条大河都可能因为洪水而成为无法逾越的天堑，同时，每一条大河也为船工们提供了谋生机会。据记载，乌兰巴托1926年时大约有2000名在土拉河上提供摆渡服务的中国船夫。

1868年，一位旅行者写道："大批人群聚集在土拉河岸，人群之中有很多人要渡河，还有很多人是帮助渡河的船夫。然而，那一天土拉河没有摆渡，河流象瀑布一般翻滚咆哮，卷起浪花，流速达每小时十一二公里（七英里），河水已经深到可以没过人的脖子。即便在平常日子，水不急浪不大的时候，布满河底的又大又滑的石头已经让打算徒步过河的人望河兴叹了。"[177]

经过一番深思熟虑，旅行者们选择从半英里之外的上游渡河。"场面生动刺激。未渡河之前，叫嚷喧哗已是热闹不凡；计议停当之后，助手们开始积极行动。我的同伴的两匹小马驮起重物，分别由两名蒙古人牵引。这两个蒙古人卷起衣服的下摆，或者用绳子束住，或者塞进上衣。每个蒙古人同时牵着一匹骆驼，跳进冰冷的河水中。可怜的骆驼极力扭开头去，不敢直视那咆哮的河水，它们本能地意识到这趟路途的凶险。六七个人用棍棒驱赶骆驼，但是毫无作用。那一边，小马站在冰冷的水中，也在试图退缩。”[178]

如今土拉河只剩下涓涓细流，由于工业用水及在肯特山上大量伐木，河水流量大大减少。15年前，渔民还可以在这里大量捕鱼；1990年之后，随着俄国人撤出，蒙古自然资源自由开放，情况发生了迅速的变化。

一旦渡过土拉河，精疲力尽的行人马上就能看到目的地：一片毫不起眼的木屋及毛毡帐篷。21世纪初期的今天，乌兰巴托拥有超过100万的居民；而在1919年，库伦只有不到10万的常住人口，其中约6.5万中国人，两万蒙古喇嘛，1万蒙古平民。另外，还有大约3000俄国人，再加上其他外国人如丹麦人、德国人、犹太人、日本人及美国人等等。虽然乌兰巴托建立于1639年，号称具有350多年历史，但其真正成为大都市还是在近代。[179]库伦并非一直位于土拉河畔，它是从其他地方迁移过来并且脱胎换骨的。

库伦最早建于后杭爱省（Arhangai）哈沙特县什里特查干诺尔湖畔。Arhangai 的意思是杭爱山后，或者杭爱群山以北。这里是喀尔喀高级喇嘛、被称为“圣光明”的博克多格根（1635—1721）最初的居留地。什里特查干湖在蒙古语中意为“有权威的白色之湖”，是宗教权威的象征。在古代蒙古，宗教成为游牧民族的核心，在“圣光明”建立乌兰巴托的时候，他们才最终定居下来。博克多格根也被叫做谒都尔格根（意为“高位光明者”）或者札那巴扎尔，他是成吉思家族的一位亲王——土谢图汗衮布多尔吉——的儿子。

此后，宗教中心从后杭爱省渐渐沿着鄂尔浑河、色楞格河及土拉河三条河的河谷向东转移，与早已荒废的成吉思汗时代蒙古旧都哈拉和林渐行渐远。在到达今天的地点——博格达汗山（Bogd Khan Uul）[180]山后的广阔山谷时，这个城市已经迁移了至少20次。

库伦的建立与博克多格根建立的蒙古独特体制有关；此外，贸易是另

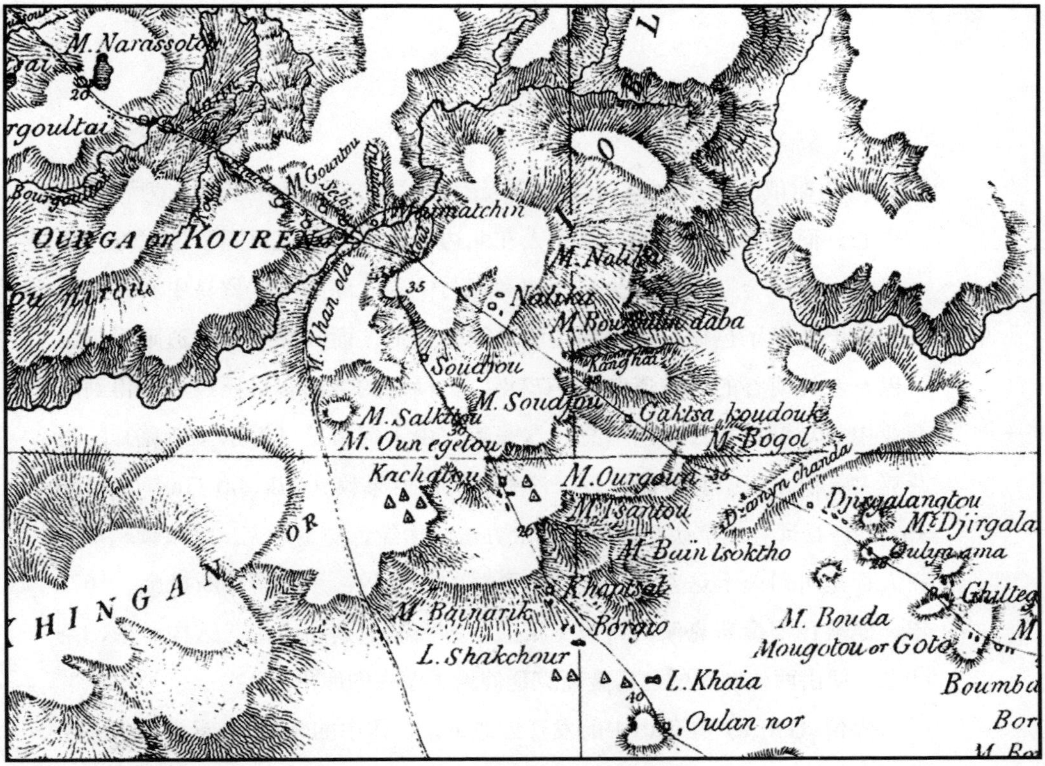

库伦及附近地区地图，选自1820—1821年季姆科夫斯基地图。

外一个原因。贸易和宗教往往密切相关，蒙古就是一个典型的例子。满清管辖下的蒙古四部各自纵贯南北，由掌权的四位可汗分而治之。每一部都跨越一定范围的经度和纬度，从而保证充足的游牧草场；每一部都北邻俄国、南接中国；中央地区及各个战略要地则由被称为“受拥戴的可汗”的土谢图汗（Tüsheet Khan）[181]直接统领。该部不仅包括以后的乌兰巴托，额尔德尼召的喇嘛庙也在其中。土谢图汗控制鄂尔浑河、土拉河及色楞格河流域的大片谷地，在众位可汗中地位超群。1577年，土默特·俺答汗创建了达赖喇嘛册封制度。以后的几个世纪里政权交替，占据漠西蒙古的对手准噶尔汗国控制了西藏政权。大约在达赖喇嘛灵童转世制度形成100年后，蒙古中部杰出的统治者土谢图汗设立了最高宗教头衔“博克多格根”（“圣光明”）。第一任“圣光明”是土谢图汗的儿子，也就是蒙古的宗教领袖。乌兰巴托即为这个宗教机构的所在地，是蒙古的梵蒂冈。

据早期俄国历史文献记载，今天的乌兰巴托自1666年起成为一个寺庙中心。同一年，俄国的哥萨克人在北边的色楞金斯克巩固了殖民地。不久以后，色楞金斯克便成为东西伯利亚与中国之间的主要贸易中转站。商人们马上选择了色楞金斯克和中国之间的近道，而放弃原来取道阿穆尔河（黑龙江）河谷的已有道路。1673年，莫斯科的俄国官员已经能够得到从商业中心乌兰巴托传来的消息。这一年，由于尼布楚（涅尔琴斯克）的哥萨克人在黑龙江引起争端，俄国沙皇的特使尼果赖（Nikolai Gavrilovich Spathary）远赴北京谈判，寻求解决方法，途经色楞金斯克。尼果赖从本地商人那里听到关于这条业已存在的商路的信息后，采取了果断措施。1675年，他从色楞金斯克派出第一支俄国官方商队，到达库伦。这样一来，茶叶之路便由西伯利亚的色楞金斯克延伸到了蒙古的库伦。

库伦（Urga）在俄语中的发音近似于蒙古语中的örgöö，意为“中央帐篷”，引申义为“宫殿”——一群蒙古圆形帐篷组成了博克多格根的中央政府。对于蒙古人来说，新的居住地的名称仍是“大库伦”（Ih Hüree），意为“大围栏”。Hüree的意思是“被环绕着”，指居住地或喇嘛庙。虽然在邻近地区还有不少小型庙宇，但大库伦最大的庙宇仍是甘丹寺（Gandan Tegchinlin Hiid）。Hiid在蒙古语中是“庙宇”的意思，由藏语变化而来。Gandan则从dga'-ldan演变而来，意思是“快乐的”。Theg是“车子”，chen是“伟大”，两个词合起来以后的意思是“大乘佛教”。Gling是“高山、大陆”，引申义是“庙宇”，即为世俗世界的一处安全地。[182]到了20世纪，这一处“快乐的大乘佛教庙宇”是世界上硕果仅存的三大喇嘛庙之一。该寺关闭了数十年，于20世纪90年代初翻修后重新对公众开放，寺名被简化为甘丹寺（Gandan）。

甘丹寺是蒙古最主要的藏传佛教寺庙，由蒙古的精神领袖博克多格根主持。世俗世界里的博克多格根对蒙古有着精神影响力，相当于土谢图汗的政治经济影响，活佛的宗教权威就如同西藏的达赖喇嘛一样。每一种神性都有世俗的权威相对应：17世纪末叶，噶尔丹·丹津博硕克图支持达赖喇嘛，土谢图汗则支持博克多格根。两种势力的冲突造成了蒙古17世纪90年代的分裂。

噶尔丹和土谢图汗的战略定位作为大背景，使库伦成为茶叶之路上一个主要商贸中心和中间站。

17世纪80年代，好像一位博弈大师一样，北京的康熙皇帝开始关注这一战场上角逐双方的动向。当噶尔丹与土谢图汗之间的竞争激化时，康熙介入了，他召集了所有统治蒙古东部和南部的喀尔喀亲王举行会盟。1686年8月16日，喀尔喀两翼会盟在库伦伯勒齐尔举行。噶尔丹·丹津博硕克图不是喀尔喀亲王，没有参加会盟，但他派出了达赖喇嘛的特使噶尔丹西勒图作为代表，以确保自己的权益。会盟中，噶尔丹西勒图和博克多格根被刻意安排在同一等级的席位上。达赖喇嘛的特使被轻慢至此，噶尔丹感到受到了侮辱，怒气冲冲地向康熙皇帝提出正式抗议。皇帝以故意激怒对方的口吻回信说，和平比地位重要。噶尔丹和东部诸王公对峙多年，而康熙皇帝以这种态度发出警告，他再也不能容忍对蒙古东部的进一步侵犯了。摆在噶尔丹面前的只有两条路，或者西撤以避开满清和东蒙古的联合势力，或者先发制人抢先出击。

噶尔丹选择了后者。1688年，他侵入土谢图汗的领地，打败了土谢图汗。结果和预计的一样，土谢图汗立即撤出，等待卓越的战略家康熙皇帝派出援兵。

达赖喇嘛和博克多格根背后的政治力量对贸易有着同样敏锐的触觉：疆域的扩大即意味着财政税收的上升。这样一来，宗教因素反而没有地缘政治战略那么重要了。自从土谢图汗倒向康熙皇帝之后，东部蒙古便从属于满清帝国，库伦是最大受益者，这个名义上的宗教中心的主要功能变成了商业贸易。

1675年，第一支来自俄国的商队到达库伦，但并没有一直走到中国。

从1689年中俄签订《尼布楚条约》到1727年中俄签订《恰克图条约》，俄国先后派出了11支官方商队远赴中国。当时，交易主要的货品是纺织品及毛皮，茶叶并不在其中。起先，官方商队获利甚丰，1706年的商队赚取了27万卢布。俄国沙皇彼得大帝千方百计地阻止私人商队与官方商队争利。中国文献记载了“察罕汗”的通告——在茶叶之路初期，俄国沙皇被称为“察罕汗”，系蒙古语“白色国王”（tasgaan khan）的汉译。当时中国人对俄国的了解完全是经蒙古的语言和地理环境过滤过的，反之亦然，俄国人对中国的了解也是通过蒙古得来。

1706年，彼得大帝发出通告，所有的私人商队必须获得特别批准才能与北京进行交易，如有违犯，杀无赦。私人贸易只能在库伦这个新建立的色楞金斯克与北京之间的中转站进行，并且只限于皮革、纺织品和小型手工艺品。俄国政府有明文规定，私商不得从事毛皮交易。毛皮走私生意自然而然地开始蓬勃发展，库伦从此生意兴隆。

俄国派往中国的官方商队渐渐发现，越来越多的货物并不在北京买卖，却在600英里以外的北方城市库伦成交。他们千里迢迢从俄国运来的毛皮遭到蒙古地区走私交易的价格竞争。1727年的《恰克图条约》会谈就这个问题进行了磋商。条约规定，两国之间的贸易中心由库伦移到俄国边界的恰克图。这一措施有益于恰克图的生意，却并没有根除库伦的贸易。1755年，最后一支俄国官方商队到达中国。他们到达北京的时候，发现毛皮已经充斥当地市场；无可奈何中，他们只能将货物带回俄国。官方交易至1769年中止，从此之后，俄国的私人商贩被允许与中国人做生意。从1727年起，所有从恰克图经过的商品都须交纳关税，由此带来的利润并不亚于过去的官方商队所得，俄国官员们总算满意了。

与此同时，中国的商人们偕着家眷也开始北上迁往库伦。早在1725年，第一家固定的中国店铺已经开张营业。尽管官方禁止中蒙通婚，一些中国人和蒙古人还是顶着各自民族的压力结婚了。那些在中国商城里面或附近长大、与汉人相熟的蒙古人被称为“二粒子”（音译），即混血儿。这个蒙古词汇源自中文，是一种蔑称。

满清皇帝派出一位贸易督察驻扎在库伦。表面上，督察的职责是规范无照商贩的贸易活动，实际上，这个位置为行贿打开了大门：无照商贩为他们的非法经营向督察行贿。清朝充斥卖官鬻爵现象，19世纪末，督察的职位“库伦办事大臣”在北京售价5000两纹银。

1810年，库伦的宗教当局对中国人充斥寺庙区域相当不满，他们勒令中国人离开喇嘛庙地区，搬到东边几英里地外，自行建立单独的贸易市镇。这个市镇在喀尔喀蒙古语中被称为Naimaa Hot，中文是“买卖城”。中国人聚居的买卖城处于东部河谷，土地肥沃，地理位置相当令人满意；几千年来，土拉河及塞尔布河为这片宽阔的河谷积淀了肥沃的土壤。渐渐地，大多数中国人选择定居买卖城。[183]十八九世纪和20世纪上半叶，中国人在这里耕植劳作、繁衍生息。1964年中苏交恶之后，蒙古总理策登巴尔将中国人驱逐出境，蒙古人接管了大部分的土地。今天，这个被称为阿木古朗的地方又开始种植农作物。河谷内开始兴建房屋，但仍有小块的土地留作耕地。

库伦的买卖城逐渐成为满清帝国边疆地区的一种模式，新疆西部和蒙古北部都可以见到类似的买卖城。[184]正如一位观察者在1868年指出的那样，所有的买卖城都遵循一个模式。“买卖城是中国商人的聚居地，距土拉河滩约两英里；蒙古人相信，建立这个镇子的主要目的就是骗取他们的钱财。镇子很独特，房子多为木结构，外墙是木头的，还用粗木栅栏圈起院子。从大门的样子可以看出一定有不少人进进出出。中国人与蒙古人之间的相互妒恨使得双方更加隔离。”

库伦的俄国人比中国人少见，但他们同样辟出自己的商业区。从1723年起，俄国在库伦派驻领事一名，名义上是来杜绝俄国人在蒙古的贸易的。实际上，俄国商人在库伦同蒙古人的私下交易相当频繁。清朝官员因此周期性地中止与俄国的贸易关系，但库伦的存在使得在蒙古的任何贸易暂缓都归于无效。

19世纪中叶的鸦片战争迫使中国向英国开放“通商口岸”。1860年，满清政府和西方列强签订了《北京条约》，这使中俄之间在库伦的贸易和政治平衡发生了变化。出席会议的俄罗斯东正教驻北京传教士团的修士大司祭巴拉第（Palladius），利用技巧确保了俄国享有与其他列强同等的利益。条约的第五条规定，俄国可以直接在蒙古进行贸易。条约说：“俄国商人可照旧由恰克图到北京行商，经过库伦、张家口地方，如有零星货物，亦准行销。俄国政府有权在库伦派驻领事，并为领事设立官邸。”这标志着俄蒙之间的贸易第一次经官方许可，正式独立于中俄贸易之外。

1860年的条约还给了俄国在蒙古地区驻扎军队的权利。19世纪的一位观察家说：“只要国家需要，全副武装的军队立刻出发保卫领事馆。1871年，一支可怕的俄军小分队离开恰克图，驻扎在‘绿房子’旁边。”[185]“绿房子”是俄国驻库伦领事馆的非正式名称，建在一块高地上，从远处就可以看到。它是那些运载着一箱箱茶叶的来自南方的驼队的终点站。（参见本书收录的“绿房子”照片。）俄国的代理商接到货物，按照装箱货单检查清点，确定茶叶没有变质或在路途中被掺入次品。因为骆驼商队一般不会越过库伦北上，所以如果一切合格，代理商随即与骆驼商队结账，再雇用另一个商队走完下半段旅程，将货物用牛车送往恰克图。

库伦是天然的货物转运点。1820年至1821年间季姆科夫斯基绘制的地图显示，蒙古的地势以乌兰巴托南部为界，两边截然不同。南部是大草原和沙漠戈壁，适宜走骆驼，蒙古北部则为绵延的山脉和越来越密集的“泰加群落”针叶林，更适合走马车或牛车。长期以来，俄国人一直把乌兰巴托南部的山脉当作该地区的自然分界线。因为这个原因，俄国总是尽量在库伦（今乌兰巴托）保留一个坚固的军事基地，以防任何政治变化。

俄国领事馆“绿房子”成了库伦的俄国殖民地中心。19世纪和20世纪时，高级官员和他们的家属居住在市中心东边的小山包上，从此南眺，可以看到博格达汗山。1863年，俄国人在那里修建了一个大院，里面的建筑包括一座东正教堂、一家诊所、一些哥萨克士兵营房，当然还有领事馆本身。这个地方被称为“领事馆大院”，现在位于乌兰巴托第十三区，在第二医院附近。

作为茶叶之路上的商业及宗教双重中心，库伦是个独特的地方。俄国人、中国人和蒙古人，三个世界的人会聚在库伦。蒙古人是五颜六色的。宗教中心甘丹寺里有数千名穿着黄色僧袍的喇嘛，还有迎风飘扬的经幡和不停旋转的转经筒（nomiin hurd）[186]。在博克多格根宗教当局统治下，甘丹寺纷繁复杂的经济结构的各个部分合作愉快，它作为一个宗教社会系统覆盖下的贸易中心顺利运行了200多年。到19世纪末，共有七位博克多格根相继承袭了第一世博克多格根、土谢图汗之子的职位。1874 年，年仅四岁的第八位转世灵童被从其出生地西藏带到蒙古。到1924年第八世博克多格根去世时，俄国军队已经事实上掌握了蒙古的大权，所以说他的死也标志了俄国人、中国人、蒙古人在库伦的平衡的改变。[187]

对于这位1911年至1919年间改称博格达汗（“圣王”）的第八世博克多格根，俄国人波兹德涅耶夫（Aleksei M. Pozdneev）曾于1896年作过如下描述：“转世活佛哲布尊丹巴·呼图克图今年22岁，身材低于平均身高，偏瘦，脸色发黄，毫无血色；由于某种孩子般的任性和反复无常的倔强脾气，面部总有不快的表情，尤其是他的嘴唇，很容易让人觉得他心情不好。”[188]这位博格达汗同时也是商人，而且很难打交道。“很难和他做生意，”20世纪20年代初结识博克多格根的迪鲁夫·呼图克图这样写道，“因为他喝酒喝得厉害，有时会盘腿坐着，接连一个星期不分白天黑夜地一直喝下去。”

当年这个四岁的博克多格根转世灵童来到库伦时，像他的前任一样，也被带去会见土谢图汗。依照传统，王爷和妻子亲自烧火为这个孩子煮茶。然后，蒙古的世俗权力中心宣告接受这个西藏小孩，他遂按惯例正式成为政教合一[189]的蒙古政权的宗教领袖和精神主宰。由于这一体系容纳了来自三种不同民族的人和三种不同的经济体制，所以其交换媒介的选择相当重要。第八世博克多格根时代，北部的布里亚特蒙古人在使用俄国的卢布和戈比，中部和北部的喀尔喀蒙古人在使用茶砖，而漠南的蒙古人更是集中国货币之大成，使用铜钱、茶砖和银锭。灵活的蒙古商人们适应了这些财政变化，但这种不稳定在20世纪的第二个十年骤然加剧。

1911年，北京的满清王朝被推翻。同一年，蒙古的博克多格根改称博格达汗，作为神权统治者宣布作为前满清帝国领土一部分的蒙古独立；不过，商业照常进行。不久以后第一次世界大战爆发，紧接着是1917年的俄国革命，俄国卢布严重通货膨胀，蒙古经济开始脱离俄国。俄国沙皇被废黜，继而被杀，白军和红军之间的武装斗争也影响到了蒙古。

当俄国内战波及蒙古大地之时，博格达汗正在对付企图占领他的城市的中国人。1911年满清政府覆灭后，中国北方一批军阀乘乱发展壮大。在这些军阀之中，西北边防总司令徐树铮将军成功地扩大了他的地盘，进入蒙古。1919年10月下旬，绰号“小徐”的徐总司令逼近库伦；11月，他率领三个强有力的步兵师占领了库伦。

1919年11月15日，蒙古人被迫向小徐代表的中国政府呈请废止他们的自治权，“回归中华祖国”。接受这个请求以后第二天，小徐亲自回北京向中国大总统汇报。两个月后，1920年的春节，小徐回蒙古举办仪式，博格达汗被迫在自己的宫殿中和其他人一起朝着中国大总统的画像行传统的叩头大礼。[190]目击者的报告描述了事件过程：“在仪式上，小徐站立在大总统的画像旁，接受博格达汗的叩头行礼。”[191]

小徐对库伦的占领持续了到1921年，是年，臭名昭著的白俄恩琴男爵（Baron von Ungern-Sternberg，又译乌吉尔巴伦）率领他的唯利是图的军队攻击库伦。从1921年1月24日到2月4日，小徐的队伍和恩琴男爵的军队交战，结果是徐的部队战败，完全撤出库伦。大多数中国革命军逃向北方，在恰克图避难；他们总共有8000到10 000人，其中的大多数后来经俄国远东地区被遣送回中国。蒙古语中gamin一词就来自汉字“革命”。整个20世纪的大部分岁月，中国都在致力于革命，蒙古也经历了早期革命的创痛。

恩琴男爵的及时出现，使得蒙古人相信，似乎是更强大的俄国军队从中国人手中抢救了博格达汗。表面上看来，在一位感染梅毒的活佛支持下，一个疯狂的白俄成功地从蒙古土地上驱逐了占领军。现实却截然相反。事实上，无论那个白俄入侵者还是那个蒙古的神权统治者，从始至终都在心怀鬼胎地互相利用，他们因而为巨大的历史洪流所摒弃。

1921年4月20日到10月20日，博格达汗代表恩琴男爵发行债期六个月的债券，年利率为百分之六。这些债券由博格达汗的家畜和财产作保证支持，因此债券票面上设计了家畜的图案，图案由蒙古艺术家卢桑贡布手工雕刻成木版，再经手工印制而成。债券面额分为10元、25元、50元和100元几种。10元债券上印着绵羊图案，25元上印着一头母牛，50元印的是一匹马，100元的图案则是一峰高贵的骆驼。债券的面值以英、俄、蒙三种语言标出。这一次总共印制了价值25万墨西哥鹰元[192]的债券。

这些被蒙古人称为“男爵”的债券为男爵的军事行动筹集了不少资金。当这些稀奇古怪的事情出现在库伦时，蒙古人民党[193]的成员们正在北方边界上的恰克图与红军代表密切合作。他们也在寻求建立一个新的蒙古政府。

一开始，苏维埃俄国还不太情愿干涉蒙古事务，直到恩琴男爵的反布尔什维克部队日渐增强、苏维埃远东共和国的缓冲状态可能受到威胁的局势很明朗时才改变其立场。苏联的消息来源显示，蒙古人曾于1921年4月10日请求军事协助。[194]为击败男爵，布尔什维克提供了1亿卢布的军事援助。对蒙古的军事援助包括从西伯利亚调来的四架老式侦察飞机，用以轰炸白俄军队。它们集中轰炸了男爵的白军——也包括博格达汗的军队——

驻防的寺庙。[195]对恩琴男爵军队的定位和轰炸得到了当地蒙古首领的密切协助。1921年8月，布尔什维克抓住了这位白俄男爵，据报道，他是在城外骑马时被一个蒙古摔跤手[196]掀到地上的。[197]此后恩琴男爵被带到当时称为诺伏尼古拉耶夫斯克的新西伯利亚，一个月以后被处决。

恩琴男爵的麻烦开始后，被称为“男爵”的债券8月份贬值60%，最终丧失了所有市值，直到20世纪晚期一个收藏品市场开张才值钱起来。即便在男爵死后，绝望的博格达汗和他的顾问们仍然继续印制钞票，直至他彻底破产。

1924年，博格达非正常死亡，死因不明，大多数人归因于蒙古的“救星”苏俄。

1921年被称为“人民革命”的事件以后，新的蒙古政府制定了各种各样的经济政策。1924年，苏联与蒙古联合建立了一家贸易和农业银行。1925年12月5日，发布了有史以来第一种蒙古全国通用货币：图格里克。这是一个老词，意思是“圆形货币”。茶砖不再被当作法定货币。1925年，小徐在华北某地被其对手、基督徒元帅冯玉祥的部下枪杀。茶叶之路的货运中心库伦被改名为乌兰巴托，意思是“红色英雄”。苏军于1990年从蒙古撤出后，乌兰巴托的名字仍然保留下来，直到今天。

现在，蒙古人口约有一半居住在乌兰巴托。这个数字反映出蒙古过去50年间的巨大变动。下个章节我们将把视野拉大，描述过去400年间，即茶叶之路期间，蒙古帝国的风云变幻。

北京的俄罗斯北馆。比丘林于19世纪早期住在俄罗斯北馆。北馆坐落于东直西门附近的城墙旁。第一批住在这里的俄国人被称作“阿尔巴津人”，他们是1685年清军围攻阿尔巴津（雅克萨之围）时投降的俄国战俘。这20多个俄国人成为当时的满清康熙皇帝的臣民，并且永久居住在北京。称在北京的俄国人为“阿尔巴津人”的习惯即发端于此时。

北京的俄罗斯南馆。1860年以后，俄国获准在北京设立永久的外交机构。选中的新址被称作俄罗斯南馆。大使官邸和使馆建筑具有中欧融合的风格，有欧式走廊、大玻璃窗、欧式雕塑，还有中式屋顶和中式庭院。直至今天俄罗斯南馆依然是俄罗斯驻华使馆所在地。

湖北省一座庭院中的茶叶种植。在19世纪茶叶之路贸易的鼎盛时期，华中地区负责为俄国货主种植茶叶。这张照片展现了早春时节生长在后院里、准备移植到山坡上的茶苗。这是些用作散茶的茶树，可以长到60厘米—120厘米高；用来制作砖茶的茶树则可以长到一人高。茶树在砍倒、更换新苗以前，有10到12年可以采摘茶叶。摄影：鲍雅尔斯基（A. Boyarsky），1874年。

19世纪70年代华中地区的茶叶加工。据同时期资料，茶叶加工的过程可描述如下：首先在茶场的地上垒起一排排烘焙茶叶的土灶，然后把燃着的木炭放进均匀分布的灶眼里。工人们往燃烧的木炭上撒灰，以调节热度，然后把高高的、圆锥形的篮子架在炭火上方，把茶撒在竹盘上，在上面烘焙。茶叶烘焙大约三个小时后，再用手翻动，使茶叶均匀受热。木炭能够在五天之内保持热度，所以每个灶眼可以烘焙相当数量的茶叶。运往恰克图的茶叶须用文火烘制，而运往海路的茶则须长时间烘制。烘焙时间过长易使茶叶失其鲜味；时间过短，则茶叶易在海运途中发霉。“广州茶”（海运茶）与“恰克图茶”（陆运茶）的主要区别是烘制时间的长短。由于烘制时间较短的“恰克图茶”更为新鲜，所以俄国人和许多西欧人相信陆运茶质量更好。

称茶。称过重量之后，每袋茶都要经过随机抽样来检测质量。据19世纪晚期的做法，质检人员要先用手捏捏袋子里的茶，然后抓出一把，检验叶子的大小和质量。这样抓出来的茶叶被装在一排排的小罐里；要用一根木棍搅动茶叶，然后浸泡，浸泡的时间长短由沙漏严格控制。下一个程序是试喝，以选出最好的茶叶。

筛茶。茶要靠手工用各种竹筛筛过，为的是根据叶子的大小来给茶叶分级。这项工作通常是由妇女和儿童完成的。茶叶经过一序列的流程，较好的茶叶由流水线上的下一个人来筛。茶叶筛过以后，要经过一个风选过程：茶叶要用一台带有风扇皮带的鼓风机吹动。这叫做加工茶。最细碎的茶叶要在一个带抽屉的箱子里吹，它可以把茶叶末收集起来，以备制砖茶时使用。砖茶是用次一等的茶叶制成的：在大叶茶中掺入中等大小的茶叶和茶叶末，放在一个和成品茶砖一样大小的木范里。在这个加工过程中茶叶一层层地堆积，还要不时地耙上一耙，以便混合均匀，然后用压茶砖机压实。这叫压茶砖。

压茶砖。这个原始的设备是用来制作砖茶的压茶砖机。经过烘焙的茶叶装入长方形模子里，被木头杠杆压成茶砖。为做砖茶而烘制的茶叶上裹着薄薄的一层炭灰，这给了茶叶烟灰色的外观和烟熏的味道。这也使得外国人误以为砖茶是用牛血黏合的；实际上，茶砖是用这个由大木块和杠杆组合成的手工压茶砖机压实的。根据同时期资料，它需要四人来操作。一个人站在杠杆上面的架子上，像马戏团里走钢丝的杂技演员一样往杠杆上踩踩。当杠杆砸到砖茶上面时，另外两个人便抓住杠杆往下压。第四个人负责用绳子和滑轮把杠杆拉上来，准备第二次压下。一个19世纪70年代的俄国观察者是这样描述这一过程的：“如果计算精准并且操作正确，一分钟可以压出六块茶砖。”

湖北省羊楼峒村的一座茶厂外景。“茶厂”是租给外国人的——主要是英国人和俄国人——，并收取年租。这掩盖了它们实际上归外国人所有这一事实，而根据19世纪的中国法律，这是不允许的。19世纪晚期的俄国茶厂生产“老茶”（普通绿茶）、运往西伯利亚的“京茶”和同样运往西伯利亚的黑茶“密砖”。

一座茶叶包装厂内景。19世纪晚期。

茶叶运输。这个茶叶运输点靠近汉川（汉水）左岸的樊城（今襄樊）。樊城对面是襄阳府兵营，据说19世纪70年代驻扎了6000名满汉士兵。

张家口城北，通往蒙古的山口方向。一条狭窄的河谷蜿蜒穿过张家口以北险峻的群山，抵达通往蒙古高原的山口。19世纪70年代，也就是使用大玻璃底片拍下这幅照片的时代，上下山口运输主要靠骡子。这些玻璃底片安全返回圣彼得堡后，充分显示了它们的价值。

张家口长城上的门洞。这张照片展示了约130年以前的长城；这是靠近它和茶叶之路交汇点的一段。

茶叶之路北京到库伦段一座山口旁的敖包。不同类型的敖包为19世纪的蒙古风景增添了别样韵致。它们标示山口，标示辖区的界限，抑或标示一处圣迹，比如泉水或制高点。像苏格兰或落基山脉的石冢一样，它们被用来标示路途；在蒙古，它们同时有着宗教上的用途。蒙古各地的敖包的木杆上经常系结着织物，比如哈达。这些织物在蒙古被用作货币，也被用作祭献神祇的贡物。虽然这张照片的玻璃底片被修整过，但仍可以清楚地看到敖包上系结着经幡和哈达。

中国北方的商贩。这张摄于照相馆的商贩肖像照是俄国摄影师拉宁（V. Lanin）在恰克图附近拍摄的，展示了茶叶商号大盛魁的创立者王相卿早年的行商方式。王相卿起初是一个小商贩，但后来创建了一个持续两百余年的茶叶和金融帝国，年营业额达1000多万银元。注意看照片所显示的19世纪70年代俄国在蒙古北部地区的影响：一个身着羊皮蒙古袍的商贩站在一把从欧洲运来的椅子旁边。

驮载货物、准备起程的骆驼和老少赶驼人。

行进中的运送茶叶的骆驼商队。摄影：米科洛斯（Nagy Miklós），1909年。

买卖城的中国老板。这些富有的老板住在今俄蒙边境上的汉人市镇买卖城。买卖城位于满清治下最有势力的蒙古可汗土谢图汗的领地内。从这张照片可以看出大盛魁在茶叶之路贸易鼎盛时期中国商人的富足程度。

在蒙古的道路上。

蒙古的一个“小房子”。大盛魁以流动商业单位的形式在全蒙开展业务。商业单位由骆驼“把子”、几个人以及用来住宿和做买卖的帐篷组成。一个“把子”包括大约14峰骆驼。摄影：李波特（Stricher Lipót），1912。

20世纪20年代在戈壁旅行。这是由纽约自然历史博物馆于20世纪20年代赞助的中亚探险队七辆汽车中的一辆。这七辆汽车后来卖给了俄国支持下独立的新蒙古的第一家国营企业，该企业叫Ulsyn Nevtruulekh Gadzar，1925年创立。它们成为第一批穿越戈壁的机动运输工具。

法会上的年轻喇嘛。

库伦（今乌兰巴托）一茶场内景。请注意，茶叶被堆成垛，并苫盖起来，免受天气影响。旁边还有等着装货的去往恰克图的牛车。

驼队走近被称作“绿房子”的俄国驻库伦领事馆。

库伦的博格达汗宫。据俄国史料，在这张照片拍摄的年代，蒙古有103名格鲁派（黄帽宗）活佛。俄国摄影师鲍雅尔斯基指出，1874年有7万名农奴为博格达汗服务。这张照片并未显示出博格达汗宫的豪华，但据说这座宫殿的绿瓦屋顶上耸立着鎏金尖塔。照片中最高的建筑是博格达汗的住地。

买卖城。这张照片展示了边境以南150米这座与恰克图相对的汉人商城的全景。今天，买卖城曾经繁盛的地方只剩下茫茫草原。蒙古城镇阿勒坦布拉克（“金色泉水”）位于更南的地方。

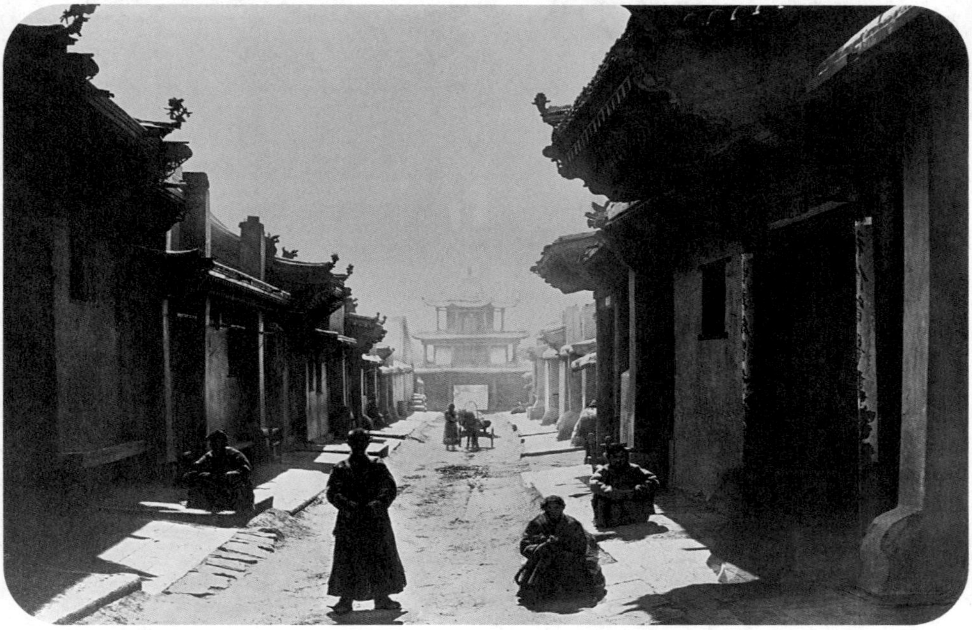

买卖城的主街。最富有的中国商人在买卖城的这个中心地区拥有房产。街尽头有一座三层塔状庙宇，一条过道穿过庙宇通向城里。飞檐上装饰着华丽的木雕；木墙围着院子，院子里是做生意的地方。一些院子大得装得下将在院子周围的仓储区卸货的骆驼商队。

两大帝国间的边界。满清控制下的蒙古位于这张照片的远处。俄国领土位于前景。穿过中间空地从恰克图到买卖城的道路并不走直线，而是按照中国的方式走两条斜线。

恰克图建筑群前的俄国士兵，1875—1876年。

恰克图。这座贸易中心位于满清治下蒙古与俄国边境线以北150码处。货物通过边境后直接进入恰克图的海关；根据俄国沙皇的命令，海关于1792年从伊尔库茨克迁到了恰克图。从18世纪早期建立起，直到1858年，恰克图一直是中俄贸易的主要口岸。

特罗茨科－萨伏斯克，位于恰克图以北四公里。这是从谷地东侧山坡上向西看到的市景。照片上的木屋看上去和今天差不多。谷地的这一侧叫做布里亚特；俄国人住在另一侧，以及沿山谷通往恰克图的方向。恰克图河流经两部分之间，但在照片上看不到。

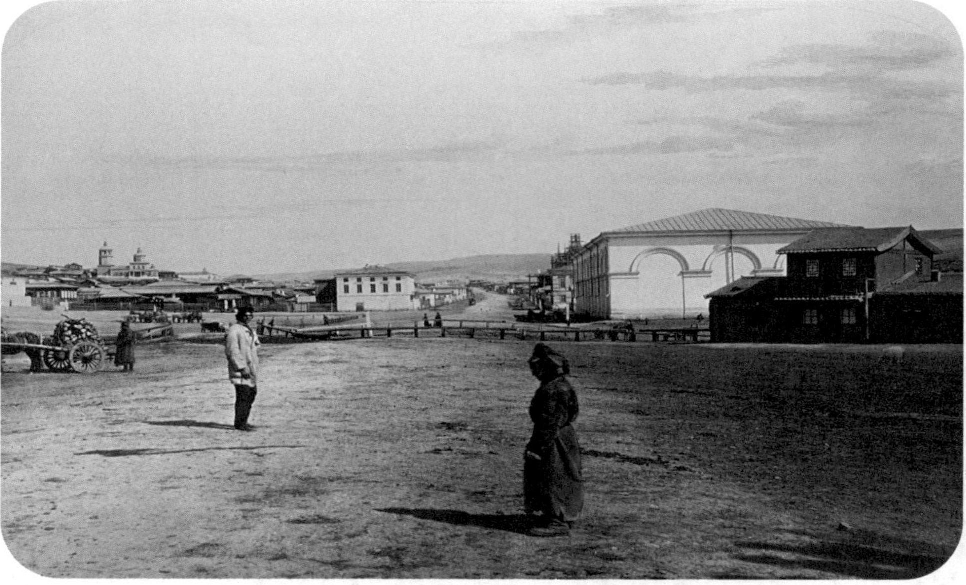

特罗茨科－萨伏斯克的主街。这个场景位于俄国和满清治下蒙古边界以北四公里处。照片中间的木桥跨越“小泥河”。海关的石楼和仓库在右侧。贸易大厅和它的拱顶尚在，里边的院子是茶叶交易的地方。在左侧远方，一座教堂依稀可见。可以看到一辆运货的两轮车在左侧，上面装着木头。一个蒙古人站在照片的前景，一个俄国人站在左侧，他的前方。

色楞金斯克遗址。古老的教堂远远矗立于色楞格河畔。旧色楞金斯克（Staro-Selenginsk）在因失火和河流改道而毁掉以后，最终被废弃，惟有这座教堂保留下来。

华商组照。这些室内肖像照片是由俄国摄影师拉宁拍摄的，使用了中国道具，有香炉、辟邪镜、对联和瓷瓶。组照展示的是富有的中国商人、银行家和官员。

茶叶之路上的一辆客运马车。

俄国境内茶叶之路上的茶楼（右侧）。

克鲁格贝加尔斯基路（Krugobaikalsky Way）：鲍尔舍雷申斯卡娅（Bolsheretchenskaya）的驿站。

俄国境内茶叶之路上的东正教教堂。

乌敦金斯基路（Udunginsky Way）：乌里亚图伊（Uliatuy）站。乌敦金斯基路是从旧色楞金斯克到贝加尔湖上的梅索瓦亚（Mesovaya）之间的茶叶之路之一段。它穿过鹅湖抄近路，并翻越哈马尔达坂山到达贝加尔湖。打算绕过海关的走私者经常走这条路。

梅索瓦亚站和乌里亚图伊村之间的乌敦金斯基路。

乌敦金斯基路：捷姆尼克（Temnik）站。

乌敦金斯基路：乌敦噶（Udunga）村。

乌敦金斯基路：捷姆尼克河。

乌敦噶河和古德吉尔卡（Gudgirka）河之间的乌敦金斯基路。

斯涅日纳亚（Snezhnaya）河上的渡口。斯涅日纳亚河与沿贝加尔湖南端伸展的克鲁格贝加尔斯基路并行。

克鲁格贝加尔斯基路：鲍雅尔斯卡娅（Bojarskaya）驿站。

克鲁格贝加尔斯基路：乌图里克（Utulik）河上的渡口。

贝加尔湖畔。

圣彼得堡，茶叶之路的终点。

江南茶园。

贝加尔湖，茶叶之路穿湖而过的地点。摄影：艾梅霞（Martha Avery）。

色楞格河上的色楞金斯克遗址。现在留下的只有一座大教堂。摄影：艾梅霞。

恰克图茶商卢茨尼科夫的住宅。摄影：艾梅霞。

俄国东正教教堂，位于俄蒙边界以北不到200码的俄国一侧。这座教堂被称作“复活”教堂或沃斯克雷森斯卡娅教堂，其富丽堂皇的程度在沙皇俄国名列第二。照片是作者于1996年拍摄的，当时教堂内部被用作马厩。上图为内景，下图为外景，摄于同一天。

一峰典型的大夏骆驼。摄影：斯奈德（John Snyder）。

从阿尔泰山俯瞰准噶尔汗国。摄影：斯奈德。

“五座圣山”（Tawan Bogd），现在是蒙俄两国的界山，靠近哈萨克斯坦和中国。这从东到西的几座山曾属于准噶尔汗国。摄影：斯奈德。

山西平遥市楼。中国早期的金融业集中于山西中部，而平遥是票号主要所在地之一。请注意，这座市楼和恰克图以南买卖城的塔状庙宇的结构是相似的。

日升昌，中国的第一家钱庄，于1824年在平遥开办。摄影：祁凤臣。

北京东便门地区。摄影：阿南史代（Virginia Anami）。

北京金融街。摄影：茹遂初。

今日北京。摄影：何慷民。

北京之夜。摄影：赵德春。

第八章

满清征服蒙古

俄国势力横跨大陆向东扩张至太平洋之际，全盛时期的满清帝国也在向西拓展。东西双方要进行接触和直接贸易，必然首先和中间的草原部落打交道。纵贯大陆的茶叶之路就是联结俄国和满族统治下的中国的纽带。茶叶之路穿过西伯利亚的针叶林带，深入遥远的北方，那里是卫拉特蒙古的首领噶尔丹和他的准噶尔汗国领地。

满清统治下的中国，外交关系错综复杂。所有的历史都由四种语言记录：满语、蒙古语、藏语和汉语。所有文件都按一定顺序抄写在手工制造的纸上，首先是满语，其次是蒙古语，然后是藏语，最后才是汉语。满语、蒙古语和汉语都是垂直书写，藏语及满清帝国的第五种语言突厥语则是水平书写。在所有这些语言当中，满语是权威版本。

今天在乌兰巴托，一位研究蒙古历史的学者从堆积如山的档案里，从那些捆扎松散的软软薄薄的纸片上美丽如画的满族文字中，追寻越来越微弱的历史轨迹。整整250年间，中国历史的主要文献是用一种现今很少有人能读懂的语言来书写的，其结果是损失了大量准确的历史资料。[198]

大中华帝国的缔造者康熙大帝是满族人。他自1662年至1722年统治了包括中国在内的满清帝国。蒙古人称他为“恩赫阿木古朗汗”（Enkh Amgalan）。康熙在位时建立了一个政府部门——理藩院——来处理与藩属国和邻国的外交事务，同西部的西藏、北部和西北部的蒙古部落，以及新近前来的俄国人打交道。这个机构越来越庞大，尽管通晓多种语言的官员们足以应付各种外交事务，康熙皇帝本人仍然在外交事务和战略计划实施过程中扮演主要角色。

康熙皇帝热爱争斗。他幸运地具备了对外事务中制胜的三个关键因素。首先，随着通商贸易量的增加，中国的经济实力加强了，大量资产通过日本和新大陆的白银流入中国。其次是军事传统所致的满洲在东北亚的超强战斗能力。除了满族血统之外，康熙身上还留着蒙古人的血。他的祖母来自蒙古科尔沁部，科尔沁意为“背着箭囊的人”，这显示这个部落能征善战。科尔沁部还负责向皇帝进贡一种将马奶发酵制成的饮料——马奶酒。从康熙十岁起，祖母开始负责他的教育，康熙对藏传佛教的强烈支持也是受了祖母的影响。[199] 最后，康熙成功的第三个因素是来自外国顾问的忠告和技术指导。利玛窦（Matteo Ricci，1552—1610）是1583 年第一批到达中国的耶稣会士之一，从他开始，外国传教士向满清朝廷贡献科学技术成为一个传统。耶稣会士中最有建树的是南怀仁（Ferdinand Verbiest，1623—1688）。

1657年，比利时人南怀仁从葡萄牙出发来中国，时年34岁。他继承了德国传教士汤若望（Johann Adam Schall von Bell，1591—1666）[200] 的职务。在17世纪的中国，经常性的迫害、枷锁、监禁和鞭打是耶稣会士生活中的家常便饭。经历了种种折磨之后，汤若望最终悲惨地死去。汤若望知道他的岗位充满艰辛，考虑到南怀仁的人品，他决定把南怀仁召来替换他。最初南怀仁在康熙皇帝的父亲（顺治皇帝，1644—1661在位）朝中服务，慢慢地学会了中国人为人处世的方式。1661年，康熙作为一个七岁的孩子在大臣们的辅佐下继承王位，开始了长达60余年的统治。康熙皇帝长大成人之后，他和南怀仁，这两个了不起的人形成了一个强大的组合。

南怀仁熟悉大炮制造。在17世纪，这种武器装备的制造能力决定了蒙古的命运。[201]

南怀仁在华期间满洲军队火力发展状况的早期记录是由俄国特使、摩尔多瓦人尼果赖（Nikolai Gavrilovich Spathary）提供的。黑龙江河谷冲突前夕，尼果赖被派往中国，目的是防止中俄之间爆发战争。1676年5月，尼果赖进入北京并记下了他的发现："当今可汗（满清康熙皇帝）开始拥有长度超过一萨真（七英尺）的大口径火枪。有300多枝枪已经铸好，送到平藩前线投入使用。其他火枪尚在都城，我们的哥萨克已经见过。他们也同样做火药，但是没有我们的大枪火药好。他们非常喜欢我们的pischali步枪（带支架的旧式俄国老式滑膛枪），并且让布哈拉人从俄国带过来，每一枝100卢布。他们学会了射击；据说当今可汗枪法很好，能打死天上飞的鸟。"

十年之后，就在"雅克萨之围"开始之前，又有两位俄国使节注意到了南怀仁和他的军火。他们向一个密探打听："中国可汗有没有工程师？如果有，是什么国籍？是中国人还是德国人？是谁在制造大炮和炮弹？武装了多少军马？派遣了什么队伍攻击阿尔巴津（雅克萨）？"密探回答说，中国没有工程师，"但是有大炮和炮弹，是耶稣会士南怀仁和他的伙伴在制造炮弹，还雇用了两个俄国人。"有趣的是，这两个俄国人制造的炮弹为清军作出了贡献，很快就用在与俄国哥萨克在阿尔巴津的战斗之中。

15年内，南怀仁的大炮铸造厂据信为中国生产了500门大炮。中国人给很多大炮起了名字，南怀仁则以圣徒的名字为每一门大炮命名。

有好几个月，南怀仁和康熙皇帝每天见面。南怀仁在日记中写道："一大清早，我就到宫里去，马上被带到康熙的宫殿，经常要待到下午三四点钟才离开。"[202]尚武好战的康熙皇帝也是一位学者，他想要读满文版本的欧几里德《几何原本》前六册。书已经由利玛窦翻译成中文，康熙皇帝能够读懂，但他还想读满文的欧几里德，于是为南怀仁安排了一位满文老师。南怀仁很快就掌握了满文，不仅按照康熙的要求将欧几里德译为满文[203]，后来还研究出了满文的语法。[204]

康熙扩张了满清帝国的版图，控制了更大的疆土；后来在20世纪，这些疆土成为中国的领土。16世纪时中国的疆域只有今天中国的一半；17世纪和18世纪，满洲军队击败了西藏人、蒙古人和维吾尔人，将西藏、蒙古、新疆、青海和四川西部纳入帝国的版图。康熙皇帝的版图扩张也为后来开辟商路——茶叶之路——创造了条件。

要了解康熙征战的过程，有必要了解当时的历史背景，即在那之前蒙古各部的疆土。

在13世纪成吉思汗（1162—1227）时代的战争总动员中，蒙古人被组织起来。妇女负责畜牧以保证国家经济的根本，同时也解放出劳力，把所有壮年男子（也包括许多妇女）都投入战场。那时，人群被划分成人力单位，派往地球的各个角落。这些单位中包括包“图门”（蒙古语中的意思是“万”或“无数”），西伯利亚西部的大工业城市、重要的石油生产地图门也沿用此名。还有“阿尔巴特”（蒙古语中的意思是“十”），莫斯科旧城一个区也用这个名字。成吉思汗把人口按工作分配成部落，部落的形成源自他们的功能而不取决于他们的血统。这样的机制最初起源于突厥，它延续了一个有着千年历史的军队建制。例如，土尔扈特承担白天守卫的任务，是成吉思汗军队中的精华。土尔扈特这个词意为“白天保镖”，不过土尔扈特部还负责训练军队中的重要官员。公元前3世纪，匈奴帝国的创建者冒顿（?—前174）首先使用了这种在军队中建立精华部队的策略。到13世纪时，在如今的蒙古西部边境部署了许多这样的军事单位。其中包括土尔扈特（“卫兵”）、杜尔伯特（“四”）、扎哈沁（“边疆守卫”）、明嘎特（“千”），等等。这些西部军事部落合起来统称卫拉特。

十三四世纪时曾经横贯欧亚大陆的蒙古帝国分崩离析，不再是一个整体，蒙古人的家园被划分成东西两个武力对抗的派别。西部联盟由卫拉特各部组成。东部联盟则是一个混合体，称为喀尔喀。当然，考虑到族群的多样性，这只是一个简化的提法。[205]

今天喀尔喀人是最常见的蒙古族群，居住在人口已经大大减少的蒙古。卫拉特人则分散在各处，其中的一支是卡尔梅克人，生活在新泽西，还有一支卡尔梅克人生活在俄罗斯的卡尔梅克共和国。在成吉思汗的年代，据说有“四十图门”，即40个万人队，但是，这个极富诗意的说法并不名副其实。1368年，蒙古人在中国的统治结束，明朝开始，在蒙古疆土上的这些残余军事单位被整合成蒙古东部（喀尔喀）的“六图门”和蒙古西部（卫拉特）的“四图门”。1413 年之后东西蒙古之间的冲突一支持续，喀尔喀和卫拉特在15世纪和16世纪中处于持续的内战状态。这种内部的分裂，导致17世纪所有蒙古人丧失了独立。

1470年至1501年间，漠西蒙古诸部短暂地控制了整个蒙古，名义上服从于自封为达延汗的首领巴图蒙克。达延的意思是“大元”。“元”是蒙古统治期间中国的年号，蒙古人用“元”字，取其“根本性力量”的含意。这种暂时的统一实际上是由达延汗的妻子满都海赛音可敦完成的：结婚时巴图蒙克还是个少年，而满都海已是成年女性。

满都海赛音可敦和达延汗统治时期，东南方的明朝实力微弱，西北方的俄罗斯大公国刚刚建立。这是蒙古长时间里的最后一次统一，下一次要等到20世纪。达延汗去世之后，他的儿子控制了国家；而他的儿子去世后，他的七个孙子将国家一分为七。东部和西部又迅速分成两大部族。到17世纪，满清统治者开始挑唆一方对抗另一方。康熙皇帝、他的前辈及继任者们成功地实行了这个策略。

满族人一步一步地控制了整个蒙古。首先是扎鲁特部于1628年接受了满清的领导。靠近呼和浩特的西土默特部和北京附近的东土默特部紧随其后，然后是最接近北京的科尔沁部。1634年满洲人征服了漠南蒙古的大部分地区。1696年，东部地区和中央地区随后并入。西北疆土是最后归顺的部分，跟随噶尔丹·丹津博硕克图的漠西蒙古卫拉特联盟坚守独立到1757年。下面总结满清征服蒙古的三个关键阶段。

林丹汗（1604—1634在位）及前蒙古

蒙古部族当中第一个被满洲人分割、征服的是察哈尔部。位于蒙古东南部和满洲西南部的察哈尔部是成吉思汗的直系嫡传。察哈尔的林丹汗是成吉思家族的亲王，忽必烈元朝的最后一位合法继承人。[206]在满洲人挥师南下、攻陷北京乃至占领整个中国之前，这个分散在蒙古南部广阔疆域的部落及其分支已经被纳入满洲的统辖之内。在清朝二十四旗系统中（分为三组，每组八旗），蒙古八旗主要来自东部蒙古。这八旗之中，科尔沁和察哈尔构成了“老蒙古”，因为在1644年满洲人入侵明朝之前，他们已经臣服于满洲人了。[207]

明朝时，林丹汗的祖先曾是北京统治者的心腹之患。为了防止他们不断地袭击边界居民、抢劫粮食布匹和金属器物，明朝皇帝开始向这些察哈尔蒙古人逐年纳贡，初时贡额共计纹银1.3万两。明清两朝，银锭作为流通货币和按银锭重量换算货币的体系在中国普遍存在。作为中国纹银单位的“两”，其实际重量经常不是很确切。1620年以前，中国明朝向林丹汗每年大约进贡1.3万两纹银。后来林丹汗提高了价格，变成8.1万两，明朝廷没有办法，只能支付。

满洲在东北地区的实力上升使北京的明朝政府感到忧虑。17世纪初，明朝经济和军力下降，好斗的满洲人部落发动军队进攻明朝。这些部落中包括讲通古斯语的女真人，他们和其他部落最终都被团结在努尔哈赤（1559—1626）的领导之下。努尔哈赤在辽河三角洲建立了军事基地；对于讲蒙古语的契丹部落来说，这条河又叫西拉沐伦河，是他们1000年前就开始居住的地方。后来契丹人西迁，俄国人称他们为Kitai，这个词在俄语中也是中国的代称。1616年到1626年，努尔哈赤是统一的满洲（后金）的统治者。他去世后，他的第八个儿子皇太极（1592—1634）继承汗位，开始在东蒙古方向扩展满洲的势力。“皇太极”是封号，蒙古人称他为阿巴亥。[208]

兴安岭以西的蒙古部落由察哈尔的成吉思亲王林丹汗领导。山的名字“兴安”是描述风景的蒙古语词汇，意为“连绵不断的群山”。1628年，林丹汗的铁骑向西进发，征服了蒙古东部和中部。1632年，林丹汗再度策马西征，但这次是遭到了皇太极率领的满洲骑兵的追击——满洲人发动了对察哈尔部的大规模攻击。这一事件发生在1644年满洲攻取北京之前12年。满洲人征服了汉人没能征服的蒙古。

领土被侵占后，林丹汗和他的大约10万名部众逃到了位于青藏高原北部边缘的青海，青海那时是商业、宗教和军事活动的中心。有些人认为，林丹汗出逃至青海以躲避满洲人，还打算从当地藏传佛教红帽宗得到支持。也有人认为，青海只是他征服西藏途中的一站。[209]不管怎么样，这两种推测的情形都还未发生，林丹汗和许多追随者就死于天花。1634年，林丹汗死于甘肃省的武威城（凉州）附近的大草滩。

1634年后，满洲人遂控制了蒙古的东南部。这个区域在蒙古语中被叫做“前蒙古”，今天无论内蒙外蒙均用这个名字。[210]在蒙古的观念中北方被定义为“后”，南方为“前”。前蒙古这个词就反映出这个概念，意思是这片土地处于蒙古中心区域之前。与之相反，中文将同一块疆土定义为内蒙古，而与北部的“外”相对，强调政治实体的中心位于北京。蒙古人不使用这些中国名字，他们称内蒙古为“前蒙古”，将外蒙古简单地称为“蒙古”。

林丹汗战败之后，紧靠长城北部的区域立刻成为满族统治下的中国的一部分，茶叶之路由此穿过。60年后，蒙古的其余部分也归顺清朝。以后的200年间，北京的满清朝廷通过蒙古可汗们治理其他蒙古部落，察哈尔八旗则直接由清政府统治。虽然在前蒙古的土地上居住的主要还是蒙古人，但满清的直接统治从本质上改变了它的经济和文化传统，整个区域迅速融入了中华文化圈。

1636年，满洲统治者在都城盛京（后改作奉天府，今沈阳）召开了满洲和漠南蒙古王公大会。对蒙古人来说现在这个城市仍然叫做奉天。在那里他们选出了新的大汗（khagan），即“万王之王”[211]。Khagan这个词在历史记录中第一次出现是265年，鲜卑人用过这个词，他们受波斯人尤其是吐火罗人语言的影响。在这种跨越大陆的文化传播中，伊朗文化影响了突厥人，西方影响了东方。如此一来，一个满族人得到了一个波斯语称号。

满洲统治者采用了这样一个混合了满语、蒙古语和汉语三种语言的称号，并将他们的新王朝命名为“大清”。这标志着满洲成为成吉思汗的蒙古帝国的一个合法继承者。仅仅八年之后，明朝灭亡，中国改朝换代为清朝，中国成了大清朝的一部分，而大清帝国是草原帝国的一部分，以草原的东北部为根据地。清朝皇帝们一向认为自己是作为满蒙的大汗继承了成吉思汗的草原帝国，而不是继承了明朝皇帝的中国。[212]

噶尔丹·丹津博硕克图[213]（1632—1697）及漠西蒙古

在北京以北175英里处，离长城上的张家口不远，有一个蒙古语称为多伦诺尔的镇子，镇名的意思是“七湖”。它紧挨契丹旧都上都，很有可能是用上都遗留的建筑材料建造的。1691年，多伦诺尔发生了一个重要的历史事件，那就是东部蒙古的喀尔喀亲王们对满清的康熙皇帝宣誓效忠。1691年的多伦诺尔会盟（多伦会盟）也标志了东北欧亚大陆一种新的政治格局的开始。[214] 自多伦诺尔会盟之后，也就是从1691年到1911年间，满清一直统治着喀尔喀蒙古。

漠西蒙古的卫拉特人对喀尔喀人的威胁是1691年的多伦诺尔会盟的原因。

卫拉特联盟整合了现代蒙古的西部区域。15世纪也先的战败（1455年）迫使他所统领的绰罗斯部向西部迁移，绰罗斯部后来成为卫拉特联盟的核心。17世纪，卫拉特联盟由准噶尔汗国统治。

准噶尔在蒙古语中的意思是“左手”，引申义为军队的左翼或东翼。因为蒙古的视角是坐北朝南，所以在蒙古地图上右为西、左为东。名为“左翼”的准噶尔如今却在蒙古的右边，这听起来似乎很混乱。这是因为卫拉特人占领的土地主体是现今蒙古西边一个更大的区域。茶叶之路形成之时，卫拉特联盟的统治阶级掌控着所谓“东土耳其斯坦”及“西土耳其斯坦”[215]的霸权。

多伦诺尔会盟时，准噶尔汗国由噶尔丹·丹津博硕克图统治。

尽管噶尔丹的名字对西方人来说很陌生，但我们应该记住他的名字。杰出的历史学家牟复礼（F. Mote）教授曾评价说：“他在历史上的影响可与那些伟大帝国的创建者等量齐观。”噶尔丹是巴图尔的儿子，巴图尔的意思是“坚强的人”。17世纪初叶，巴图尔统治着卫拉特联盟中的重要部落绰罗斯部，打下了准噶尔汗国的根基。他儿子的头衔是“神恩可汗”[216]，这个头衔有很特别的的地缘政治意义。突厥语中博硕克图的意思是“赐予”，有命令或统治的意味。1685年第五世达赖喇嘛授予了噶尔丹这个头衔，此事可以由1691年噶尔丹送交俄国沙皇书信上盖的大印证明。这封方印上的全名是噶尔丹·丹津博硕克图，刻的是13世纪的方形蒙古新字字型。这封信件现存圣彼得堡的冬宫（艾尔米塔什博物馆）。

满清康熙皇帝和这位准噶尔蒙古领袖噶尔丹·丹津[217]博硕克图之间的斗争，决定了近几百年来欧亚大陆的历史。[218]

满洲人和蒙古人之间的第一轮征战发生在1696年决战之前八年。1688年，噶尔丹·丹津博硕克图[219]击败了中部蒙古喀尔喀部最强有力的统治者土谢图汗。土谢图汗带着他的王子、30位亲王、600名喇嘛及2000户家庭，共 3 万余人，逃往中国。夹在两大军事力量（噶尔丹和康熙皇帝）之间的喀尔喀蒙古王公们选择了康熙的保护，臣服于满清帝国。这些难民逃到了康熙皇帝的脚下，而当时康熙皇帝正在为与俄国人在尼布楚的交涉作准备，并筹划后来在雅克萨的军事行动。[220]对康熙来说，这些出逃的蒙古人正是他扩展疆土的天赐良机，1691年的多伦诺尔会盟就是一个结果。

康熙亲自出席了多伦诺尔会盟，参加会议的王公贵族共计550人，需要很大数量的帐篷和马匹。在蒙古，通常一座寺院只能容纳一位转世喇嘛，然而会盟期间，却有12位转世喇嘛住在多伦诺尔。多伦诺尔不仅是一个重要的宗教中心，也是一个商业重镇。城市附近有铜矿分布，青铜冶炼历史悠久，不仅用于制造武器，也用于塑造优美的青铜雕塑。今天世界各地的博物馆里许多美丽的鎏金铜佛，就是在多伦诺尔制造的。[221]

在1691年的会盟中，四位蒙古首领向满清皇帝叩头，以示归顺。喀尔喀蒙古分为南北向的四部，四位首领中的三位就是各部的领袖，他们分别是：东部的车臣汗、中部的土谢图汗和西部的赛音诺颜汗。每位可汗均为成吉思汗的后裔。“大汗”（khagan）这个词的意思是“万王之王”，1691年以后就禁止使用了，他们被允许使用“可汗”（khan）的称号。实际上没有什么关系，因为“大汗”与“可汗”两个词在喀尔喀蒙古语中的发音是一样的。第四位归顺满清皇帝的人是蒙古佛教领袖博克多格根，土谢图汗的二儿子。

1650年，一位父亲绕开达赖喇嘛的宗教权威，任命自己的儿子——博克多格根——为喀尔喀蒙古的最高喇嘛。这样一种纯蒙古血统的政教双重权威的创立，使得蒙古的佛教带有某种独特的烙印。这个创造性的安排便于满清朝廷和蒙古当局以灵活的方式合作。后来，第一世博克多格根札那巴扎尔与满清的康熙皇帝之间关系密切。[222]

在多伦诺尔会盟上，蒙古人第一次象征性地向满洲人进献“九白之贡”：八匹白马和一峰白骆驼。这种进贡后来沿袭为传统。以后的220年间，喀尔喀蒙古的亲王们和满洲贵族在政治上相互利用，一直保持着密切的关系。

多伦诺尔会盟使康熙获得了东部蒙古王公贵族们的效忠，但他仍然面临漠西蒙古人和俄国人的挑衅。1689年他在尼布楚进行的交涉，就是希望能阻止这两个敌手的联盟。他打算阻止俄国对噶尔丹的军事援助，因为这些军事援助在战场上被用于攻打满清军队。尼布楚谈判期间，康熙皇帝对俄国人强调，他们不能与漠西蒙古人结盟。毋庸置疑，这是满清军队在谈判期间表现强硬的一个重要原因。1689年8月，满洲人和俄国人签订了《尼布楚条约》，满清旋即从尼布楚撤兵，转而与更接近家门口的蒙古部落战斗。

现在康熙皇帝可以集中精力对付噶尔丹了。正如康熙所相信的，击败噶尔丹在东亚历史进程上意义重大。噶尔丹统治着所谓“东土耳其斯坦”的全部和“西土耳其斯坦”的一部，包括喀什噶尔及更远的布哈拉和撒马尔罕。1683年至1684年，他曾经成功地打赢了与“西土耳其斯坦”的几场战役。[223]满清军队的胜利不仅让满清帝国得以控制漠西蒙古，更可以瓦解西藏和所谓“东土耳其斯坦”（新疆）的权力结构，从而使清军在这一地区加强影响。[224]

康熙的这个对手是强悍的。噶尔丹·丹津博硕克图于1644年出生于准噶尔汗国的创建人之家。有人说他是巴图尔珲台吉[225]的儿子，也有人说他出生于1632年。不同的记录以及汉人、蒙古人和俄国人不同的政治格局把噶尔丹的身世弄得模糊不清。这是一个在三个帝国的历史上都很关键的人物，三个帝国都把他拿来作借口，以解释各自的军事行动和领土扩张。今天在蒙古，对于噶尔丹的看法主要有三种。第一种看法是，噶尔丹试图团结蒙古人反对他们共同的敌人——俄国人和满洲人，他是蒙古人的英雄。第二种看法认为，噶尔丹不愿支持蒙古的佛教领袖博克多格根，他的政策导致蒙古内部分裂，以至被满洲人击败而失去了蒙古。第三种看法认为，满洲人利用蒙古两个权力集团喀尔喀人和卫拉特人之间的分裂，从中渔利，并且通过政治谎言和阴谋激化他们之间的矛盾；噶尔丹并不能改变历史，他只是这些事件中的一个棋子而已。

要想理解噶尔丹及北亚历史上这一重要转折点，我们必须了解噶尔丹与第五任达赖喇嘛（1617—1682）的关系。五世达赖喇嘛是西藏人，蒙古人赋予了他宗教权力。作为回报，后来他给予漠西蒙古卫拉特人统治的准噶尔汗国以政治合法性。1618年，卫拉特的队伍来到拉萨，确保五世达赖喇嘛平安就任。[226]达赖喇嘛的头衔给了一个年仅五岁的孩子阿旺罗桑嘉措，这个名字是他的藏语本名转为蒙古语后的拼法，他主要负责格鲁派[227]喇嘛教领导下的西藏的统一。

格鲁派由宗喀巴创立于15世纪早期。宗喀巴的字面意思是“从葱谷来的人”。在五世达赖喇嘛统治之下，格鲁派是西藏的统治教派。五世达赖喇嘛背后的支持力量是噶尔丹之父巴图尔珲台吉的军队。西藏的佛教中心——1645—1693年间建于拉萨的巨大城堡布达拉宫——就是在巴图尔珲台吉王朝期间破土动工并且完成了大部分工程的。共有13层的布达拉宫是一个巨型建筑工程，地基用熔化的铜加固，以加强其抗震能力。布达拉宫是五世达赖喇嘛的荣耀，也是巴图尔珲台吉的纪念碑。巴图尔珲台吉的儿子噶尔丹继承了其父卓越的领导才能。

五世达赖喇嘛去世时正值噶尔丹的困难时期，于是他的死讯被当作机密整整保持了15年，直到1697年5月3日噶尔丹死亡之后，达赖喇嘛的死讯才传出。后来满清康熙皇帝开始接管西藏的行动时，他以这件事情为例说明准噶尔的狡诈本性。秘不发丧在藏传佛教中并非绝无仅有。不丹神权领袖沙布隆·阿旺南杰（1594—1651）的死讯就被保密了整整54年。[228]当局称阿旺南杰是在“闭关”，所以保密这么多年，这与当时准噶尔控制下的西藏的权力斗争有关。

1697年噶尔丹死后，一连串的政治变动迅速波及喜马拉雅地区许多王国，包括1705年公布沙布隆的死讯。

17世纪末期，达赖喇嘛和他在中部蒙古的对手博克多格根之间的竞争体现在两位宗教权威背后的世俗力量，即噶尔丹·丹津博硕克图和土谢图汗的身上。“土谢图”在蒙古语中的意思即为“被支持的”。博克多格根的承袭制度由蒙古中部一个部落的成吉思汗后裔亲王建立，他与一位蒙古转世高僧互相支持。第一位博克多格根（“圣光明”）是土谢图汗的儿子。[229]

第一世博克多格根也被称为札那巴扎尔[230]。这个词是梵文Jnana-Vajra在蒙古语中的变形：Jnana源于印欧语根，意为“智慧”。欧亚大陆的语言文化同源性在这个词上表现得很明显。Vajra表示“霹雳”或“喇嘛的权杖”。乌兰巴托的美术馆现在被称为札那巴扎尔博物馆，博克多格根或札那巴扎尔创造的珍宝是世界级的艺术作品。札那巴扎尔是土谢图汗家族成员，然而在与卫拉特人的竞争中，他仅是一个喀尔喀蒙古人而已。

双边竞争的卫拉特人一方是噶尔丹和西藏组成的联盟，而另一方是已经成为地位最高的僧侣博克多格根的札那巴扎尔。[231]噶尔丹与达赖喇嘛的盟友关系始于他的青年时代，他被派到拉萨研究藏传佛教，在拉萨待了20年，从新手升为高级喇嘛。作为喇嘛，他后来与札那巴扎尔的交锋使得整个故事更富悲剧性。作为一个神职人员，噶尔丹战斗到生命的最后一刻。

噶尔丹的势力迅速上升。当他还是一个在拉萨学习的年轻人的时候，他的父亲、卫拉特人的首领巴图尔珲台吉被害，夺取准噶尔王位的斗争在竞争者之间展开了。巴图尔珲台吉的汗位由他的第六个儿子、噶尔丹的同母哥哥僧格（死于1671年）继承。僧格被巴图尔珲台吉的另一个儿子谋杀后，噶尔丹获得达赖喇嘛的许可，返回到漠西蒙古。他从西藏回来，杀掉了谋杀同母哥哥的兄弟，然后在1677年杀掉了自己的岳父鄂齐尔图，一位强有力的和硕特部首领。他吞并了岳父的土地并于1678侵略所谓“东土耳其斯坦”（新疆），1679年取得了吐鲁番和哈密。[232]噶尔丹继承准噶尔汗位时27岁。这一传说很有莎士比亚戏剧的意味，它把一个历史上了不起的帝国建造者和帝国破坏者联系在一起。噶尔丹的崛起改变了俄国和中国扩展的时间和方向。

噶尔丹继承汗位之后，他在准噶尔联盟里的一些对手离开了漠西蒙古，去投奔早期移居伏尔加地区的伏尔加卡尔梅克人；据记载，离开的人有“1000辆大车”，即1000个家庭。一些旗迁往青海湖方向。噶尔丹要对付喀尔喀蒙古人、野心勃勃的俄国人、满人、汉人，还有中亚一些好斗的部落。噶尔丹继承的是一个巨大而富裕的王国。自1639年以来，准噶尔汗国一直享受着对西北方俄罗斯公国的贸易垄断。准噶尔的疆土覆盖了许多古老的商路，并且有许多能干的商人作为人力资本。噶尔丹在此基础上逐渐发展壮大。

在统治蒙古的20年期间，噶尔丹推行了三项著名的改革：围绕贸易活跃的寺庙中心建立城市，尤其是漠西蒙古的科布多和乌兰固木；实施大规模的农业工程，从乌布苏省（Uws）[233]的山区引水灌溉；修建铸造厂，炼铁造炮。1678 年，噶尔丹接管了所谓的“东土耳其斯坦”，即现在的新疆。新疆提供了硝石和其他武器生产的必要材料。这些制造工厂位于科布多北部，现在，透过河边密密的柳林仍然能够看到。瑞典人列纳特（Renat）上尉在这里指导生产，他曾为俄国哥萨克边境巡逻队工作过。[234]

如果当时的发展条件更为宽松，如果双方军事行动的时机有所不同，噶尔丹·丹津博硕克图或许能够挑战康熙皇帝，那么中亚、西藏、蒙古，甚至整个中国的历史就可能要重写。但噶尔丹未能及时掌握现代兵器的制造方法。1690年5月21日，准噶尔蒙古人第一次使用他们自己生产的火器与满清军队开战。战斗中曾使用的一枝火枪至今仍然陈列在戈壁阿尔泰省博物馆内。他们制造使用枪支还处于探索阶段，这努力已经太晚了。

康熙曾三次远征噶尔丹。第一次是从1696年4月到7月，第二次是从1696年10月到1697年1月，第三次是从1697年2月到7月。具决定性的是第一次远征，结果噶尔丹在1696年5月13日的“杜鹃花溪战役”中战败。

清廷对这次远征进行了缜密的计划。他们事先确定食物和弹药的供给线并绘制地图。他们商讨了一个双重攻击计划，一部分部队通过古老的西夏土地（宁夏）到达蒙古南部腹地，主力部队则从北京直接出发，横跨戈壁滩。除了这两支部队之外，也许还有大约8000人到8万人的第三支部队。康熙远征噶尔丹的历史后来被中国史学家不断改写，只有对照满清政府的原始记录进行严谨考证，我们才能校正其改写的部分，从而了解历史的真相。一位名叫博尔济吉台·乌云比力格的学者发表了一篇文章，谈“资料来源的科学性”，指出一些伪造的清朝历史可以通过追溯中国记录来校正。[235]这次亚洲历史上重要事件的记载在以后的年代里经历了一些政治风波，满族的领袖变成中国历史人物，他的错误也被剔除。大多数主要的原始记录用的是蒙古语和满文，如今很少有人能读懂，次要的中文记录反而成为关于这段历史的主要文献资料。

在第一次远征中，康熙皇帝率领一支军队深入蒙古，直达北方的克鲁伦河[236]。这条河发源于肯特山脉，向南奔流，然后转而向东。荒凉的肯特山区曾经是许多蒙古领袖休养生息的地方，成吉思汗年轻时就曾隐居于此，躲避他的敌对氏族。这里被认为是埋葬成吉思汗的地方，有供奉成吉思汗的神庙。当康熙皇帝进入这片最神圣的蒙古土地时，噶尔丹在高处有利位置远远地观察到了清军的规模，他决定避免和这个最大的中央军团作战。

噶尔丹转向南方，离开肯特山区，来到乌兰巴托以南大约50英里的一处平坦的大草原上驻扎。满清军队的总指挥是孝贤皇后的弟弟、正蓝旗的费扬古将军。[237]费扬古将军的队伍与噶尔丹在离特勒尔吉河和一个如今叫宗莫德（Zuunmod）的小镇不远的地方交战。Mod在蒙古语中的意思是“木头”，zuun的意思是“百”。这个镇子以一种小灌木林命名，蒙古人常常栽种修剪这种灌木，砍下枝子作为燃料。这个名字比镇子本身更加古老。噶尔丹的3万人马在宗莫德外的特勒尔吉河畔遭遇了5万满汉蒙联合部队。清朝文献中将宗莫德一词译为昭莫多，这次战役也被称为“昭莫多之战”。因为特勒尔吉是杜鹃花属的一种小灌木，故在英文中这场战役叫做“杜鹃花溪战役”。

噶尔丹的妻子阿奴（Anu）在这场战斗中阵亡。[238]在准噶尔的军队转身溃逃之前，大约有5000名噶尔丹的士兵被杀，3000人被俘。今天在宗莫德附近地区，这次战斗已经了无痕迹。北部的丘陵和南部的草原之间是平静的风景，只有家畜和偶尔出现的牧人。被改写的史书抹去了血战中巨大的伤亡，只留下这次战役带来的结果：满清帝国由此得以向西扩张。

确定噶尔丹已经溃逃之后，康熙皇帝班师回朝。康熙的第二次远征（1696年10月—1697年1月）实际上是为皇帝的娱乐而举行的狩猎大会。在清朝的记录中，历史被篡改，这次狩猎旅行变成一次成功的军事远征。康熙的第三次远征是在1697年2月到7月，战役在黄河河套西边的狼居胥山（狼山）脚下展开。康熙的一支部队从这里出发，试图把传闻中总部设在科布多附近的噶尔丹驱赶出来。然而在康熙的部队出发之前，噶尔丹已经死在阿察阿穆塔台（戈壁阿尔泰省通黑勒）[239]。因此这场战争其实是在攻打一个已经死去的敌人。3月份，传说噶尔丹服毒自杀。[240]清朝军队的总指挥费扬古将军上疏说：“（闰三月十三曰）噶尔丹仰药死，其属诺颜等以其女钟齐海率三百余户来归。”

一些对噶尔丹极为尊重的蒙古人不相信他会自杀。他们认为，这是中国人故意给蒙古人传送的错误信息。另外一些人则相信他确实了结了自己的生命。噶尔丹是有可能带领蒙古人抗击俄国人和满洲人包围的最后一位蒙古领袖，1697年他的死亡标志着这个可能性彻底消失。

如今在蒙古，没人简简单单地称他为噶尔丹，他被尊称为噶尔丹·博硕克图，也就是“神恩可汗噶尔丹”。在去世之前11年，噶尔丹不仅控制了漠西蒙古，还牢牢掌握了哈密、吐鲁番、喀什噶尔、布哈拉、撒马尔罕，以及远至中东的其他一些城市。[241]1678至1679年，他控制了天山以南的大部分土地。[242]17世纪80年代中期，他成了当时中亚无可匹敌的统治者。当俄国试图寻找一条通往中国的安全通畅的道路时，噶尔丹的强大汗国占领了主要的商路。噶尔丹的势力横跨中部大草原是导致茶叶之路被迫向北穿越西伯利亚的重要因素。[243]

阿睦尔撒纳（1700—1757）[244]及满清最后接管的蒙古西北部

到18世纪中叶，准噶尔汗国剩余的人马分散在各地，他们发现自己处在不屈不挠地扩张势力的两大帝国（满清帝国和沙皇俄国）之间。与其中之一结盟似乎是准噶尔卫拉特人维护中亚大草原秩序和平衡的唯一方式。准噶尔的最后一位首领阿睦尔撒纳就曾试图建立这样一个联盟。然而，与他的前辈先发制人的方式不同，他只是迫于形势作出必要的反应。

1696年噶尔丹失败之后的岁月对余下的准噶尔人来说是个暂脱苦难的时期，特别是1722年康熙皇帝驾崩之后。漠西蒙古的军事首领们联合起来打败了清朝军队，将满族人驱逐于境外几十年。与俄国的贸易关系获利甚丰，为准噶尔持续的防御提供了经费。1731年，在与噶尔丹的后继者交战时，满清遭受了一次重大军事失败，于是双方签订了停战协定，1738年这个协定由新登基的乾隆皇帝（1735—1796在位）更新。最后，因为政治独立和经济困难等原因，阿睦尔撒纳单方撕毁了停战协定。

18世纪中叶以前，大盛魁等中国商号的贷款贸易使得蒙古牧民日益贫困。贸易商号的弊端是造成蒙古人反抗的主要原因。[245]满清统治的蒙古地区叛乱此起彼伏，而准噶尔领导人乘势推波助澜。其中一次叛乱是由民间英雄青滚杂卜领导的，他们曾经在北方的达尔哈特[246]打过历史性的战役，甚至于1756年占领了俄国城市恰克图。准噶尔汗位的继任者阿睦尔撒纳也加入青滚杂卜一方，因为他看到了准噶尔人恢复往日荣耀的希望。

起初阿睦尔撒纳默认满清对喀尔喀蒙古的控制，后来，当他认为他和蒙古诸部的联盟足够强大时，他开始反抗满清的控制。1757年6月30日，他和2500位战士在沙尔巴尔与满清军队作战，战斗持续了17天，最后清军得胜，把阿睦尔撒纳赶出他自己的领地。一度强盛的准噶尔汗国的最后一位统治者逃到了俄国。1757年7月28日，阿睦尔撒纳到达塞米巴拉金斯克，然后又到了托波尔斯克，9月21日死于天花。

死后的阿睦尔撒纳比生前更为著名。因为他的狡诈，曾经上当受骗的满洲人不相信他死了，想把他要回来，对他的背信弃义的行为进行报复。满洲人和俄国人进行了漫长的交涉，最后俄国将阿睦尔撒纳的尸体转移到色楞金斯克，向满洲人展示。1758年3月，证人们证实阿睦尔撒纳确已死亡，他被允许在色楞金斯克郊外埋葬。他的妻子和儿子被从托波尔斯克转移到圣彼得堡，度过余生。

阿睦尔撒纳为蒙古独立的短暂奋斗彻底失败。蒙古不但失去独立，也失去了与俄国或满清联盟的讨价还价的筹码。茶叶之路穿过针叶林带北部，在两个帝国之间建立了直接贸易。在西部，商人们就不必再进入准噶尔人的是非之地了。

欧亚大陆两端的两个君主制民族国家开始为居住在宽广的欧亚大草原上的人们的未来进行谈判，一个新的时代开始了。

第九章

从两端侵蚀左翼汗国

一如莫比乌斯带（一种拓扑图形，由一张纸条扭转180°后再两头粘接而成。它只有一个面，就是说，一只蚂蚁可以爬遍整个曲面而不必跨过它的边缘。这个单侧曲面由德国数学家莫比乌斯发现，故名。——译注）的浑然一体，东西方之间的大草原也曾是一个连续不断的整体，从广义上说，大草原上的人群是一个有着同种文化的连续统一体。17世纪，当俄国和中国从大草原东西两端同时施加政治和军事压力时，大草原中部开始了一场越来越紧迫的保留实力的竞赛。

历史记载，茶叶第一次由蒙古人送给俄国人是在1638年，当时俄国特使斯塔尔科夫（Starkov）和一位浩特阔特部蒙古王公——浩特阔特[247]阿勒坦汗——会面。蒙古人送礼物并非不求回报：他们希望俄国人以他们感兴趣的火器回赠。

浩特阔特蒙古人向俄国使者索取枪支弹药已经有好几年了。1634年，莫斯科派出图哈切夫斯基（Iakov Tukhachevskii）接受蒙古进贡。阿勒坦汗进贡了貂皮、黄金和其他贵重物品，同时要求俄国人回赠一套盔甲和一枝来复枪。那时火绳钩枪和俄国老式滑膛枪（pischali）在蒙古名声卓著，但是浩特阔特阿勒坦汗消息灵通，知道最新技术，他想要最好的火器——来复枪。“来复”是膛线的意思，是加在枪筒内壁的一条螺旋凹线，以便子弹在飞行中旋转，自行校正飞行路线的偏差。英国人改进了这项枪火技术，并于1635年申请了专利。

阿勒坦汗的要求并没有得到满足。四年后（1638年），斯塔尔科夫和蒙古人的会谈开始得很不顺利。罗曼诺夫王朝的第一代沙皇米哈伊尔·费奥多洛维奇（Mikhail Feodorovitch）[248]命令他的特使研究开辟一条穿过浩特阔特阿勒坦汗在漠北蒙古的领地、到达“契丹”（中国）的商路的可能性。特使备了礼物来诱惑强大的可汗，但是被沿途各地的部落敲诈勒索走了不少，这样一来，当他们到达可汗位于乌布苏湖畔的总部时，他们的处境十分狼狈。

可汗的总部经常移动，很难寻找。乌布苏湖处在高山的南边，虽然面积浩大，湖水却很浅，形成了单独的地理小环境和生物多样性。群山之中有很多世纪以来为蒙古部落提供了贸易和财富源泉的盐山。[249]俄国使者最后找到了蒙古人的大本营，但是等了三个星期，浩特阔特阿勒坦汗的代表才召见他们。

在俄国人探索扩展南部疆界期间，浩特阔特阿勒坦汗与东南近邻卫拉特部或结盟或对抗。蒙古的两个联盟都在设法维护与新近崛起的俄国人的贸易关系。俄国人凭着对大草原上风云变幻的了解，设法挑唆蒙古部族之间相互对抗。蒙古人内部的对立有利于两个强国从东部和西部蚕食蒙古，不稳定的蒙古诸联盟为两个帝国创造着条件。17世纪初，蒙古人的土地远大于他们今天的领土，被控制在三个主要联盟的手中：西部的卫拉特人，中部和北部的浩特阔特阿勒坦汗，以及南部和东南部的林丹汗。在1644年攻下中国之前，满洲人就于1634年征服了林丹汗的领地。另外两个联盟密切地关注着这次事件。两个联盟拼命加强武力，同时设法从与俄国人的交易中因盈利。

由此我们可以理解1638年时浩特阔特阿勒坦汗对俄国使节的矛盾态度：俄国人的意图非常可疑。可汗最后在他的帐篷中会见两个俄国人时，双方长时间地沉默。从礼节上讲，两都认为对方应该首先开口。第二次会议的气氛进一步恶化，俄国人在陈述他们的事务之前甚至没有向可汗问安。两位使臣被驱逐出可汗的大帐，他们的日常供应也被取消了。当天夜里，他们躺在帐篷里听见外面一片混乱，以为会遭到攻击和杀害，一夜未眠。第二天早晨，他们发现可汗的军队已经拆除了所有的帐篷，并且已经撤走。

四天过去了，毫无给养的俄国人饥肠辘辘。终于，可汗的信使从遥远的总部回到这里，邀请他们去见面，并劝告他们首先出示为可汗准备的礼物清单。他们照做了，礼物被带走。最后双方见了面，这一次，双方适当地相互恭维了几句。信使呈上沙皇给可汗的一封信，可汗邀请俄国人共进晚餐。在晚餐上，蒙古人给俄国人送上一种不知名的饮料。在笔记中，俄国人这样描述这种饮料：浓洌而苦涩，颜色发绿，气味芬芳。斯塔尔科夫猜想饮料是用某种植物（某种树）做成的，他以前从未品尝过。“这种饮料似乎是把某种叶子煮沸制成的，被称作茶。”

浩特阔特阿勒坦汗给俄国沙皇的礼物包括：一幅绣着金银丝线的黑色缎子，一幅绣金线的绿色锦缎（damask）[250]，三幅各八阿尔申[251]长的红色、蓝色和黄色锦缎，200张黑貂皮，两张海狸皮，两张雪豹皮，200包茶。一包（bakch）大约相当于两俄磅。当代喀尔喀蒙古人称之为bagt 。这些礼物重约四普特[252]或143磅。据说，斯塔尔科夫抱怨茶在俄国一钱不值，因为俄国人不知道拿它做什么，他和他的随从却要被迫把这么重的东西一直运回俄国。如果可汗愿意，俄国人宁可要等量价值的黑貂皮。但可汗并不同意，茶于是被运到了莫斯科。

虽然有人说俄国对茶的了解是从这次历史事件开始的，其实俄国人早就通过南方伏尔加的贸易网络知道了茶这种饮料。早在伊凡雷帝（Ivan IV，1538—1584在位）时期，卫拉特人就被授权在阿斯特拉罕和喀山一带与俄国领地之外东南方的部落进行交易。俄国人不仅与卫拉特人和鞑靼人通商，还与他们通婚。这些人所受的布哈拉人尤其是波斯人风俗习惯的影响，在俄国茶文化中留下了标记。俄国人饮茶主要用玻璃杯，中国人则用瓷的茶杯。

这个生动的生活细节可以追溯到茶叶第一次被介绍给俄国人的时候。波斯人首先制作了玻璃，并且用玻璃器皿盛装饮料。波斯的风俗流传到了北方和西方，甚至到了遥远的摩洛哥。纵贯亚洲北部内陆、经过西伯利亚针叶林地带“泰加群落”和蒙古的茶叶之路，并非一开始就注定的。如果不是因为一个王族的关系，这条路也许会穿过使用玻璃器皿的亚洲内陆。

这个王族便是统治准噶尔汗国的家族。17世纪中叶时这个家族有着绝对的权力，其领导人是巴图尔珲台吉（1634—1653在位）。在卫拉特联盟中巴图尔珲台吉领导的是绰罗斯部[253]。巴图尔珲台吉的卫拉特联盟与浩特阔特阿勒坦汗在与俄国通商、争取俄国军事支持以对付满清康熙皇帝等方面相互竞争。卫拉特联盟占领了大草原的土地，正好位于俄国人向东方扩张的路上。1653年巴图尔珲台吉死去以后，他的儿子噶尔丹·丹津博硕克图逐渐控制了汗国这片战略要地。

卫拉特是20个族群组成的联盟，而不是单一民族。14世纪末叶，蒙古帝国崩溃以后，卫拉特联盟重新组成，联盟包括突厥人和漠西蒙古人。卫拉特联盟的四个主要部落是：土尔扈特、和硕特、绰罗斯和杜尔伯特。当然，仅仅列出这四个部落实际上简化了整个故事。杜尔伯特人是dörben的复数形式，dörben的意思是“四”。卫拉特中的一部分叫做卡尔梅克[254]，主要由杜尔伯特人、土尔扈特人和布札瓦人组成，他们向西朝伏尔加地区迁移，最后于20世纪50年代到达美国的宾夕法尼亚州和新泽西州。[255]在俄国试图把触角向东南方向延伸的几十年里，卫拉特联盟肤色各异的诸部落控制了通往中国的古老商路。

1634年巴图尔珲台吉掌握政权之后，俄国和卫拉特之间的贸易开始正式化。从1639年直到1653年巴图尔珲台吉死去，俄国所有与中国的商务联络都经过了他的手。俄国沙皇下旨，授予巴图尔珲台吉垄断所有通过西西伯利亚与中国交易的权利。这一利润丰厚的贸易为巴图尔珲台吉的儿子噶尔丹提供了维持和扩张准噶尔汗国的资源。

噶尔丹统治时期自1677年始，至1697年终。作为“神恩可汗噶尔丹”，他不是凭空建造他的帝国，他的父亲完成了贸易税收谈判，为他的帝国打下了基础。从中亚而来的被泛称为“布哈拉人”的客商是卫拉特贸易机制的实际执行者，巴图尔珲台吉和噶尔丹则对他们的商品征税。

15世纪后，亚洲内陆的穆斯林客商被统称为“布哈拉人”。许多人属于伊斯兰教苏非派中的纳赫什班迪教派。不是所有的穆斯林客商都来自布哈拉，但那个城市有着纳赫什班迪教派创建者的墓地，因此成了教派的重镇和朝圣之处。穆斯林中间商或布哈拉人在中国西部一般被叫做“缠头”，因为他们不剪头发，只用头巾包头。当附近的民族国家都在归附东方或西方的强国，这些布哈拉人逐渐被迫与政治强权建立贸易协定。在噶尔丹控制了布哈拉人经商要通过的土地之后，准噶尔允许布哈拉人在其领土上进行贸易，上缴税金。他们经商的项目包括把中国产品如茶叶、布料、烟草等以及卫拉特的盐卖给西伯利亚的俄国人。

从17世纪50年代起，茶叶成为卫拉特人和俄国人之间一项重要的商品。枪支和俄国的军事支持则是卫拉特人所期待的回报。

浩特阔特阿勒坦汗将茶叶介绍给斯塔尔科夫一年之后，1639年，巴图尔珲台吉与俄国谈判贸易协定，成功地将浩特阔特阿勒坦汗的生意夺取到手。这些生意不仅有巨大的利润，更具有战略意义，因为它包括了通信及各种技术，特别是武器技术。卫拉特人和喀尔喀蒙古人都明白其中的深意。17世纪的前40年间，他们为了获取与俄国人贸易的权利而展开激烈的竞争，因为谁控制了贸易，谁就能获得优良的武器装备。早在1577年，东南方的土默特部首领俺答汗得到了与中国明朝进行茶叶贸易的权利。60年后，西边的布哈拉人和蒙古人向俄国人提供茶叶。从斯塔尔科夫的反应看，最初俄国对茶叶的态度是不冷不热。然而到了17世纪晚期，茶叶已经成为俄国人日常生活的一部分。

对茶的需求当在当地人熟悉并喜爱烟草之后。至迟从17世纪中叶起，布哈拉人就开始从中国将烟草贩卖到西伯利亚南部。文献记载，1663年西伯利亚就有烟草贸易了，所以与中国的贸易无疑更早。[256]一个叫shar的中国烟草品种在莫斯科的上层社会中广为人知：这种烟草切割精细，抽的时候要把烟叶放在一个小铜管子里，其中大概含有鸦片。人们遭到警告说，它有一丝甜甜的气味，会令人产生醉意。蒙古人与俄国人的“布哈拉式”贸易关系持续了几个世纪：曾经穿过准噶尔汗国的运送过shar的古老商路，在那时转向了运送鸦片等物。

1596年，莫斯科向西伯利亚的军事长官——总督们——发出命令，令其终止征收外国商队的关税，并向所有客商表示善意。这个开放政策很快收到明显的效果。布哈拉人的商队向托波尔斯克、图门、塔拉和托木斯克涌来。[257]1607年之后，卫拉特人和浩特阔特阿勒坦汗的布哈拉人代表开始出现在新修建的俄国堡垒内。1587年和1604年，俄国在托波尔斯克和托木斯克修建了栅栏区，它们顿时成了最重要的交易地点。卫拉特人在这两个地方都被分配了特别贸易区，而托木斯克作为贸易重镇的地位更加显要。

布哈拉人是这些生意的主要操纵者。一些人来自布哈拉，但更多的人来自新疆地区。这些人中包括穆斯林、讲伊朗语的塔吉克人、讲突厥语的乌兹别克人，等等。自1639年起，漠西蒙古绰罗斯部控制的准噶尔汗国向这些中间商征税。巴图尔珲台吉从其大本营、天山以北的准噶尔盆地发号施令，牢牢控制着这些贸易业务。

起初，准噶尔与俄国之间的关系是和平的，因为双方都有贸易需求。然而，后来双方采取了一系列荒唐得有些可笑的行动，加深了相互的误解。17世纪初期这种错误反复出现。

蒙古人和新近崛起的俄国之间的外交多数都不成功，但是，这些接触却使得蒙古人团结起来，努力形成一个反抗俄国和满清压力的一个统一的蒙古。额尔德尼·巴图尔珲台吉曾经巩固了准噶尔汗国，现在他意识到，所有蒙古人必须联合对付东西南北各个方向的强敌。巴图尔珲台吉认为，他周遭的世界已经发生了变化，大草原上蒙古精英的未来不再由自己控制。除非他们团结一致抗敌，否则蒙古人无法成为他们自己土地的主人。

1639年，巴图尔珲台吉与俄国成功签订了贸易协定，由此促进了蒙古内部的协调一致。它为巴图尔珲台吉召唤所有蒙古人团结在一起提供了基础。1634年满族人征服了林丹汗在南部的领地，这令蒙古人进一步意识到事态的严重性。具有非凡组织才能的巴图尔珲台吉呼吁所有蒙古部落联合在一起，对抗满清和俄国的军事及经济威胁。1640年，他召开了一次会议，会场设在阿尔泰山脉西南方向一个山岭起伏的牧场——塔尔巴哈台。塔尔巴哈台这个名字的意思是“有土拨鼠的地方”，指的是牧草丰美的草场。28个蒙古部落的首领出席了这次会议。[258]有的首领来自遥远的西部的伏尔加河，有的来自蒙古中部的喀尔喀。会议最终形成了著名的《蒙古－卫拉特法典》。

成吉思汗也有类似的法典（札撒[259]），但如今只剩下残破的片段，其含义也不确切。而1640年的《蒙古－卫拉特法典》几乎完整地保存了下来。这是一部繁复的法典，包含约130个条款，涉及部落间的防御、社会结构、关于畜牧和打猎的一些规定，还有一些条款牵涉到民事和刑事诉讼。《蒙古－卫拉特法典》确保了部族之间的互相支持，规范并且修正了以前的蒙古律法。

由于准噶尔汗国与达赖喇嘛的联盟关系，1640年《蒙古－卫拉特法典》也支持佛教。法典打破以往的蒙古风俗，宣告藏传佛教是唯一真实的至尊宗教，并且声讨萨满教 。

在其他方面，法典规定每40个家庭每年必须制作两套盔甲。制作盔甲须使用一定的工艺技巧、将小铁片或小皮块连缀而成。通过法律秩序和贸易协定，1640年的《蒙古－卫拉特法典》不仅为蒙古的和平，也为未来的战争作了准备。

准噶尔人认为，比赛之前的准备其实已经决定了战斗的结果。当膛线技术在世界上出现时，准噶尔汗立刻为取得该项技术开始谈判。当俄国人在南部防线普遍使用火炮时，准噶尔人雇用一位名叫列纳特的瑞典战俘帮助他们学会制作火炮。[260]在科布多仍然能看见列纳特的一个武器铸造厂，位于市镇北部河旁一个被当地人叫做“铁堆”的地方。在这里，噶尔丹·博硕克图使用从1678年获得的土地上采集的原材料制造了枪炮。[261]噶尔丹的继任者也以生产大炮著称。

准噶尔人完全清楚周围发生的事情。巴德利（John F. Baddeley）不无伤感地写道：“卡尔梅克人，或者其主要的部分厄鲁特人或准噶尔人，坚持作战达70年之久，直到1757 年。准噶尔人战斗到生命的最后一刻。”

但是，准噶尔人的努力开始得太迟了。俄国人一往无前地向东横跨大陆，一路到达了太平洋沿岸，与满洲人面对面相遇。准噶尔首领噶尔丹是对满清帝国保护下的中央蒙古诸部的主要威胁：满清皇帝康熙甚至愿意因此接受俄国人的欧亚大陆东部大片领土归属俄国的声明。1689年《尼布楚条约》谈判时，康熙签署了与俄国停战的协议，并放弃西伯利亚，以便集中对付准噶尔的威胁。康熙皇帝把噶尔丹·丹津博硕克图作为他个人的死敌，噶尔丹成为这位了不起的猎人的最有价值和最富挑战性的猎物。1696年，康熙皇帝在“杜鹃花溪战役”中消灭了噶尔丹的军队。虽然漠西准噶尔的军队又残存了十年多，但噶尔丹的这次失败使得他的汗国元气大伤。

沙皇俄国和满清帝国在历史上最重要的条约之一《尼布楚条约》中达成了协议，从那时起，蒙古人的命运就被决定了。曾经强有力的草原帝国从两端开始遭到侵蚀。

第十章

萨瓦伯爵与恰克图的建立

恰克图是茶叶之路上的重镇，不过这个俄国城镇却有着一个蒙古名字。城镇教堂的南边几百码外就是俄罗斯帝国的国界。18世纪时帝国的风浪到这里就停住了脚步。地理决定命运，这里是典型的例子。今天这个地方代表一个原封未动的历史片断。本章讲述恰克图的建立和它往日的荣耀：那时，茶叶之路的所有贸易都要通过它的大门。

从蒙古高原向北流经西伯利亚针叶林带“泰加群落”的河流中有四种鲑鱼。最大的一种，俄语叫taimen，蒙古语叫tul。[262]根据鲑鱼所在河流的水温以及它们的身体尺寸，可以区分出不同品种。生活在高山小河中的鲑鱼须要应付湍急的、冰冷的河水[263]，体形短短胖胖；而离俄国边界水域较近的鲑鱼则体形较瘦长，它们游到西伯利亚低地时，必须设法在夏天变得洗澡水般烫的河水中存活下来。

一般而言，“西伯利亚”是寒冷和北纬的同义词。然而，当茶叶之路上的旅行者们从库伦向北进入俄国时，他们其实进入了海拔更低、气候更加温暖的地方。

蒙古高原的地势向气候更加温和的区域倾斜，河水从山上流向北部的农场麦地。到了春天，这些区域洪水泛滥。与喜马拉雅山或者阿尔泰山相比，蒙古中部地区的山脉只是些小山，但是山区面积巨大，覆盖了国土的一半，并且在国土中央形成一道分水岭。大多数河流最终都汇入贝加尔湖。

可以把蒙古地图想象为一颗上下颠倒的利马豆。利马豆的肚脐朝北，肚脐上连着脐带，通向古老歌谣中吟唱的“贝加尔湖，母亲湖”[264]。脐带就是色楞格河（Selenge）[265]，蒙古最大的河流。有几条大河汇入色楞格河，其中包括发源于肯特山脉的土拉河、发源于蒙古中部杭爱山脉的鄂尔浑河等。当这些河水汇集到一起，到达俄罗斯边界的时候，水流汹涌澎湃。这是一条还没有被人类征服的河。每一年色楞格河都会冲开宽广而低浅的河道，蔓延到广阔的平原，形成许多巨大的游移湖。色楞格河以东，茶叶之路从库伦向北直到恰克图——1727年，恰克图成了蒙古和俄国之间正式的过境点。

茶叶之路上的俄国过境点一点也不显眼。今天，一扇普普通通的大门将蒙古与俄罗斯分隔开，如同过去200年一样。如果没有莫斯科的特别许可，就无法从任何方向通过这道门。所有贸易和交通都应该通过西边约20英里外的边境城市纳乌什基。移民局和海关也设在纳乌什基，那里离色楞格河很近，有铁路穿过俄蒙边界。

在恰克图，古老的过境点就设在丘陵地带的一道山岭前。窄窄的小路穿过有时完全裸露的沙谷，向北通过大门进入这道山岭。东面山坡土地贫瘠，西面山坡却仍然保留一些美丽如画的老杉树。恰克图的主要魅力在于老镇的全景——因为被人忽略，老镇的风景反而得以保全。恰克图附近的世界变化巨大，使得这个幸存的西伯利亚小镇成了一个活的博物馆。19世纪时，像磁石吸引铁屑一样，恰克图吸引了众多的蒙古人。20世纪早期，新建的铁路通过纳乌什基，恰克图作为贸易走廊和货仓的日子变成了历史。

很难想象这个处于沙丘之间的地方曾经是西伯利亚知识分子生活的中心，而且聚积了非凡的财富。在大约150年的时间里，它垄断了沙俄帝国和满清中国之间的所有贸易。俄国与亚洲的贸易中约有七八成要通过恰克

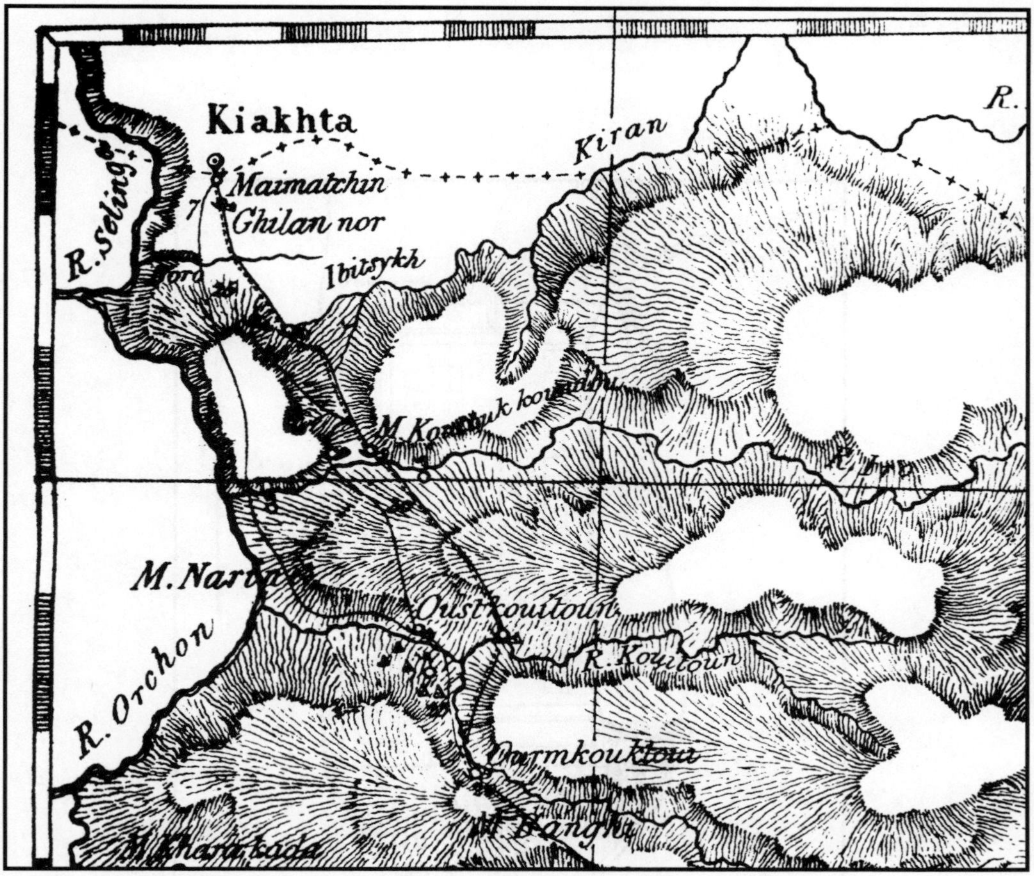

1820—1821年季姆科夫斯基地图细部：恰克图附近地区。
买卖城标在边界南侧，还有吉兰诺尔湖。湖与城现在都已不存。地形图显示了恰克图以南地区如何自然划分出一条地理边界。

图。[266]从1727年到1860年，恰克图商人财运亨通。1870年一位美国访客注意到，“在恰克图，你必须是身家四五百万的富翁，才有资格受到尊敬。”对于中国和俄国来说，恰克图是茶叶之路上的重镇。

这个地方的名字在蒙古语中是Hiagt，翻成俄语时就成了恰克图。这个词指的是一种小小的灌木，当地人就用这种植物的名字来命名这个镇子。蒙古的植被和动物种群随着海拔的下降而变化。蒙古北部三分之一的土地覆盖着针叶林。到了深秋，丘陵上满山遍野的落叶松的松针转为金黄，迎来了“金秋”（altan namar）。当落叶松的松针开始掉落，桦树的白色树干便成了风景中的亮点，白桦树苗条苍白的身影是俄国诗歌里长盛不衰的主

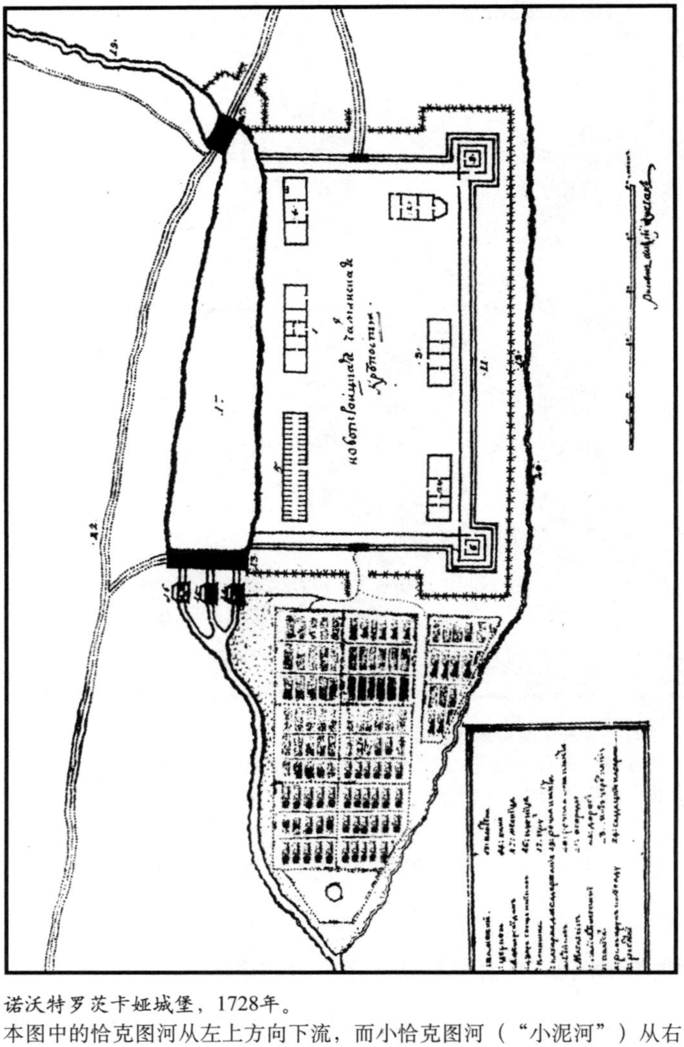

诺沃特罗茨卡娅城堡，1728年。
本图中的恰克图河从左上方向下流，而小恰克图河（“小泥河”）从右上方而来。本图已经过旋转，上方为北。底部的方块是小块的农田。

题。在俄国人之前就有人将桦树比作女子的化身。在海拔2200英尺的绵延不绝的群山上，恰克图被包围在美丽的桦树、落叶松和松树林里。然而，它也陷于沙壑之中，一些新移民就因为这样的地点而诅咒它的创建者。

创建者的名字是萨瓦·务拉的思拉维赤·拉古金斯基（Sava Vladislavich Raguzinskii，1670—1738）[267]。与其他带领俄国人横跨大陆的哥萨克人不同，这个人有着非凡的血统。从萨瓦的画像上看，他是一位绅士，身披金黄色织锦，法式鬈发巧妙地垂在肩上。萨瓦频繁出现在所有法国式的贵族聚会中，直到引起注意，被叶卡捷琳娜一世（Catherine I，1684—1727）委以重任。至此之后，他从恰克图得到的丰厚收入超过了女皇的梦想。

萨瓦是波斯尼亚务拉的思拉维赤亲王的后裔，在亚得里亚海滨美丽的小镇拉古萨（即今天的杜布罗夫尼克）长大，那遥远的世界与蒙古大异其趣。萨瓦在君士坦丁堡开始经商，后来到俄国定居。他充沛的精力和创新能力得到彼得大帝的认可，大帝任命他为外交事务顾问，赐予他莫斯科附近的一个村庄，还有彼得的父亲新近获取的乌克兰的三个村庄。1725年彼得大帝逝世，叶卡捷琳娜登上皇位后，授权萨瓦与满清皇帝谈判新的贸易协定。[268]

这可不是一件小任务。自从1689年签订《尼布楚条约》之后，俄国和满清一直没有进一步调整它们之间的外交关系。协议文本在描述了疆界时用的术语很含糊，每一方都可以按自己的意愿解释，例如，一方认为国界是这条山脉，另一方会认为是那条山脉。1689年时没有准确的地图可以指定地标，而且地名也不一致。《尼布楚条约》只是提到“贝加尔以东区域”归俄国统辖，但并没有后续条款明确这些内容。

另一议题是纳税公民。《尼布楚条约》的第四款是重要条款之一，其中提到逃亡者（又称逃逋，即设法从一个司法系统逃到另一个司法系统的人）应被遣送回国。作为两个国家的财产和纳税者，那些出逃的人往往是要逃避控制更为严密的税收体制。17世纪末、18世纪初，俄国的控制要好一些，《尼布楚条约》第四款在满清经常被违犯。

逃亡者问题和疆界问题交织在一起。贝加尔湖东边的山谷是南北走向

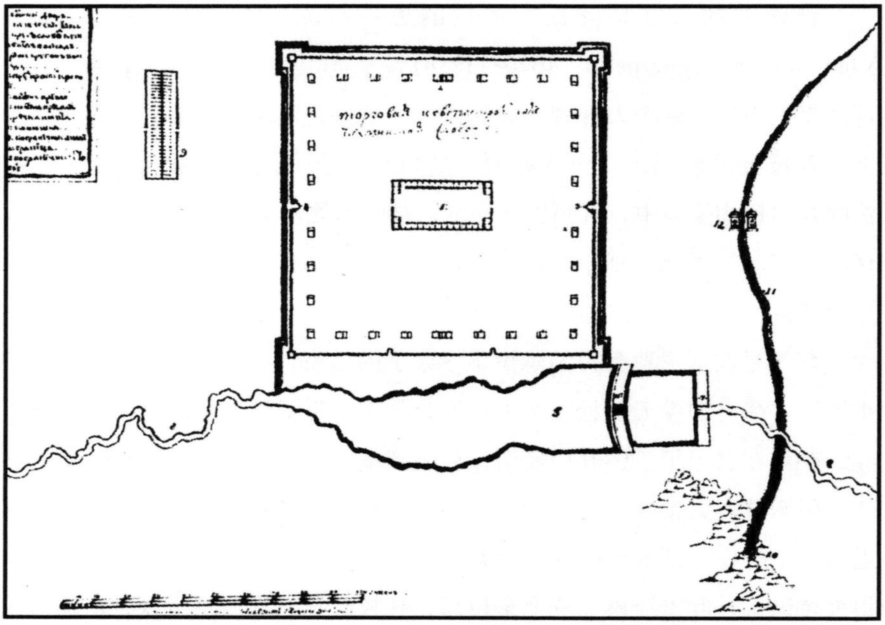

1728年的恰克图城堡。
图中，一个长方形的做生意用的院子位于城堡的中央。中、俄商人之间的第一次官方会议于1728年8月在此举行。俄国和满清统治下的蒙古的边界是右边较浓重的黑线，界碑标示着通往俄国的入口。城堡下方的恰克图河被筑坝拦住，形成一个小湖。

的，游牧民每个季节都在这里为牧场来回奔走，谋求生计。由于人口流失到俄国，北京的满清统治者不时地中断贸易，于是，俄国开始禁止游牧的蒙古人穿越传统的牧场。1756年在这个地区域发生的饥荒就与牧民无法到达山谷中的牧场有关。清政府其次关心的是在喀尔喀蒙古土地上日益增长的俄国人口。俄国方面则主要关心贸易关系。到1726年的时候，双方对现状均大为不满。

1689年在尼布楚谈判时，俄国的主要目标之一是得到与满清帝国直接贸易的许可，由官方商队将货物运到北京。到达目的地后，俄国人发现官方商队已被私商抢了先，私商早已在新近建立的货运中心库伦出售商品。《尼布楚条约》规定，俄国官方每四年可派遣一支商队到北京，同行的商人不能超过200人。另一方面，私人商贩却能于任何时候在库伦和张家口做买卖。1689年以后，北京和蒙古的私人毛皮交易被禁止，但这些制约却更加刺激了原本已很活跃的走私贸易。俄国官方商队很快发现，在蒙古，俄国毛皮的私人交易很活跃，进一步发展到南面的北京。

从1689年到1725年，俄国官方派出了11支商队到北京，最初获益甚丰。1706年彼得大帝严厉禁止私商在北京从事贸易，那一年官方商队有27万卢布的收入。然而，私人商贩又在库伦卷土重来。18世纪早期俄国人买进的产品包括茶叶、牛、马、皮革、丝绸、瓷器，还有大黄的茎和根。同时，俄国人及其代理布哈拉人也卖掉了皮革、家用陶器和欧洲纺织品，特别是羊毛织物。

由于官方商队在生意上不敌更具经营头脑的私人客商，莫斯科的俄国当局要求满洲人重新协商条约。1720年，一个由伊兹麦伊洛夫（Lev Ismailov）率领的俄国官方代表团到达北京，重新谈判贸易协定，但清廷坚持首先解决他们的两个问题：遣返逃亡者和勘定中俄边界。伊兹麦伊洛夫未被授权谈论这些问题。结果不仅伊兹麦伊洛夫两手空空回到莫斯科，清廷人还从库伦驱逐了所有俄国商人，北京对俄国商队也关上了大门。茶叶之路在还没有正式开放之前就已经关闭了。

两年后的1722年，雍正皇帝同意重新开放对俄贸易，前提是确定漠北喀尔喀蒙古与俄国之间的疆界，并且沿疆界建立固定的贸易地点。

这就是萨瓦·拉古金斯基出使满蒙时的背景。萨瓦小心谨慎地为交涉作好准备。首先他确保自己有充足的军事力量以备不测——可能他还记得在尼布楚会谈时满清代表团随行的76艘战船和8000名战士。萨瓦离开圣彼得堡后取道伊尔库茨克，到色楞格河边的色楞金斯克城堡停了下来。这个尖柱城堡建于1666年，1726年时已经发展成为一个有相当规模的镇子。在东贝加尔地区，色楞金斯克是中间商和官方商队向南进入蒙古之前的主要集散地。

萨瓦勘测了色楞金斯克南部疆土，注意到一条与蒙古人之间的自然分界线。这条由丘陵构成的分界线在当时疆界的北部，可以从高处俯视北蒙古草原。谢尔盖·米尼雅耶夫博士在这里进行考古学研究时，发了现匈奴的王陵。[269]站在这里向南望去，视野开阔，地理位置优越。这里曾经是俄国和满清之间的边界，现在则成了俄蒙之间的疆界。

叶卡捷琳娜一世要求萨瓦寻找最佳地点建立要塞，而非简单地修筑尖柱城堡。他享有莫斯科当局独一无二的特权来修造前哨站。[270]1722年时满清雍正皇帝已经同意恢复贸易，但只能在中俄边界上的过境点进行。由于疆界不固定，萨瓦的任务是选择恰当的地点组建他的部队，以便掌握谈判的主动权。最初他考虑在现有的尖柱城堡所在处建立前哨站，这个城堡位于一条宽广的大河奇科伊河[271]之畔，从恰克图到奇科伊河的最短距离大约为25英里。城堡将建在奇科伊河和色楞格河合流处附近，距恰克图约75英里。这个地方被称为彼得罗巴甫洛夫斯克，将分布一些存放物品的仓库；但是，由于奇科伊河水不断地冲刷这一地区，这个计划被摒弃了。

最后，萨瓦决定将前哨站建在一处山谷之中，山谷中的小河是唯一向南流入蒙古土谢图汗领地的河流。这样做确保了俄国人的水源不会被人投毒。小河的名字在18世纪的蒙古语中是恰克图河（Kiaktu），现在成了Hiagt。今天Hiagt是一条小河，河水中混有很多泥土，但早期的图画和工程计划表明，300年前这条河比现在要大。在与蒙古的疆界上，有一条更小的河流汇入Hiagt。这条小河的正式名字叫做小恰克图河（Kiakhtinka），但是从一开始俄国人就叫它“小泥河”，俄语中是Griaznukha，这也是它今天为人所知的名字。萨瓦在恰克图河和小泥河的合流之处建起了他的第一座城堡。

从前俄国人就使用过这个地方。一个叫巴尔苏科夫（Barsukov）的人曾在那里修建过冬营地，于是人们把这个地方称作“巴尔苏科夫营地”。选择这个地方不仅是因为可以确保水源洁净，而且因为它位于色楞金斯克到库伦途中。当时，库伦在土谢图汗衮布多尔吉[272]控制之下。1691年多伦诺尔会盟后，土谢图汗与满洲人结盟。选择毗邻土谢图汗领地的恰克图，可以保证货物顺利地从俄国穿过土谢图汗的土地运到北京。

地理因素，包括人文地理因素，是萨瓦选择恰克图作为茶叶之路重镇的原因。

俄国人和满洲人之间的谈判在北京举行。[273]从1726年10月到1727年4月，萨瓦在宫里待了六个月，最后他的使团动身去中俄边境布拉河，在那里签订了条约。[274]《恰克图条约》上满清方面主要的签署者是正黄旗人察毕那。[275]许多中国认为策凌[276]是条约的主要起草人，因为史录上只记载了他对条约的总结，却没有提及察毕那和其他人的参与。策凌是赛音诺颜部的蒙古亲王、成吉思汗的二十一世孙，也是康熙皇帝的女婿。将这样一个人记录为条约的签署者，再一次证明了历史实际上是编纂者的历史。

萨瓦在距边境线2.5英里处建立了前哨站，因为当时俄国的扩张与教会力量携手并进，于是萨瓦将前哨站命名为诺沃特罗茨卡娅（Novo-Troitskaia，即“新三位一体”）。城堡的平面图呈长方形，南北向，面积为60 × 80萨真[277]，即约420 × 560英尺。建造诺沃特罗茨卡娅的同时，萨瓦又计划在往南2.5英里处紧靠疆界的地方建立第二个城堡，作为贸易经营的场所。[278]这个城堡的北墙一角有个小教堂，是敬献给萨瓦的守护神、圣徒萨瓦·谢尔布斯基（Sava Serbskii）的。最后，萨瓦下令在南部修建“斯洛博达”（sloboda），即城镇边的自由市场。萨瓦下令，这个市场应该紧靠边界，以方便贸易的进行——这就是后来的恰克图。从一开始，这里就分为两个部分，一部分是居民的住所，另一部分是交易市场。今天，这两部分之间是露天场地。

城堡在俄语中是阴性词，镇子在俄语中是阳性词，因此萨瓦的城堡诺沃特罗茨卡娅用了阴性词尾。北边的城堡渐渐发展为一个镇子后，便改用阳性词尾，变成了诺沃特罗茨克（Novotroitsk）。以后，镇名又变成特罗茨科－萨伏斯克（Troitsko-Savsk），以纪念它的创建者萨瓦。1727年城堡刚建成时，诺沃特罗茨卡娅已经有了2174位居民，其中只有25个蒙古人，其余都是俄国人。这个比例说明，在萨瓦将这个地方建成俄国的正式过境点以前，这里已经是一个贸易地点。

特罗茨科－萨伏斯克正式地成为一个城镇[279]是在1805年。当时没有给这个城镇附加任何土地，这在俄国是独一无二的。作为一座相当成功的商业仓库，它本身已经有相当的规模。1934年8月11日特罗茨科－萨伏斯克和相邻的恰克图合并，镇名仍为恰克图。

恰克图南部最初的城堡是由一个叫做季诺维也夫（Zinoviev）的人设计的，但是据说建造计划来自萨瓦。1728年9月，29座兵营式住房和一个集市（gostinnyi dvor）[280]建成了。在城堡完成之前一个月，俄国和中国客商之间的首次会议就在这里举行，当时建筑工程还在继续进行。在这次具有历史意义的会议中，十位俄国客商会见了四位中国客商。1730年1月，恰克图城堡里面有453个人居住和经商，还有630匹马和两峰骆驼。

特罗茨卡娅城堡于1753年4月扩建，由经过恰克图的堪察加探险队[281]成员担任设计。特罗茨卡娅和恰克图两座城堡中发达的水利工程令人瞩目。木制结构的恰克图城堡一直保存到19世纪，直到它随着岁月的流逝逐渐衰败。

本书所附地图上标出了木桩边界的位置，那是满清帝国和俄罗斯帝国之间的正式分界点。《尼布楚条约》规定，原则上额尔古纳河至阿穆尔河（黑龙江）就是俄国和中国之间的分界线。当时尚未勘测的两个帝国之间远东部分的土地则未定疆界，留待以后讨论，另外，在恰克图附近的疆界也未确定。在与俄国人谈判《恰克图条约》期间，包括漠北蒙古土谢图汗的代表在内的满清代表团提出了从克拉斯诺亚尔斯克向额尔古纳河划界的边界方案，这条边界大大北移。这个地区的主要居民是布里亚特蒙古人，几个世纪以来他们向南部的蒙古部落进贡。这里有优良的牧草地、黑貂出没的山林，还有珍贵的盐湖。传统上它属于蒙古。俄国人拒绝了满洲人和蒙古人的提案。除了正式谈判之外，萨瓦·拉古金斯基还与满清官员和一些蒙古人私下交涉，接受了贿赂的满清代表团转而同意在满清领土上偏南的地方标定疆界。[282] 最后划定的中俄边界自如今的恰克图开始，西至上叶尼塞河谷，东至额尔必齐河。

经过协商，双方达成两个协议，在西部和东部各建一个特别边防站，由俄国人和满洲人的代表联合设置。边防站在俄语中称为karaul，东部草原对俄语的影响在这个词上表现了出来：它从一个古老的蒙古语动词qara演变而来，意思是“看”，源于喀尔喀蒙古语的xar。[283] 土耳其语从蒙古语借用了这个词，后来俄语也借用此词。它的衍生词甚至远播到了苏丹：在埃及被作为奴隶（马穆鲁克）贩卖的钦察突厥人也用这个词，它流传到埃及进入阿拉伯语，并且向南传入苏丹人的斯瓦希利语中。[284]

最初，中俄边界由敖包（石堆）标示。这些石头标记并不是一次性建立的，沙俄和满清的代表对石标的位置也意见不一。石标边界线在库苏古尔湖西边岔开，中间土地的归属问题悬而未决，这个地方被称作唐努图瓦（唐努乌梁海）。从18世纪下半叶开始，总共建了大约59个蒙古边防站和63个俄国边防站。19世纪初，又增设了六个俄国城堡和14个警戒哨，即较小的边防站。一个典型的俄国边防站大约由30至100名哥萨克组成：举一个例子，1774年奇科伊河畔的赞丁斯基边防站有118名哥萨克人巡视边界。

《恰克图条约》是以签字地点命名的。1727 年 8 月 20 日，双方在汇入鄂尔浑河的布拉河畔签署了《布拉河条约》(《布连斯奇条约》)。[285] 九个月以后，1728 年 6 月 14 日，双方在恰克图河畔举行了庄严的仪式，正式交换条约。[286] 第二天，在满清和俄国官员的簇拥下，萨瓦·拉古金斯基为通商口岸奠下第一块基石，这个口岸开始执行俄国政府的海关和边防任务。协议于 1728 年 8 月 29 日对外公布。[287]

按照《恰克图条约》的规定，俄国人同意停止库伦的私下贸易。整个边境线上，俄国和满清中国之间的贸易只能在两个地方进行，一个是恰克图，另一个是在恰克图东边额尔古纳河畔的祖鲁海图（Tsuruhai Tui）。Tsuruhai或tsorhai是蒙古语，意思是梭子鱼，在此地很常见。Tui是词尾，布里亚特人用它作为地名的结尾。祖鲁海图的贸易量始终不是很大。虽然它在名义上依然是一个开放的通商口岸，但恰克图无疑是茶叶之路上的主要海关，因为恰克图在库伦正北方，而且正好位于从莫斯科到北京的路上。满洲人不太喜欢祖鲁海图这个地点，因为从它到莫斯科的路程曲折迂回，运输费用更加昂贵。俄国人则想保留它，作为恰克图之外的另一个选择。由于通过恰克图的贸易量增幅超出预计，曾经有计划修建第二个贸易区，但是计划从未实施。

《恰克图条约》再次确认《尼布楚条约》中有关俄国和满清帝国之间私有贸易的原则，允许官商和私商在两个开放的通商口岸进行贸易活动。为此在恰克图和特罗茨科－萨伏斯克建立了四个贸易市场。其中一处在恰克图以北靠近色楞格河的地方，因其优越的战略位置而成了最重要的贸易市场。

同时，《恰克图条约》正式建立了传教士团制度，将负有宗教使命的俄国传教士分批派往北京。实际上这个制度早在阿尔巴津（雅克萨）[288]时期（1685）就已经存在，1727年时派遣了学习亚洲语言的三名修士和六名学生。

关于逃亡者，条约明确规定，从两个国家逃离的人必须遣返。从前这个问题曾导致贸易中断，后来几年之内再次发生。来自库伦的蒙古代表要求俄国人提供《恰克图条约》的俄国版本，以便与蒙古版本对照。蒙古人认为，译成蒙古文的条约版本未能准确地反映出俄国人和满洲人对蒙古事务的协议。在恰克图的俄国代表反对说，他们没有权力转交国家间的条约，最终蒙古人没有能够确认条约文本。

《恰克图条约》把俄国官方商队去北京的频率从每四年一次改为每三年

一次，客商的数量仍限制在200以下。[289] 更重要的是，《恰克图条约》规定，俄清两个帝国必须为外交关系建立一种规范的渠道。所有文件都将由俄国参议院和满清理藩院审阅，理藩院在北京是负责处理蒙古或外交事务的部门。边境线上不允许签订私人协定。因为西伯利亚远离莫斯科，从前西伯利亚总督们的一些私人协定曾引起很多争端。

以后几十年间，双方规范了边界规程。俄国的边界管理最初由色楞金斯克外面的一个特别疆界部门处理。1783年，边界管理部门转到恰克图。它的任务是与边界上一个镇子里的蒙古人保持密切联系。1822年俄国设立了一个特罗茨科－萨伏斯克边界办公室，负责贝加尔湖西南部阿穆尔河至图瓦[290]一段疆界的军事安全。今天，沿着这条长长的边界线巡逻仍然是恰克图疆界办公室的任务。20世纪，恰克图的主要功能在于军事方面，这改变了城市的性质，尤其是到了70年代，军人占了城市人口的百分之九十。现在军事人员的数量减少了，但是漫长的俄蒙边界仍然由驻扎在恰克图的官员负责。[291]

1727年，恰克图成为贸易中心，其后中国人的买卖城[292]也在距俄国边界几百码的满清治下的蒙古边境内建立了。买卖城的统领被称作撒尔古黑（Sargootchay），也可以拼写为Zarguchei，在早期文献里也拼成Tsarguchei。这个词在蒙古语中最初的含义是“法官”：dzargach指的是喜欢呼吁和争论的人。这个关键职位是应土谢图汗的要求设立的，贸易就发生在他的领地内。该职务只能由对满清政府忠诚的蒙古贵族担任。由于撒尔古黑的职位利益丰厚，每一任撒尔古黑都变得富裕和强大：这样一来，满清政府就收买了土谢图汗。

平稳增长的贸易给恰克图带来了普遍的繁荣。中国人一般在秋天的几个月中将他们的物品运到库伦和恰克图，因为这个季节的气候比较适宜跨越戈壁。俄国人一般在同样时候到达恰克图附近，在晚秋和冬天做生意。1881年，当美国观察员乔治·凯南（George Kennan）经过恰克图的时候，每年通过这个城市的物品价值在1000万至1500万美元之间。这个数字还是保守的：商人常常在贸易额上弄虚作假，恰克图也不例外。从一开始商人们就用各种创造性的手段逃避关税。1768年，《恰克图条约》增加了一条补充条款，设法改进漏洞百出的边界管理。直到今天，走私依然广泛存在，成为这个布里亚特哥萨克镇子的主要收入。[293]

在初期，恰克图在夏天使用的贸易量的单位是“车轮”（koleso），到冬天就变成了“雪橇”。一“车轮”代表了一辆大车所载物品的价值，一“雪橇”则指一架雪橇所载物品的价值，因为在冬天物品是用雪橇运输的。从1736年到1740年，1430“车轮”的物品被卖了到中国，在冬天还有96“雪橇”物品成交。与此同时，806“车轮”的物品由中国运到俄国，加上冬天还有37“雪橇”的物品。从1741年到1745年，俄国卖了1200“车轮”的物品到中国，换回844“车轮”的物品。几乎可以肯定，贸易数字的差额源于走私。

虽然货币在早期并未被广泛使用，贸易全部采用以货易货的形式，但是贸易总额仍然按卢布计数。举个例子，假设恰克图把麦子卖给买卖城的客商，换回茶叶。在19世纪，一普特麦子可交换3.25茶砖，因为须要交税，交换的价值被定为七卢布。据记载，1744年的贸易额共计28.75万卢布。到1760年，平均年贸易额为110万卢布。到了18世纪70年代初，年贸易额翻了一番，大约是220万卢布。从1824年到1830年，通过恰克图完成的年贸易总额在550万至780万卢布之间，到19世纪的中期，上升到每年1600万卢布。[294]

直到1854年，按规定，俄国人购买茶叶还只能通过以货易货的形式，不能付现金。其目的是阻止白银从俄国流出。中国把茶叶卖到俄国以换取纺织品，还有制作长袍的兽皮。除俄国外，纺织品还来自普鲁士、荷兰、英国和法国：工业革命后纺织品的生产能力提高，产品通过茶叶之路进入巨大的中国市场。俄国人在交易中接受的绝大多数交换品是茶叶。

俄国在恰克图的社会经济政策鼓励贸易。从1743年起，俄国官方对居住在恰克图自由市场附近的居民实行免税，平民被豁免了兵役义务。这些措施吸引了很大数量的蒙古逃亡者。此时在西伯利亚，毛皮已经被耗尽，进贡毛皮早已成为历史；俄国官方转而依靠贸易税收获益。[295]这些政策刺激许多蒙古人搬离漠北蒙古乡下，投身蒙古地区和南部俄国的市场经济。商人们维持着城市系统的运转，他们分布在各行各业，从修鞋到种菜到制造包裹茶叶的皮革。这最后一个行当甚至成为那些世代从业者的姓氏：20世纪早期一位著名的布里亚特学者就叫柴比科夫（Tsebikov），今天仍然能在恰克图的布里亚特人中发现柴比科夫这个姓氏。

香港在20世纪代表着一个相对自由的市场；从这个意义上来讲，恰克图也是一个类似的避风港。恰克图是这个地区第一个也是唯一一个不和任何喇嘛庙挂钩的贸易中心，所以它不受任何宗教的约束。它不仅仅是贸易中心[296]，也是信息流通中心。20世纪初期，恰克图成为蒙古革命者和知识分子的主要活动基地。

在西方商人的眼里，恰克图也是一个文明中心。恰克图作为俄罗斯帝国末期的一个前哨，其市民想方设法维持和炫耀他们的财富。绅士淑女们都紧跟巴黎的最新潮流。他们的着装打扮和周围原始粗犷的环境极不协调，令初来此地的西方人目瞪口呆。“潜意识里俄罗斯人觉得自己是半个文明人，而且他们知道其他欧洲人也这么看。所以他们费尽心机地和文明社会保持一致，却只求外表而不注重最本质的内在。”[297]

在签订《恰克图条约》时，俄国和满清帝国的官员[298]商定在对方给商人颁发的护照上彼此盖章。商人们不能使用金银交易，原则上只能以物易物，比如用毛皮来交换茶叶。但是事实上，商人们常常用黄金或者白银来付款。常常有银烛台被当作黄铜出售，银片假装用来装饰马车，等等。总之，白银被以各种方式从俄国出口到中国。

1854年，限制解除，不再禁止用黄金白银交易。然而，19世纪对白银的使用慢慢减少，蒙古人越来越多地使用茶叶来向俄国人支付货款。季雅各写道："白银交易其实很麻烦。在其他国家，当价格谈妥之后，交易就算定下来了。用货币或者纸币交付后，一切就都顺利结束了。可在蒙古，麻烦事却是从价格谈妥之后开始的。首先是双方对白银的质量有意见分歧，接下来是买卖双方的天平不一样。买方称出一个重量，而卖方称出另一个重量。两方都说自己的天平是准确的，对方有假。"季雅各指出，以茶叶作货币，情况也好不到哪儿去。"买主会挑剔地打量茶砖和半茶砖，要么抱怨茶砖太薄，要么抱怨枝子太多，要么抱怨边角磨损，总之会尽量把货物形容得很破，让卖主觉得自己简直是遭了抢劫了。"[299]

然而，对于茶叶之路来说，比茶砖的边角磨损和茶叶走私更大的威胁来自南方，贸易运输逐渐从陆路转向海路。通过茶叶之路的洲际贸易在19世纪中期达到顶峰，在这之后，英国成功地把茶叶贸易转向海路，以至茶叶之路的贸易利润迅速下滑。19世纪40年代时，从恰克图到莫斯科的茶叶陆路贸易的运输费用至少是每普特六个卢布，而从广东到伦敦同样数量茶叶的海运费用却只有30到40个戈比。欧洲纺织品运往东方时存在着同样的运费差异，于是欧美货物渐渐地从恰克图市场上消失。当时，恰克图最重要的贸易品是从中国出口到俄罗斯的茶叶。恰克图的官员们决定把茶叶之路经恰克图到莫斯科的陆路运费降低到与途经欧洲的海路运费一样低，于是把关税降低到原来的百分之三十。可惜效果并不大，到19世纪末，恰克图的贸易基本上变成了西伯利亚人、蒙古人和南方的中国人之间的区域贸易。

买卖城

恰克图边界上的两个木结构的前哨代表着两个国家之间的贸易信息交流和两国人民之间的相互往来。这个边界就像细胞膜一样，使两个完全不同的文化有机会相互体验。至今，在恰克图俄罗斯和蒙古之间的边界还保留着一片大约20米宽的中立地带，既不属于俄方也不属于蒙方。从本书所附的一张19世纪的照片上，读者可以清楚地看到这个面向中国买卖城的中立地带。如今，中立地带俄罗斯一方的栅栏是俄罗斯的第一道界标。在栅栏北部1.25英里的地方又有一道栅栏，这是俄罗斯的第二道界标，这中间的土地是俄罗斯的领土。如果蒙古人越过第一道界标，引起警报以及防御反应，那么他就可能在这块俄罗斯的领地上被捕。直到20世纪90年代初，卫兵和警犬都一直在这片土地上巡逻着。两道栅栏之间的土地地形不太相同，有的地方有几英里宽，但大部分在一英里左右。

恰克图的商人修建了一个巨大的俄罗斯东正教堂，距俄蒙边界的俄罗斯一边只有200码，似乎是要明确宣示他们的领土权。这个教堂被称作复活教堂，其富丽堂皇的程度在沙皇俄国名列第二。名列第一的是圣彼得堡的皇家圣伊萨克教堂。复活教堂试图模仿圣伊萨克教堂的内部设计，水晶和孔雀石的柱子附有银色的装饰物。“祭坛前的双重大门系由纯银所制，大约重2000磅。”19世纪时诺克斯（Knox）写道，“除此之外，我还见到一吨左右的白银被用在教堂各个装饰处。这个教堂是建立在恰克图商人的钱包上的。”100年后，这个教堂却被改作马厩。从本书所附的一张1996年的照片上可以看到教堂空空的中庭，其中的断垣残壁围住的地方成了几十头牲畜的家。

买卖城位于边界以南200码左右，也就是中立区满洲人和蒙古人的一边。弯曲的屋檐和照壁显示出与几百码之外的俄罗斯东正教堂截然不同的一种风格。中国传统建筑中的照壁是在入口处辟邪用的。进入买卖城也同样有这么一道照壁，把入城的路一分为二。

西方人对于这个神秘的石头城市充满了好奇，他们发现这个城市没有什么女人。这让一些俄罗斯人认为自己是在和一个退化的民族打交道，尽管这个民族能够生产出精致的茶叶。

不同文化之间的交流很困难。一些在19世纪末拜见过撒尔古黑的西方人发现，由于语言不同，交流很费劲。“我要对撒尔古黑说些什么的时候，”其中一人记述道，“我先用法语对坐在我身边的勃罗斯洛夫斯基少校说，然后少校会对布里亚特翻译说俄语，这个翻译对一个满蒙官员说蒙古语，而这个满蒙官员接着给他的上司翻成汉语　　”伴随这些谈话的是一种奇异的氛围：随从或助手们不断地给客人们敬茶，高声说着：“请用茶，请用茶！”撒尔古黑对来访者的回答也要通过同样的翻译路径。“我怀疑我们所说的真正的话根本就传达不到对方那里，撒尔古黑的回答和我问的问题毫不相关，我们的对话只是一种由好奇所引发的互相恭维　　”

恰克图和买卖城的商人们发展出他们自己的一种混杂语（pidgin）来做生意。在南方的广州话中，洋泾浜英语（pidgin English）指的是商业英语。在恰克图，这种混杂语则主要来自俄语，因为中国人说的俄语比俄国人说的汉语要多。著名的蒙古学者仁钦教授（Rinchen，1905—1977）年轻时曾经在恰克图住过，他的女婿卡拉·捷尔吉还记得他讲的“恰克图混杂语”的故事。

19世纪的商人注意到他们从恰克图到买卖城时所经历的巨大反差。他们刚刚还在俄国的一个小村庄，过一会儿就到了中华帝国之中。黑黝黝的蒙古车手赶着笨重的两轮牛车，牛车上载着一箱箱的茶叶。买卖城狭窄的、未铺砖石的道路两旁是没有窗户的平房，土墙是草泥垒起的，屋檐向上翘起，以避开墙角的邪气。进入石头城的大门口是寺庙的塔楼。装载着茶叶的骆驼从窄窄的街道穿过，走进一个个院子，然后卸下茶叶箱子。

从库伦到俄罗斯方向去的商人们穿过边界简朴的木门之后，也同样会经历这样的剧烈反差。“在俄国一边，我们穿过一扇门就到了恰克图，头顶是俄国建筑上随处可见的俄罗斯鹰徽。到处都是白色和黑色的柱子，据说那是悲惨的老学究保罗·彼得洛维奇的最爱；优雅的红色或绿色屋顶的白房子，有着高高尖顶的雄伟壮观的教堂，宽阔却行人稀少的街道，这些是越过边界之门后得到的第一个实际印象。毫无疑问，我们现在确实是在沙皇的土地上。”[300]

贸易及双方共同的利益把这两个截然不同的世界联结在一起。另外一个重要因素是有一群能够适应这种文化差别的人。恰克图幸运地拥有许多出类拔萃的商业和外交人才。19世纪晚期恰克图初建时的支持者卢茨尼科夫（A. Luscnikov）就是这样的一位。除了利润丰厚的茶叶贸易之外，卢茨尼科夫还拥有金矿和磨坊，另外他还赞助了许多像普尔热瓦尔斯基和奥布杰夫（Obruchev）那样伟大的俄罗斯探险家和科学家[301]。今天，从复活教堂前行两分钟就可以看到他的豪华住宅。这座不同寻常的庄园的墙壁有几英尺厚，能够抵挡恶劣天气以及炮火攻击。这个庄园分几次建成，走廊铺设着五六英尺长的石头，从一个房间通到另一个房间。二层有一个大房间可以用来开舞会，落地窗直通到顶，可以向南看到蒙古野外的风景。

卢茨尼科夫幸运地在茶叶之路的最后阶段赚了一笔。尽管纺织品贸易转向海路，茶叶贸易却一直延续到19世纪的末期。1851年官方的统计表明，900多万磅（9 208 764磅）的茶叶在恰克图成交，还有450多万磅（4 638 060磅）的茶砖。1881年，乔治·凯南仍然报道说："几乎所有俄国消费的名茶都是由骆驼商队从中国北部经过蒙古带来的……这些茶叶从恰克图进入俄国，然后重新被包装，用毛皮包好，用线缝好，穿越西伯利亚大约4000英里的路程，最后到达圣彼得堡、莫斯科，或者下诺夫哥罗德一年一度的贸易博览会。"

这里的数字表明，恰克图进口的中国茶叶中有很大部分是茶砖，主要是供应非欧洲的俄罗斯人的。凯南这样描述道："茶砖是用一种便宜的茶叶制作的，其中混有小枝梗，还有一点微黏的胶，压成的茶砖大约8英寸长、5英寸宽、1.5英寸厚。茶砖的样子很像一种极黑的烟草。"1860年后，海路贸易的兴起造成恰克图贸易量减少，茶砖就变成了陆路贸易的主体。"1860年之前，"另一个名叫诺克斯的人写道，"在恰克图交易的茶叶大约是每年100万箱，不包括茶砖。蒙古和华北的茶砖是由枝梗和大的叶子掺上羊血或牛血制成的，压成砖的样子。在中国的某些地方，茶砖是当地人重要的流通货币……从1860年起，从恰克图流转的高级茶叶的数量减少了，但茶砖没有消失，据有些官员说数量反而增加了。”

然而，最好的茶仍然经由恰克图进口俄国。这些茶被称为“家族茶”，是由中国南方福建省一些世世代代以茶为生的家族生产的。家族的名称也就是茶叶质量的保证。直到20世纪，一个恰克图的茶叶商人都必须对茶叶的品牌和产地了如指掌。供给游牧部落的大块茶砖只是生意的一部分，供给莫斯科和圣彼得堡的更为精致的茶叶则是生意的另一部分。由于这种精细加工的专业技术，更由于轻度烘焙的茶叶更适于陆路运输，经由茶叶之路运到俄罗斯欧洲部分的茶叶被认为比经由海路成批运输的重度烘焙的茶叶质量要好得多。

然而，世界经济局势在不断变化。英国逐渐成为世界纺织品出口的龙头老大，其规模超过了所有的陆路纺织品贸易。英国的成功在于四个方面：其一，英国发明了用于纺织品制造的苯胺染料[302]；其二，他们拥有大型的海轮；其三，1860年后，他们可以在中国沿海的一些开放口岸自由贸易；其四，英国的殖民地印度为英国提供了大量的棉花原料。此外，中国被迫以茶叶来换取鸦片，这对英国也十分有利。

英国人和中国人的贸易始于17世纪末叶。到了18世纪中叶，英国商人对于一些地方官员的蛮横作风十分恼火，于是他们上书清廷，要求和政府直接进行贸易。满清朝廷于1760年在广州设置了九家“公行”来满足英国商人的要求。“行”[303]就是行业，至今，这个汉字有时仍放在中国公司的名字后面，表示“联合”的意思。这种体系授权一些中国商人直接和西方人做生意，西方人的贸易则必须通过他们的这些中方代理人进行。这些中国人和西方人的贸易公司都必须设在广州。

茶叶是大众消费品，又不会在运往欧洲的途中变坏，所以“公行”系统的商家们都想做茶叶生意。[304]茶叶的咖啡因和丹宁酸很快征服了整个英国，还有那时刚刚独立的美国以及其他英国殖民地的国民们。直到1834

年，英国东印度公司一直垄断着茶叶生意。东印度公司很快发现，他们的进口额是出口额的三倍。其中的贸易差额是用白银来支付的，而白银价值很高且越来越难弄到。当时英国的殖民地银矿开始变得难以驾驭，白银不再像从前那样唾手可得。随着茶叶贸易的繁荣，东印度公司濒临破产。英国商人迫切地想找到一种能卖给中国的商品，最后他们找到了鸦片。

17世纪时，中国人就开始把鸦片和烟草混起来吸食。鸦片是中国本来就有的，并不是舶来品，17世纪和布哈拉商人的贸易可以作见证。中国政府第一个禁止种植和买卖鸦片的规定是在1729年设置的，那是在中国进口鸦片之前。英国东印度公司发现鸦片实在是一个好买卖，便于18世纪80年代开始用鸦片来代替向中国"公行"系统的付款。中国从1800年开始禁止进口鸦片。在1839年到1840年的鸦片战争之前，英国商人走私了大约44.3万箱鸦片到中国，赚到约2.3亿两白银。由于不能直接在中国出售鸦片，英国商人就把鸦片批发给中国的地方商人，后者把违禁品装在他们自己的快艇上，运到广东附近的走私仓库。19世纪初期，英国的鸦片出口成立方倍地迅速增长。英国人找到了两种贸易成功之道，一是用枪炮，一是用毒品。对这二者的沉迷，已经成了当今世界的标志。

中国官方在1800年禁止进口鸦片的决定可能和其自身利益有关。贸易走私的收入超过了税收。走私鸦片和中国本土的鸦片种植相竞争，对走私鸦片的没收实际上是一种变相的关税。19世纪80年代长江上蒸汽轮的应用有利于运输云南和四川出产的物品，同时大大促进了中国内陆的罂粟种植。"茶文化之弓"——青藏高原从云南到四川的边缘地带——从生产茶叶改成了种植罂粟。这个"茶文化之弓"一直延伸到蒙古的西部地区：在蒙古最西边的一个省巴彦乌列盖省（Bayan Ulgii），至今仍有一个山谷叫做鸦片谷。据说1918年时，蒙古德高望重的高僧雅喇嘛（音译，Ja Lama）招募中国人在漠西蒙古的扎萨克汗盟西南角他的要塞[305]附近种植罂粟。

1763年，英国东印度公司在印度垄断了鸦片种植和出口，成为世界上最大的鸦片走私商，而从中国鸦片贸易得到的利润成为这个以印度为据点的英国公司稳定财政收入的重要保证。另一方面，这也使得中国的白银储备枯竭。恰克图贸易中的银烛台换茶叶从另一个方面证实了当时中国迫切需要白银这一事实。为了保护本土产业、阻止白银的流失，也为了改变国人吸食鸦片成瘾的现状，中国最终决定与英国对抗。1839年，英国议会拨经费资助了一个由16艘战船、4000士兵和540门大炮组成的远征队。鸦片战争爆发了。

中国在鸦片战争中失利，导致了1858年和1860年一系列条约的签订。这些条约逼迫中国开放门户，继而严重影响到茶叶之路的贸易量。越来越多的茶叶经好望角运到伦敦。1866年，九艘船几乎同时从中国沿海的福州港出发。令人同样感叹的是，90天之后，其中的三艘船同时通过泰晤士河口。

在那时，为从中国经过好望角到达英国运送茶叶而特别设计的快船风光无比。船越快越容易拿到运输的生意，1866年左右，这样的竞争相当激烈。

东印度公司的垄断于1834年结束了，英国商人立刻开始了一场争夺市场的激战。英国人赢得了鸦片战争，他们的茶叶生意不再受任何限制。中国快船（又被称作茶叶快船）满帆进港时是一道壮观的风景。不过这种盛况只是暂时的，1869年，苏伊士运河开通，从好望角绕道而行就成了历史。苏伊士运河的开通以及蒸汽发动机技术使得应用蒸汽发动机的运输公司之间开始了一轮新的竞争。

到1882年时，由于转道苏伊士运河，中国到伦敦的航程从99天缩短到区区29天。1866年速度最快的三艘“中国快船”都是在格里诺克的造船厂由苏格兰人制造的。苏格兰人还在印度的阿萨姆邦参与种植茶叶，后来，阿萨姆的茶叶生产在数量上超过了中国。苏格兰人的帆船以及苏格兰人在阿萨姆邦的茶叶种植使得俄罗斯的茶叶商人纷纷破产。一些在汉口开办工厂的商人也放弃了经由恰克图的陆路，开始走海路来运输茶叶。

恰克图作为商业重镇的日子屈指可数了，可是在19世纪末，它在政治上的重要地位才刚刚开始。以恰克图为据点，蒙古人民革命的领袖们开创了蒙古历史的一个新时代。恰克图一开始是布尔什维克的政治力量的中心，接着成为苏俄边界管理的军事中心。

买卖城却不复存在了。1918年，仍有大约4000名中国人居住在那里。20世纪20年代，城市毁于大火。虽然有一个叫“金色泉水”的蒙古小镇——阿勒坦布拉克——坐落在买卖城旧址的南边一点，但那里如今却找不出半点茶叶之路和买卖城的痕迹。

第十一章

北京俄罗斯馆的间谍站

贸易乘着信息的翅膀飞翔。茶叶之路既是商业走廊，也是信息交流通道。北京的俄罗斯馆就是早期俄国商人在中国收集情报的机构。

蒙古语称柿子为“驴耳朵”。当凛冽的秋风扫下树叶，北京北部干燥地区的巍巍群山显得格外险峻，长城勾画出群山的轮廓，橘红色的柿子是单调的风景中唯一艳丽的颜色。夕阳西下，远方的一棵柿树在天空中映出参差错落的墨黑色剪影，中间点缀着橘红色的圆圆的柿子。

未成熟的柿子坚硬青涩，成熟之后，它们便成为天上最神圣的花蜜，包裹在地上出产的果子外皮里。丰收的柿子一时吃不完，亚洲北部的家庭便总是在秋天串起柿子在秋阳下晒干。用线穿起来悬挂的柿子，边缘软软地垂下来，形成轻微的凹状，像一只耳朵的内缘。居住在中国北部的俄国人很快就领略到柿子的甜美：蓝天清澈，庭院宁谧，教士们和“驴耳朵”一起静静地沐浴在阳光下。北京的俄罗斯馆里很少有人想离开。派驻中国的职位一般任期十年，但是著名的“锦衣玉食者”比丘林（Nikita Yakovlevich Bichurin，1777—1853）在北京待了14年才不得不离开了他在北京的优越生活。

满清朝廷颁给俄国人在北京城内的特别通行许可，但这种特权只适用于耶稣会士和其他宗教代表。1685年阿列克谢·托尔布津（Aleksei Larionovich Tolbuzin）和他的哥萨克们在阿尔巴津（雅克萨）战败之后，26

个俄国战俘（一说45人，见俄国驻华大使馆官方网页。——译注）被带到北京城内。这些人成了永久居住在满清统治下的中国的第一批俄国人。[306]直到1860年，北京城内只有一个俄罗斯馆。1860年以后，《北京条约》允许俄国和其他一些国家设立外交使领馆，俄国人便在北京建立了大使馆，称作南馆；原来的俄罗斯馆则被称作北馆。南馆和北馆对俄国的外交、学术和贸易都很重要。

比起其他国家，俄国与中国建立外交关系早了将近200年，俄国因此受益匪浅。康熙皇帝下旨，准允俄国阿尔巴津人在北京的东北部定居。北馆的地点今天依旧，还在过去的东直西门附近，那是北京老城墙上的一座城门。城墙和城门现已不存，俄国人和他们针对中国的潜听哨却保留下来。

最初阿尔巴津人被视为“俄国流亡者和哥萨克”，享受着新奇事物和人们对他们的尊敬。到了1715年[307]，这个外国人聚集地变为一个传教士团，成了东正教教会的前哨基地，俄国人在教会的掩护下开始认真地研究中国。茶叶之路在发展成为一条重要商路的同时，也是信息、思想和学术的输送管道，像许多个世纪之前的丝绸之路[308]一样，成为一条广泛联系不同文化的交流之路。俄国人天生喜欢研究、学习和了解新现象。研究中国的时候，俄国人运用了一种系统的方法，并且将这种研究和学习制度化，以求有助于这个已经建立的学科。俄国人先在喀山、后在圣彼得堡的各个学院建立了东方学系。北京的俄罗斯馆则在这些机构中显得不落俗套，它变成了几个行为古怪的人的家园。下面讲述其中的两个。

从一开始，在北京的一代代阿尔巴津人就在几乎不加掩盖地从事间谍活动。不过，康熙皇帝从耶稣会士的忠告中受益匪浅，所以无容置疑地，他从俄国人那里得到的并不比俄国人从他身上得到的要少。他开创了接受东正教教士和学徒为期十年的传教士团的先例。第一届传教士团由修士大司祭伊拉利翁·列札伊斯基（Illarion Lejaiskii）率领，于1715年到达北京。此时距中俄在平等基础上建立贸易关系的《恰克图条约》签订[309]还有12

年——直到19世纪40年代，欧洲诸国都未能达到这个状态。到1806年，共有八个不同的俄国传教士团派驻大清的都城，他们还建起了自己的居所，称这组建筑为“圣母怀胎”。他们另外还建有尼古拉斯基教堂、一所研究汉人和满人的学校和一所研究俄国的满族学校。

19世纪早期，俄国沙皇亚历山大一世（Alexander I，1777—1825）决定让比丘林（即亚金甫）领导第九届传教士团，当时，第八届传教士团的所有初始成员大多故去，仅余两人在世。比丘林之所以得到任命，并非是因为他卓越的才华，而是因为他的才华激怒了俄国当局。他的不敬神举动同样令他们气馁，所以他们想把他派到足够遥远、不会再给他们添麻烦的地方去。当时俄国在欧洲的战争中大伤元气。比丘林正在赋闲，而且渴望得到一个新职位，所以最好趁机让他滚蛋。

比丘林出生于喀山省一个名字叫做比丘林诺的楚瓦什小村。依照俄国的传统，农民家庭一般只有教名没有姓，所以“比丘林”只是简单地表明这是一个“从比丘林诺来的人”。虽然有人说他是孤儿，又有人说他是东正教会收养的犹太孤儿，其实他年轻时父母都还在世。他先被送到“唱诗学校”，然后被招入喀山的神学院。1799年他完成了宗教训练，俄国教会喀山分部的领导人邀他加入教会。作为修士必须承诺过独身生活，这成了比丘林的一个主要问题。

他甫入教会，便青云直上。在成为一名修士以后的1802年，他被提拔为伊尔库茨克有名望的沃兹涅先斯克修道院的修士大司祭，并且兼任修道院中神学院的住持。不久，有人指责他从喀山带来一位情人。这是事实，她的名字叫娜塔丽亚·伊万诺娃。这件事引起了其他修士的嫉妒，比丘林被逐出了修道院，流放到托波尔斯克，担任职位较低的修辞老师。他开始寻求改变命运的机会，正好赶上莫斯科在找人接替北京传教士团的职位。当第九届传教士团整装待发时，东正教圣议会任命比丘林为传教士团领班（团长）。关于比丘林的任命1805年起开始审议，直到1807年9月他才被派

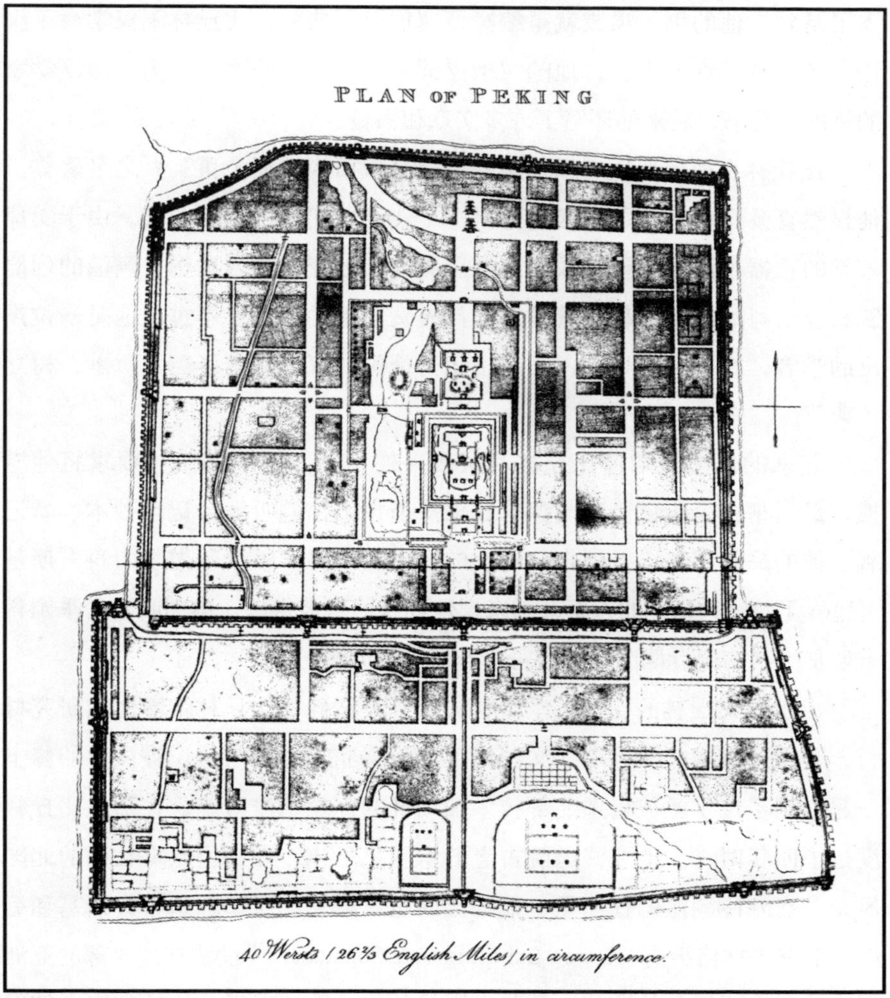

季姆科夫斯基绘制的北京城区图，1820—1821年。

往中国，整个提名过程耗时两年。旅途历时四个月，他于1808年1月到达中国首都。

他在中国度过了其后的14年，在这14年里为他终生从事的学术研究打下了基础。他的第一项成就是编写了《俄汉词典》：比丘林不仅学会了汉语，还学会了许多方言。他的《俄汉词典》重编了四次，成为俄国汉学家的标准工具书。后来他还写了许多文章和书籍。

比丘林在教会里以“风信子教父”（俄语为“亚金甫”）之名著称。他显然喜爱“驴耳朵”，因为他是一个热爱一切感官享受的人。由于卖掉教堂的银器换酒喝，还在教堂里金屋藏娇，他变得臭名远扬，满清的理藩院和莫斯科的东正教事务管理总局都谴责了他的行为。不过，他是一位杰出的学者，在他的领导下，传教士团为俄国的汉学作出了巨大贡献，树立了典范。

北京的俄国人知道比丘林对宗教兴趣不大，便于1821年要求将他撤换。最后举行了听证会，现保存在俄罗斯档案馆的听证会记录抄本，就记载了他的品行不端以及他自己对此的忏悔。最终，一个叫做季姆科夫斯基（Igor Timkovski）的人奉命前来把他押解回圣彼得堡。本书收录了季姆科夫斯基绘制的旅行地图；他还写过非常出色的游记。

出于对比丘林的同情，季姆科夫斯基设法确保比丘林带着他的研究材料一起回到俄国，驮运这些文件用了15峰骆驼。它们与这位被放逐的修士一起来到了位于圣彼得堡北部拉多加湖畔的瓦拉姆修道院，在那里比丘林度过了四年时光。他在修道院古老的木屋里工作，在那里欣赏壮丽的北国风光。在寒冷潮湿的住所里，他的健康迅速恶化，所幸季姆科夫斯基和另一个朋友许林格男爵（Baron Schilling von Canstadt）[310]设法在外交部的亚洲司为他谋得了译员的职位。从与世隔绝的修道院获释后，比丘林在圣彼得堡继续他的研究，还与包括普希金在内的朋友们密切交往。1828年，他成为了俄国科学院的一名通讯院士，1831年被选为巴黎亚洲协会的会员。从1828年到1830年，他出版和发表了六本著作和许多文章，主题广泛，涉及准噶尔汗国及蒙古的历史等。作为外国人，他对中国各朝代历史的了解在当时是史无前例的——值得一提的是，当时的中国文献用的是古文。终其一生，他一直被认为是欧洲首屈一指的汉学家。

有两年时间，比丘林住在文明程度很高的恰克图前哨里，在那里成了一批被放逐的“十二月党人”和富有的茶商的好朋友。正是这些人让这个西伯利亚贸易中心生机盎然。比丘林在那里办了一所汉语学校。“十二月党人”别斯图热夫（Nikolai Bestuzhev）给他画了幅肖像，至今原作仍悬挂在恰克图博物馆里。1846年，俄国科学院邀请他编写一部三卷本的《古代中亚各民族历史资料集》（*History of Peoples Who Inhabited Middle Asia in Ancient Times*），书于1848年完成，并于1851年出版。经历了瓦拉姆修道院的岁月后，比丘林的健康一直没有恢复。他在圣彼得堡的亚历山大·聂夫斯基修道院（Alexander Nevsky Lavra[311]）的住所也对他的健康不利。比丘林于1853年5月辞世，葬于该修道院的墓地。他的墓志铭用的是中文。

比丘林在北京发生的问题并不全是他一人所为。那些年代，教会忽略了对这个远方机构的责任，只有少许资助，食物不足，酒就更说不上了。但是，传教士团的学术研究成果却源源不断。第十届传教士团里包括修士司祭西维洛夫（Daniil Sivilov），喀山大学于1837年为他设立了第一个汉语教授席位。俄国最重要的汉学家之一瓦西里耶夫（王西里，V.P. Vasiliev）就是西维洛夫的学生。从1850年开始，传教士的任期被缩短了，从十年变为五年，以便使更多的俄国学生能够来到北京获得亲身体验。其中最著名的是载入史册的修士大司祭巴拉第（Palladius Kafarov）。

巴拉第的姓是卡法罗夫。作为第十二届传教士团的领班，巴拉第在一个俄中事务的关键时期为俄国政府收集情报。1860年《北京条约》签订时，他在谈判中扮演了关键的幕后角色，帮助俄国获得丰厚的经济利益。然而，他的名望主要来自对《蒙古秘史》（*Secret History of the Mongols*）一书的修订。该书是一部在亚洲中世纪史上具有重大意义的历史和文学杰作。[312]

几个世纪以来，北京和南方的茶盐贸易之都扬州一直是木版印刷的两大中心。除了印制中文文献之外，北京还印制并出版了维吾尔语和古蒙古语书籍。北京的木版印刷厂在城北部的喇嘛寺雍和宫附近，20世纪20年代时仍在印制古老的蒙古文佛经，以供虔诚的信徒们购买。[313]

19世纪60年代，博学的俄国东正教教士巴拉第逛这些书局和旧书店时，发现了一份在北京的档案馆里保存了数百年的文件。这个文件记载了13世纪初期蒙古帝国初创时的故事[314]，其完成年代远远早于波斯历史学家书写的蒙古历史，后来它成为现存唯一一份蒙古人所写的、关于他们的帝国崛起的书面资料。

巴拉第看到的是中文版本。他购买了中文原稿，开始将它翻译成俄语。1866年他发表了译稿，收入《俄罗斯驻北京布道团成员著作集》中。他称这本书为《蒙古关于成吉思汗的古老传说》。经许多学者进一步抄录和翻译，该书后来以《蒙古秘史》闻名于世。

《蒙古秘史》的原文应该是在1228年到1240年间完成的。[315]几乎可以肯定，它是用维吾尔体蒙古文写成的，那是一种起源于亚拉姆语的粟特语变种。值得注意的是，蒙古人在历史上使用过大约十种文字。《蒙古秘史》一书写于成吉思汗死后不久，记叙了有关成吉思氏族的历史。当时政治影响到文学，作品被写得如同一篇政治檄文，将氏族内部一部分挑战另一部分并取得汗位的行为合法化。

1369年，蒙古人统治的元朝在中国结束了，接下来神经紧张的明朝廷重建了中国的本土规则。明朝设立了两个各自独立的机构以处理边境沟通事务，一个是“会同馆”，掌管通译事务；一个是“四夷馆”，负责往来文书的翻译。[316]这两个馆不仅是政府机构，还是培训官员们学习政治和外交交流技巧的学校。14世纪末叶，最容易找到的对他们有用的课本是《蒙古秘史》。其蒙古文本由明朝的会同馆按音节以蒙古语的汉字译音抄录。不懂蒙古语的中国人能够读出这些字，说出大略的蒙古语。下一步是教授生徒每个词的含义。《蒙古秘史》的原作不分章节和段落，那是中国人为了教学的目的加进去的。在明朝的抄本中，所有15章都被进一步划分成了段落，在各段结尾还添加了中文的简略释义。

明朝永乐年间（1403—1425），所有这些翻成中文的段落被整理为一卷中文文献，收入《永乐大典》。这一不朽的编纂工程从1403年开始，到1408年结束。然而，《蒙古秘史》的中文译本独立成卷，它只是修士大司祭巴拉第在北京首先发现的文件当中的一部分。

这浓缩的翻译并不总是完整、准确的。1872年，巴拉第将《蒙古秘史》的中文译本翻译成俄文并出版六年之后，他又设法获得由原始的蒙古版本的汉字音译本。卖主是一位中国学者韩泰华，他于1847年获得本书，“来源不详”[317]。所谓“来源不详”，其隐含的意思是，他是从宫里的官员手中买下的。虽然来源不明，但书却是可信的。巴拉第集中精力，将这本用汉字语音记录的蒙古语原版书翻译成俄语。

当时巴拉第年事已高，无法完成任务。1878年，他回到欧洲，死于马赛。[318]其他人继续完成他的工作。翻译《蒙古秘史》的过程有时像是一个学术侦探故事，要借助《永乐大典》（传说明朝永乐皇帝的母亲是蒙古人）和16世纪的文献《黄金史纲》（*Altan Tobchi*）迂回前行，重新逐字逐句整理出《蒙古秘史》的大部分文本。

今天，《蒙古秘史》这一学术传奇还在继续。每个章节、每个词，都可能引起争论；甚至有蒙古人半开玩笑地说，整部作品就是个骗局。他们说“它是俄国人发明出来的”，因为在它发现之初，绝大多数研究它的学者都是俄国人。[319]这是对俄国人的间接称赞。

中俄间的商路需要俄国在北京设立一个间谍机构，作为它的副产品，《蒙古秘史》被重新发现，引起了全世界的瞩目。这个间谍机构的特别之处和它独立的本质促进了探索的精神。中国人早就知道原稿的存在，这并不是一件隐藏、丢失的珍宝。然而，它一直是一段未得彰显的历史，茶叶之路使它重见光明。

本书的最后一章是茶叶之路故事的结尾，同时，它本身也是一个传说。比丘林和巴拉第的例子很有教育意义：两个人均对观察的新方法和为其他人所忽略的认知方式持开放态度。历史并不能整齐地划分成大学里的各个学科。政治历史与简单的人的沟通紧密相联，这正是比丘林和巴拉第开始搜寻过去的样本的起点。同时，这也是我们认识今后的道路的一个良好开端。在这里，请允许我重申一次："本书从1000年前开始叙述，当时，中国的人口是1亿左右，茶叶的贸易蒸蒸日上。如今，第三个千年刚刚开始，中国的人口是13亿，它和欧洲俄罗斯之间的茶叶之路所经过的地区在政治上四分五裂，人口稀疏。历史上，茶叶贸易曾经起到巨大的经济桥梁作用。这里，我请读者和我一起思考茶叶之路的未来。"

注　释

[1] 米尼雅耶夫博士（Sergei Miniyaev）是圣彼得堡科学院历史研究所的考古学家，他的实地考察对象主要是恰克图附近的布里亚特人。捷鲁日涅夫斯卡娅博士（Galina Dluznevskaya）也是一位考古学家，圣彼得堡档案馆馆长。作者向两位学者致以深深的敬意。

[2] 在挖掘墓穴以前，有时要用鹿角在地上画一个长方形，把墓穴位置圈出来。这意味着这块地方不是人划出的，而是与自然有直接关联的东西划出的。然后要把一块砖茶放在划出的空地中央。墓穴挖好以后，茶砖要垫在死者的头下。资料来源：策仁那德米德（Borjigin Gavj Jigjidiin Tserennadmid，乌兰巴托）及潮各（Shagdarsurengiin Tsog，乌兰巴托）。感谢我在蒙古期间潮各给予的帮助。

[3] 本书美国版将由华盛顿大学出版社出版。

[4] 一些俄国历史学家认为，茶叶之路与贩运毛皮的古道是一致的。在本书中，茶叶之路只是在1689年后才被官方承认为国家之间的商路。作为一个连接欧亚大陆两端的商业通道的概念和象征，它也涵盖了贩运其他商品的古道。

[5] 突厥诸族，包括哈萨克和达尔哈特，均以东方为面朝的方向。蒙古人的门则朝南开。

[6] “部落”这一术语是在较宽泛的意义上使用的，更准确的表述应是族群。成吉思汗在13世纪摧毁了草原部落结构，再次采用了古代军事管理体制，以利于征战。

[7] 东欧的突厥和蒙古民族比13世纪到达的蒙古人早来了数百年。一个适用的例子是保加利亚人，他们原本是一个草原骑兵部落，操一种楚瓦什突厥语。保加利亚人于681年从南乌克兰的居住地侵入黑海地区的多瑙河河口附近。

[8] 例如，青铜技术于公元前30世纪末叶传向东方；战车于公元前2000年传向东方，于公元前13世纪出现在中国；鹫头飞狮之类的艺术主题在公元前5世纪从中东传到南西伯利亚，等等。

[9] 萨尔温江、湄公河和长江在西藏叫做那曲、扎曲和巴日曲。

[10] Koko Nor，18世纪早期的竖体蒙古文写作köke naguur。Naguur简化为na’uur，后又简化为nuur，意思是湖。现在的读音是Höh nuur。用k代替h是西部蒙古语的习惯，今天在西部省份科布多的扎哈沁人中就可以听到。该名称的满语形式koko-nor是欧洲人为该地区绘制地图所采用的标准形式。其藏语名称mtsho-sngon不很知名。在西藏东北部安多的方言中，mtsho的意思是大面积的水，sngon的意思是蓝色或青色。

[11] 青海湖是伟大的佛教改革者宗喀巴的故乡。

[12] 包括罗克（Joseph Rock）、金顿－沃德（Frank Kingdon-Ward）等。

[13] 资料来源：东北师范大学生物系赵玉堂教授（长春）。感谢盖茨（Catherine Long

Gates）在《朗的鸢尾花园》（*Long's Iris Gardens*）中的介绍。

[14] 中国东部沿海地区的茶叶栽培至少可以追溯到公元500年。到了7世纪、8世纪的唐代，产于东部省份福建的茶叶因质量上佳而备受青睐，但大批量生产到10世纪才开始。东部沿海的茶叶生产于朝廷组织人力在武夷山区开办茶园之际开始了第一次大发展。这种武夷茶在宋代（960—1279）被选为贡茶：这种贡品是进贡给北方非汉族部落的。见庄国土，载包乐史（Blusse）《论18世纪》（*On the Eighteenth Century*），194页。

[15] 蒙古包在蒙古语中拼为ger。

[16] 资料来源：阿勒泰国家公园主任阿台（Atai，蒙古巴彦乌勒吉）。

[17] 西班牙北部的巴斯克人也做奶茶，称为卡尔梅克茶（Kalmyk Shai）。Shai是他们表示茶的单词。资料来源：卡拉·捷尔吉。

[18] 欧洲人贩运茶叶的最早记录之一可追溯至1607年，当时一艘荷兰船只把茶叶从澳门运到爪哇的荷兰人定居点。

[19] 闽南方言包括东南沿海的福建南部地区的方言，以及台湾话和潮州话（通行于汕头地区）。资料来源：威廉·马尔沙克和艾薇·马尔沙克（William & Ivy Marshak）。讲潮州话的汕头人以其在商业上的精明著称，他们在泰国的生意取得了成功。与他们相邻的客家人和他们在生意上有联系，同样在印度尼西亚、马来西亚和新加坡获得成功。

[20] 茶于1559年首次在西方文学中被提及。在威尼斯商人拉莫修（Giambattista Ramusio）所著《航海记》（*Navigatione et Viaggi*）一书中，作者写道，他从一位去过中国的波斯商人那里听说过茶。庄国土，212页。

[21] 作者感谢约翰·克鲁格（John Krueger）提供了这个说明茶的早期发音的例子。更重要的是，我深深感谢约翰允许我在几年的时间里使用他的广博的私人藏书，也感谢他在书中悄悄地为我预先夹进的小纸条。

[22] 在cha后加一个i也许是源自蒙古语，不过语言学家对此存有争议。

[23] 庄国土，194页。

[24] 资料来源：北京大学考古系秦大树教授。

[25] 庄国土，194页。

[26] 这是十八九世纪茶叶之路兴盛时期在蒙古境内做生意的最大的单个经济实体。

[27] 这与著名的佛教朝圣者三藏（玄奘）法师的“西天取经”有关。Tripitaka是他的法号，意思是佛家智慧的三座宝藏。pitaka是梵文，本意是篮子。汉语称tripitaka为三藏。在蒙古语中三藏被称作唐苏克喇嘛（Tangsuk lama），意为“绝妙的喇嘛”。三藏于629年被唐朝皇帝派往印度，其使命不仅是求取佛经和佛教圣物，还要得到制糖的配方。从甘蔗中提炼糖在当时属于秘密；甘蔗在中国种植，但是更有效、更经济的加工方法却在印度。宗教使团的出行常常伴随着贸易动机。三藏于645年从印度归来，不仅带回了佛经，还带回了糖加工技术。

[28] 根据中国古代资料，突厥（türk）一词的意思是头盔，这已为罗纳－塔斯（Rona-Tas）和其他学者所确认。现代学界把突厥人的起源确定在阿尔泰山南部。关于突厥人不稳定政体的复杂性的讨论，请参阅戈尔登（Golden）《前成吉思汗时代欧亚大陆突厥民

族特点和国家的形成》（2001年）。

[29] 突厥人的种族形成是“一个棘手的问题”。（见戈尔登2001年3月在印第安纳州布鲁明顿的演讲。）草原政治结构的易变性和游牧部落的极端流动性塑造了在政治意义上可称作突厥人的民族的复合型特性：突厥国家是多民族、多语言的。从种族意义上讲，契丹人不是突厥族。参阅戈尔登，2001。

[30] 契丹人是国际商人这一点，已有发现于契丹墓中的波罗的海琥珀为佐证。

[31] 这些协议不仅见于《辽史》，亦见于《宋史》。

[32] 两（tael），即中国盎司。Tael一词有马来混杂语语源。

[33] 于尔（Yule）、科迪埃（Cordier）译本，《马可·波罗游记》第二卷，185—186页。

[34] 于尔、科迪埃译本，《马可·波罗游记》第二卷，201页。

[35] 法门寺位于陕西省扶风县，寺内的文物中有一些与饮茶有关。另一组金银茶具1991年发掘于河南伊川齐国太夫人墓，共21件，和法门寺中的茶具相似：银架子、烘茶用的焙笼和茶槌、茶碾、银壶，以及装茶点的茶盘，等等。

[36] Zen是汉语“禅”的日语读音。该词源自梵语“禅那”（dhyana），意为“冥想”。

[37] 哈佛大学出版社，1941。

[38] 日本在遣唐使团的名义下继续与吴越进行贸易，且内容不仅限于茶叶。前往中国的最著名的僧侣之一是圆仁（794—864），他记有个人日记，后得以传世。现存最早的手稿是1297年的，藏于京都的一所寺院中。这本日记对于日本9世纪为国家贸易利益所作的中国之行提供了细节。圆仁受命随遣唐使藤原常嗣出使，失败了两次，到838年第三次航程方告成功。有四艘船到了中国，圆仁所在的船走了一个月才从九州岛到达扬州。扬州地处东部沿海地区，便于迎接来自九州岛的洋流，就此成为多数早期日本旅客的主要入境港口。

[39] 富庶的契丹人建立了辽国（907—1125），统治着中国北方部分地区。西夏在西部继起（1032—1227）。女真族在东北建立金国（1115—1234）。蒙古人的元朝统治了全中国（1260—1329）。北方游牧民族不仅把非汉族统治移向南方，还将草原经济和中原农耕经济相结合。汉族统治的中断期因明朝建立而告一段落。其后，非汉族统治因满洲人建立清朝而重新开始（1644—1911）。

[40] 称作“哈剌契丹”或“黑契丹”的中亚帝国。信仰佛教和聂思脱利教的黑契丹于1141年对撒马尔罕的胜利，为欧洲中世纪“祭司王约翰”王国的传奇提供了素材。黑契丹于1124年—1309年统治巴尔喀什，后来其残余力量——包括贵族和臣民——迁往更西的地方，且继续成为准噶尔同盟的一员。

[41] 鞑靼（Tatar）一词源自13世纪进入中、东欧的一支蒙古部落。鞑靼泛指突厥人和蒙古人，后又改称Tartars，因其读音容易使人联想到“地狱”（Tartarus）。

[42] 现代学界把突厥族的发源地定在阿尔泰山南部（戈尔登），中国文献也将其与来源不明的匈奴相联系。742年突厥帝国衰亡后，该民族名称在文化和政治的双重意义上使用：大约20个部落组成了突厥联盟。戈尔登，2001。

[43] 更确切地说，这个单词来源于一个突厥－蒙古词，现在蒙古语中的读音是*hodag*。突厥－蒙古语语源表明该词为突厥语和蒙古语共同使用。胡同中一般有井，井水来自地下含水层，供北京人饮用。

[44] 以前称燕京。最初的燕国都城，根据燕国墓葬被确定在北京琉璃河，年代为公元前900年左右。燕是周的封国，周于公元前17世纪凭借自草原传入的战车技术打败了商。对燕国墓的考古发掘显示，该墓分为四部分，可能代表了不同的族群或类别。林嘉琳（Linduff），37页。

[45] 卡瓦利－斯福扎，2000，76页，172页。

[46] 朱活，《古钱新典》，1991年5月，三秦出版社。

[47] 夏家店文化以北京以北的燕山山脉为中心。丹则，《内蒙古金融研究》，1998年第2期，72页。

[48] 乌龟较平的腹甲供祭神用，弧形的背甲则代表钱币。

[49] 赵新昌，《内蒙古金融研究》，1998年第2期，94页。“龟背”在历史上亦被称为“龟甲钱”、“龟宝”和“龟币”。

[50] 李学勤，1985，387—390页，引自林嘉琳。

[51] 乔小金，《内蒙古金融研究：钱币专刊》，1993年第2期，17—18页。

[52] 有证据表明，欧亚两洲存在着长达2000年的海路贸易联系，罗马钱币为其流通货币。最近在山西北部的大同郊外发现了大量罗马金币，这是拓跋氏与罗马之间贸易联系的佐证。资料来源：山西省出版局崔远河。

[53] 据说是在1227年8月18日。蒙古文献对成吉思汗的丧葬记载不明确，只是说他葬于阿尔泰山和杭爱山之间某地。当代内蒙古学者确信成吉思汗死于鄂尔多斯地区。古代蒙古人在鄂尔多斯的伊金霍洛旗（ejen horoo）修建了一座圣陵。(伊金是内蒙古方言；在喀尔喀蒙古语中该旗叫伊钦霍洛。)“伊钦”（ezen）意为“主人”，“霍洛”（horoo）意为“围场”，因此这个词的意思是“主人的围场”。这个遗址不是墓葬，而是用来祭拜的地方，被认为属于成吉思汗的遗物被存放在那里，比如马鞍。遗址本身和大部分现存遗物是新建新制的，因为原物已被毁掉了。伊金霍洛位于内蒙古东胜县西南方向，乘吉普车数小时路程。

[54] 最后一幕是由宋朝末代皇帝七岁的弟弟演完的。作为死心塌地忠于宋室的人的工具，这位仓促登极的小皇帝及其拥戴者被蒙古军队赶至香港附近的海滨，拥戴者们纷纷登船，以求绝处逃脱。据说一位令人尊敬的老臣背着小皇帝跳进了大海。自杀举动发生在1270年。正统的宋朝皇帝在蒙古人的控制下度过余生。牟复礼，465页。

[55] 科迪埃，9页。

[56] 《马可・波罗游记》，275—276页。

[57] 另一位有影响力的外国能人是尼泊尔工匠阿尼科（Aniko）。1260年西藏喇嘛八思巴奉命在安多建造一座鎏金佛塔，该地位于藏区北部（今天叫做青海）。这项工程交给了80位尼泊尔工人，其中包括阿尼科。八思巴见识了阿尼科的才能后，带着他去北京见忽必烈，忽必烈很快让他负责管理全帝国所有的金工工人。譬如，阿尼科负责制造青铜天文仪器，这些仪器的复制品今天可以在北京建国门外看到，是按1279年的原件制作

的。阿尼科的影响在中国佛雕传统的发展上亦可见到。

[58] 1262年，他被任命为中书令，但是也许此前他在税收和金融政策方面已有影响。罗萨比（Rossabi），《剑桥中国史》，第6卷，474页。

[59] 罗依果（de Rachewiltz），《蒙元早期汗庭的著名人物》（*In the Service of the Khan*）。阿合马1282年4月10日被杀。

[60] 《马可・波罗游记》，275—276页。

[61] Ortaq（斡脱）一词是古突厥语，本义是“伙伴”或“朋友”。（参考来源：卡拉・捷尔吉。）欲研究斡脱，参阅奥森（Thomas Allsen），《蒙古王公和他们的商业伙伴，1200—1260》（“Mongolian Princes and Their Merchant Partners, 1200–1260”），载*Asia Major*，第3辑，2:2（1989），83—126页；以及恩迪科特–韦斯特（Elizabeth Endicott-West），《元代中国的商人行会：斡脱》（“Merchant Associations in Yuan China: The Orto”），载*Asia Major*，第3辑，2:2（1989），127—154页。蒙古语中与此相对等的词是ortoq。

[62] 北宋的纸币叫“交子”，由国家发行。南宋的纸币叫“会子”和“关子”。金国的纸币叫“交钞”。

[63] 从1260到1267年发行的纸币叫做“中统交钞”和“中统元宝钞”。吴建军，《内蒙古金融研究》，1993年第2期，29页。

[64] 于尔、科迪埃，424 页。

[65] 这一时期的纸币叫做“至元钞”或“至元宝钞”。至元是忽必烈的年号。

[66] 据马可・波罗记述，他亲自看到人们使用纸币，视同黄金。所有官员和普通百姓都毫不迟疑地接受纸币作为支付手段。“……一个人不论走到大汗统治的任何地方，都能找到这样的纸币，并能够通过它们进行一切买卖，就如同它们是纯金币一样。”于尔、科迪埃，424 页。

[67] 《内蒙古金融研究》，《元代银锭钱史》副刊（1998），李逸友，3—10页。

[68] 这块墓地是元代城市居民的殡葬地点，它位于锡林郭勒盟多伦县的砧子山脚下，元上都遗址东南约七公里处。李逸友，《元上都城砧子山墓地出土的钱币》，载《内蒙古金融研究》，1993年第3期，6—11页。

[69] 马丁内斯（Martinez），在哥伦比亚大学的博士论文。马丁内斯考察了铸币产量及其波动，并把这些因素和各种贸易及社会政治因素联系起来。

[70] 这些地区包括Ih Hüree（今乌兰巴托）、Yalguusan Gegenii Hüree、Daichin Wangiin Hüree、Nomuu Han Hüree、Lamiin Gegenii Hüree、Hutagt Lamiin Hiid、Tüsheet Chinwangiin Hoshuu、Gobi Sangiin Dalain Hiid以及Ih Dzagiin Hiid。彭潮各（A. Puntsog）和巴特赛汗（Ts. Batsaikhan），*Mongoliin Möngön Temdegt*，乌兰巴托，1998。

[71] 在蒙古语中读dugui bulant。

[72] 目前的用法稍有不同：绿茶指来自格鲁吉亚的茶，被称作dugui bulant或“圆角茶”，因为格鲁吉亚茶砖的角稍圆。

[73] 其他的茶单位包括khombom（“马蹄茶”）。马蹄茶是饮用的，而tovhon（“方茶”）主要是用作祭品和用于宗教仪式。不同的形状有不同的用途，且使用不同质量的

茶叶。

[74] 彭潮各和巴特赛汗，*Mongoliin Möngön Temdegt*。

[75] 策仁道尔吉（G. Tserendorj），*Niisel Hüree ni Mongol Hudaldaani Toim*，蒙古人民共和国科学院历史研究丛书，第2辑，乌兰巴托，1961，珀理（H. Perlee）编。

[76] 卢布自19世纪后半叶起在蒙古北部使用。季雅各（Gilmour）于1883年指出："在俄国市场上，纯粹的支付行为是最简单的事情，而铜钱和纸币的优势是显而易见的，以至于俄国卢布和戈比在蒙古迅速被接受，即使是在距边境很远的地方。"季雅各，369页。

[77] 马可·波罗把这个地方称作额济纳，因为它位于额济纳高勒河岸。西夏国都位于银川，在黄河河套西线河段上。西夏国都的废墟今天在现代化的市区之外还能见到。

[78] 喀尔喀蒙古语对khara khot的拼写是harhot。这座城市的许多文献要么被拿走或散失，要么被科兹洛夫留在了沙漠下面的秘密埋藏点里。传说科兹洛夫归国途中返回这里时，找不到这些埋藏点了。很多西夏文献也许仍掩埋在黄沙中，等待被重新发现。

[79] 科兹洛夫于1924年在诺云乌拉挖掘了匈奴酋长的墓地后，违背科学精神，劫掠了墓中大部分的财宝，并为掠到的文物开列了一张概略的清单：五件青铜器、一小块玉、一只漆碗，等等。清单中还列有"五箱人骨"。没人知道这些骨骸今天在哪里。今天的DNA分析使得基因的辨别更为精确，所以这些仅存的匈奴贵族的骨骸将十分珍贵。一些蒙古人认为他们是匈奴人的直系后裔，也许这样会大大增加他们国家的历史正统性。

[80] 参阅龙文秀关于1991—1992年挖掘该遗址的文章，《内蒙古金融研究》，1993年第2期。

[81] 上都自1263年起不再作为首都，但仍有人居住，直到1358年才被遗弃。发掘工作于1990年秋天在上都的居民殡葬墓地展开，该墓地位于锡林郭勒盟多伦县砧子山山脚，上都遗址东南七公里处。资料来源：李逸友，《内蒙古金融研究》1993年第3期，28页。

[82] 直到20世纪中叶，中文主要仍是竖写的。目前，中文主要是横写。

[83] 这一领域的工作正由蒙古科学院的策仁索多诺姆（Tserensodnom，乌兰巴托）和印第安纳大学的阿特伍德教授（Chris Atwood，布鲁明顿）主持进行。

[84] 鄂尔浑河的名字见于8世纪早期的突厥铭文，但很有可能这个名字先于突厥人存在。它所流经的肥沃河谷数千年来是半游牧部落居民生活的中心地带。旧石器时代晚期和新石器时代早期的遗迹存在于鄂尔浑河两岸——作者注意到了河边高高的台地上大量旧石器时代晚期的石制工具。公元10世纪晚期，这条河谷是一系列游牧帝国的中心。

[85] 例如，780年至829年之间，中国每年必须从回鹘买1万匹马。伊斯兰教尚未渗透到洛阳地区——洛阳是处于北方草原地区和南方中原农耕地区之间的重要的贸易中心。粟特商人集中于这一地区。他们中间很多人是摩尼教徒，一些是景教徒，一些是佛教徒。他们在贸易上极为成功；他们在经济上的影响力和他们的宗教在使回鹘人皈依摩尼教方面起到了同样重要的作用。由于这种皈依和牵扯其中的商业利益，粟特/维吾尔字体开始为蒙古的突厥精英们所使用。

[86] 参阅李普曼（Jonathan Lipman），《熟悉的陌生人：中国西北穆斯林史》（*Familiar Strangers: A History of Muslims in Northwest China*），华盛顿大学出版社。

[87] 藏族人从遗传角度来看属于蒙古血统。一些从北部草原来的畜牧部落于公元前3世纪南迁到西藏。卡瓦利－斯福扎，146 页。

[88] 窝阔台的驿马邮政制度始于1234年（资料来源：比拉[Bira]，133页），当时这一制度在蒙古心脏地带确立，然后推广到帝国其他部分。

[89] 拓跋氏是一个蒙古语族的、信仰非汉传佛教的民族，于北魏（386—538）时期统治中国北方。拓跋（Toba）是中古汉语中一个蛮族词汇的音变的现代汉语读音：Tobgach一词始见于8世纪早期的如尼文碑刻。丹麦语言学家威廉·汤姆森于19世纪末（1892—1896）第一个解译了这一语言系统。拓跋氏使用的交流系统造就了一个拥有巨大商业规模和艺术财富的王国。山西北部大同云冈石窟中的佛教雕像就是拓跋氏部落统治中国北方时的杰作，尽管这些佛像不是按汉族风格和传统创作出来的，但它们在很多收藏它们的西方博物馆里被称作“中国的”。沿着给东亚带来佛教的“驿路”进行的贸易为佛像创作提供了资金。

[90] 此词一个较早的形式包含后来丢掉的词首辅音p：pürtük。资料来源：卡拉·捷尔吉。

[91] 喀尔喀（Khalkha）、和喀喇沁（Kharchin）是蒙古的族群名称；科布多（Khovd，Hovd）是漠西蒙古一座城市，茶叶之路上的一个主要贸易中心。在蒙古居主导地位的是喀尔喀族，Khalkha的意思是“盾”或“保护”，作为族名系指蒙古中部居统治地位的主要蒙古族群。

[92] 现存长城的大部分建于明朝。张家口的一段长城要早得多，也许建于赵国赵武灵王（公元前325—前299在位）时期，早于中国统一的时间。见沃尔德伦（Waldron），18页。

[93] 其中一些于20 世纪早期发现于哈拉浩特，表明“蒙古”学者（蒙古人、突厥人和维吾尔人）对西藏和印度哲学和宗教所作贡献的程度。其后16世纪的佛经翻译不是由维吾尔学者，而主要是由藏族学者完成的。印第安纳大学阿特伍德，蒙古科学院策仁索多诺姆（乌兰巴托）。

[94] 正式册封是从三世达赖喇嘛开始的。开始两世达赖喇嘛是死后追封的，以使世系连续。

[95] 参阅埃尔维斯克格（Carl Johan Elverskog），《佛教、历史与权力：〈宝澄经〉与蒙古特性的形成》（*Buddhism, History & Power: The Jewel Translucent Sutra and the Formation of Mogol Identity*），博士学位论文，印第安纳大学，2000年。这篇论文源于一篇17世纪初（也许是1607年）的价植极高的古代作品真迹的重新发现。

[96] 最后的d（现在为t）使得Oirat这个单词成为复数。许多学者现在用d，如Oirad、Buryad、Torgud等。

[97] 在蒙古语中，卫拉特（Oirat，又称斡亦剌惕、瓦剌）的一部被称作Ögeled，g只是起到帮助拼写的作用——最开始是Øøld。在17世纪的噶尔丹时代，这一称谓被用来称呼整个联盟。法国汉学家伯希和（Paul Pelliot）把这一部落称为厄鲁特（Eleuth）。这个词在20世纪成为欧洲学术界对卫拉特或漠西蒙古的称谓。

[98] 史密斯（Paul Smith），《税收天堂的仓库》（*Taxing Heaven's Storehouse*）。

[99] “文学硕士参考书目”，第2卷。

[100] 或1578年，取决于阴历的校准方法。

[101] 格鲁派一般被称作黄帽宗，以达赖为领袖。这个派别的僧人不戴西藏其他教派的红色僧帽，而戴黄色帽子，故称。

[102] 这个名字在喀尔喀蒙古语中叫Sodnomjamts。

[103] 第四世达赖喇嘛云登嘉措（1589—1617）被遣往西藏受教育，在当地寺院之间的内部纷争中被俘。他于25岁死去，后由五世达赖喇嘛阿旺罗桑嘉措继任。

[104] 一部关于俺答汗及其皈依佛教的史书于1607年写成。它是除《蒙古秘史》（1228—1340）以外现存最古老的蒙古史书。原稿是麻纸。该作品的书名被译为《宝澄经》（*Jewel Translucent Sutra*）。参阅埃尔维斯克格的博士论文，印第安纳大学，2000年。

[105] 牟复礼（Mote），668页。

[106] 王公的称号是“土谢图汗盟戈壁勿干凡安南奥其尔”。这个故事是迪鲁夫·呼图克图（Diluv Khutugtu）讲述的。迪鲁夫，77—78页。

[107] 这里不包括通过呼和浩特贩卖的大盛魁茶。参阅蔡鸿生，《“商队茶”考释》，《历史研究》，1982年第6期，120—121页。

[108] 季雅各，164—165页。

[109] 中国的儒家体系强调诵读经典，强调农与士的优越地位，强调以应试为手段提高社会地位的必要性。这实际上掩盖了现实，现实情况是大不相同的。历朝历代的皇帝每年春天都在祭祀仪式上扶着犁象征性地耕地，借此表明农民是优越的。与皇帝们所推崇的不同，农民在中国是最不令人向往的职业。宋朝经济不是靠农业，而是靠贸易来推动的。依明朝法律，商人不得穿绸、乘轿，不得立墓碑。直到明朝晚期的1600年左右，最后一条禁令才废止。从此商人和学者实际上成了同一个阶层。学者以求学和应试开始自己的奋斗，但很快转入贸易。据可靠估计，每一次殿试只有200至300人能够中进士——做官的第一道阶梯。1601年考中进士的人数为301名。在一个有着3亿人的国家里，只给300名学子进士功名，使得太多的人仕途无望。大多中国人由是明白他们真正的前途在于贸易。

[110] 长城在蒙语中叫做Tsgaan Herem，意为“白墙”；在突厥语中称为Ak kerman。单词herem和kerman源自同一词根。由这个词根产生了krem，此即俄语的kremlin（克里姆林）。

[111] 他们的名字是张杰和史大学。

[112] 康熙皇帝1661年登基，其年号康熙于1662年开始使用。他死于1722年，故实际上执政61年。在蒙古语中，他的称号为恩赫阿木古朗汗（Enkh Amgalan）。

[113] 罗兹（Rhoades），19页。

[114] 拉丁文名称为*populus tremula*。杨树也生长于戈壁，尽管在那里长得像灌木而不像树。

[115] 在现代喀尔喀蒙古语中拼作Dzungar。在喀尔喀蒙古语中，该词词首是dz而非简单直接的z。准噶尔汗国的主要居民卫拉特蒙古人读这个词，词首为z，因此在本书中，

这个词拼作Zungar。

[116] 准噶尔（左翼汗国）的历史将在第九章中叙述。这个蒙古汗国的疆域包括现在中国的新疆。科布多于1757年满清军队击败阿睦尔撒纳后成为清军的“前营”。

[117] 呼和浩特：该城位于一个古代定居点的遗址上，明朝时称归化城，俺答汗于1575年把他的政治中心设在那里。1739年，一座名叫绥远的新城市毗邻而建。1913年两城合称为归绥城。1937—1945年，这座复合城市为日军占领，更名为呼和浩特，1945年至1954年又更名为归绥城。从1954年至今，它在汉语中被称为呼和浩特，在蒙语中被称为Höhhot。城市的两部分被称作旧城、新城——归化城是旧城，绥远城是新城。参见《呼和浩特史志》，140页。

[118] 旅蒙商，80页。

[119] 清帝国的语言依其重要程度依次为：满语，蒙古语，藏语，最后是汉语。所有重要的官方文件都必须用满蒙汉语并列书写，藏语有时不在其列。

[120] 旅蒙商，80—81页。

[121] 这一名为胡硕的管理单位系统与八旗的分类是不同的。满洲八旗是领袖努尔哈赤于1615年组建的，他于16世纪90年代统一了满洲各部。八旗不仅包括最纯粹的满族人，也包括附近的通古斯人和蒙古人，他们于1644年清军入关后加入了满洲八旗。1635年，努尔哈赤的继任者为臣服于满洲人统治、住在满洲西部和蒙古东部的蒙古人组建了单独的蒙古八旗。1642年，汉人也被编入八旗。于是由清廷统帅的二十四旗包涵了复杂的民族组合。八旗制度的首要功能在于军事。

[122] 旅蒙商，77页。

[123] Shawi（口语形式）或shabi（书面形式）一词最初来自中古印度词shramana（“沙门”）。该词成了一个汉－维吾尔词的词源，然后进入蒙语中。梵语词根shra意为“听”，shrabaka意为“听从者”或“依附者”，起初指的是高级僧侣的侍从。后来这个词开始指代宗教信徒，在经济意义上指寺院奴隶。在此它指的是与蒙古宗教组织有宗教和经济联系的行政单位。卡拉·捷尔吉。

[124] 它是汉语“归顺”和“服从”的同义语。此城较早的名称是“丰州滩”。参考来源：《呼和浩特史志》，1999年。作者感谢呼和浩特市居民哈喇努德（Baljinnyam Haranud）提供本书。

[125] 俺答汗是重新把佛教定为国教的蒙古领袖。重新皈依佛教使蒙古文化获得重塑，其文化定位是凭借一个宗教从属关系的限定而实现的。

[126] 即1724年。

[127] 旅蒙商，44页。

[128] 这三个地点是湖北省蒲圻县（现赤壁市）的羊楼峒、湖北湖南交界处的羊楼司，以及湖南省临湘县的聂市。

[129] 作为一个关键的运输点，长江上的汉口自1860年第二次鸦片战争打开中国国门后成为一个开放的贸易口岸。本书第一章涉及的很多俄国照片是在汉口附近拍摄的，俄国人在那里开设了七座茶叶厂，以生产在茶叶之路上出售的砖茶。

[130] 旅蒙商，90页。

[131] 在茶叶之路创建后，纸是中俄贸易中一宗主要商品。英国人于19世纪初在俄国中部建立了造纸厂；到了19世纪中叶，纸张上会印上水印，凭借水印可以看出原产地，有时还可以看出生产日期。后来一种名为“压印”或“干压”的新的标识技术得到使用，它使纸张呈现出浮雕效果，这常在蒙古文献原稿上见到。这种纸中最常见的一种是由苏木沁家族的工厂制造的。卡拉·捷尔吉。

[132] 迪鲁夫，151页、212页。迪鲁夫·呼图克图于1931年从苏俄控制下的外蒙古骑马向南逃脱，取道敦德右旗进入内蒙古。他提到，从库伦（乌兰巴托）到内蒙古有20个驿站。

[133] 在汉语中，商行的总部叫做“总柜”或“总号”，流动商行叫做“房子”。旅蒙商，28、39页。

[134] 参看所附的帐篷照片。在中文中称为“帐”。因为不允许在蒙古搭建永久住宅，所以商贩们就住在这些帐篷里，不过一些人也使用覆有毛毡的蒙古包。

[135] 旅蒙商，39页。

[136] 旅蒙商，40页。

[137] 大营路从呼和浩特通往乌里雅苏台和科布多。旅蒙商，41、50页。

[138] 旅蒙商，90页。

[139] 本章在很大程度上使用了中国的蒙古族人20世纪60年代初在内蒙古所作的研究的成果。研究材料在60年代中期“文化大革命”开始前不久已准备出版，但由于其后长达十年的政治动乱，原稿没有出版。1984年12月，薄薄的一卷本终于付梓。“文革”后尚在世的原研究委员会的成员于1978、1981和1984年再次聚会，以修订、编辑和充实完善该出版物。其成果被中国人民政治协商会议内蒙古自治区委员会文史资料委员会出版，是“内蒙古文史资料”系列的第12种。

[140] 宓契（Michie），2页。

[141] 哈士纶（Haslund），《蒙古探秘》（*In Secret Mongolia*），34页。

[142] 宓契，128页。

[143] 这个词保留在内蒙古地名的汉语称谓中，还有左、右的称呼，右指西，左指东，观察者的位置是坐北朝南。至于高一级的行政区，内蒙古人用aimag一词，汉族人使用其译名“盟”。

[144] 蒙古科学院研究员、国际蒙古研究会秘书长比拉（Sh. Bira）教授1999和2000年提供的资料。比拉教授强调蒙古的积极角色，即蒙古在战略上联结中、俄两大强国而不是分隔它们。

[145] 《2000名沙毕》，迪鲁夫，110页。

[146] “你在这地方做什么？”一位蒙古朋友问作者。“在这儿拍一部电影。”

[147] 宓契，27页。

[148] 关于货币化：作为钱的含义使用的deng一词最初是个突厥词，在土耳其语中叫denga，在俄语中叫dengi。这是另一个贸易起到草原上文化交往的媒介作用的痕迹。

[149] 宓契，103页。

[150] 感谢卡拉·捷尔吉博士对词源的说明。

[151] 在蒙古其他地方，居民根据环境住帐篷、蒙古包、木屋等。

[152] 寺庙一般以呼图克图为中心。以早期贸易而论，额尔德尼召喇嘛庙是最大和最重要的。寺庙的修建始于1585年或1586年，用的是古代弃都哈拉和林的材料。单词Erdenedzuu源自erdene（珠宝）和dzuu（崇拜之物）。Dzuu有时指佛本身，有时指用来祈祷的塑像。

[153] “部”即aimag，该词今天在蒙古语中指省。Aimag是蒙古语，在满语中的对等词是aiman。17世纪，东蒙古出于行政需要分为37个旗。与内蒙古不同，这些行政单位名义上归在三位汗王统治之下。

[154] 作为农奴制的一种形式，拥有附属民劳动力这种做法也许由生活在南伏尔加地区的鞑靼民族（突厥人和蒙古人）于16世纪传给了俄罗斯人的新兴公国。农奴制作为一种制度16世纪才兴起，1861年废止；哥萨克人享有免于做农奴的特权。

[155] 从季姆科夫斯基的地图上可以看到，驿路实际上是穿越戈壁的最短路线。茶叶之路穿越有着喇嘛寺、栖身地和水源的群山，通向驿路的东段。

[156] Jin是借用到蒙古语中的一个汉语词。

[157] 这里关于骆驼和骆驼商队的信息大部分得自江巴道尔吉（Sumiya Jambaldorj）。作者对他表示深深的谢意。江巴道尔吉还是个年轻人时，就因为独立思考而被蒙古政府从乌兰巴托下放（nutg-zaax）到了戈壁。他拒绝对一本为青年人编纂的关于蒙古传统文化的百科全书的出版进行审查。Nutg-zaax一词在蒙古语中的意思是“指定将一个人派往某个地方”，它没有放逐（tsolox）严厉，可结果是一样的。在戈壁，江巴道尔吉和一个牧驼人家庭生活在一起，学习关于骆驼的知识。1998年他用蒙语写了一本关于放牧骆驼的书，以此为保存蒙古文化的精微之处作贡献。江巴道尔吉几年前在戈壁送给作者一只驼羔，它现在被一位牧驼行家饲养着。

[158] 在5月的戈壁，仅仅一个星期的行程中，作者便遭遇到了三次天昏地暗的暴风雪。早春的天气更遭，经常刮风。大部分牧民藏到小山谷里躲避大风。

[159] Örtöö较早的词形包括词首辅音p：pürtük。这是伯希和的推测，由李盖提（L. Ligeti）确认。转述自卡拉·捷尔吉。

[160] 在喀尔喀蒙古语中是另一种拼法：*baadz*。

[161] Argal是干牛粪，用作燃料。干骆驼粪（在蒙古语中叫做homool）在戈壁中也用作燃料。骆驼粪是圆形的，像大个儿的高尔夫球。

[162] 称呼医生的传统用词是maagamba（藏语），也可以用emch（突厥－蒙古语单词）。

[163] 拉丁文叫*Thymus L.*，《俄语、蒙古语、英语、德语、拉丁语植物学词典》，2000年于乌兰巴托出版，作者是蒙古国家大学江仁（Ts. Jamsran）和乌云策策格（B. Oyuntsetseg）。Ganga一词与印地语无关。

[164] 白刺（Harmag）：拉丁文叫做*Nitraria L.*，英文叫nitrebush。

[165] 另一种拼法是zag：拉丁文叫*Haloxylon ammodendron*，英文叫saxaul。

[166] 猪毛菜，拉丁文叫*Salsola L.*。

[167] Kulan，也拼作hulan。

[168] Takhi这个词在中国汉朝的原始资料中可以找到，故可以追溯到匈奴时代。这也许是我们今天所能知道的寥寥无几的匈奴词汇之一，因为“我们对匈奴语言的了解实际上是零”。（卡拉・捷尔吉。）参阅德福（G. Doerfer），《新波斯语中的突厥语和蒙古语成分》（*Turkeische u. Mongolische Elements im Neupersischen*）。

[169] Hangai（杭爱）是一个蒙语单词，指一种连绵起伏的山地地貌。蒙古中部的杭爱山脉海拔较高，造就了很多河流，包括鄂尔浑河，而且为动物所需的牧草提供了极好的生长地点。结果，杭爱山区成为寺庙聚集的地方。

[170] 作者在山区见到过制作精美的新石器时代早期石制工具，这表明这里从很古老的时候起就有人类居住。比这早得多的旧石器时代遗址查干洞（Tsagaan Agui）在西边更远的地方，但仍位于戈壁之内。

[171] 宓契，122页。

[172] Urga这个词源自喀尔喀蒙古语örgöö，意为“宫殿”。Kulun（库伦）源自蒙古语的küriyen或喀尔喀蒙古语的xüree (n)，意为“围场”。Ariin Ih Hüree意思是“后大围场”或“北方大围场”（寺庙）。到1911年为止库伦是这座城市的名称，后来市名变为Niislel Hüree，意为“首都围场”。直到1924年，这座城市一直被称作Niislel Hüree，那一年它成为乌兰巴托，意为“红色英雄”。

[173] 一条进入乌兰巴托的路经过山谷而来，现在山谷里有一座名叫嘎楚尔特的城镇。这个名称的意思是“有落叶松”（gachuur），说明土拉河畔曾有落叶松生长。

[174] 这条河俄语化的名称是Selba。

[175] 蒙古语叫Hönnö，汉语叫匈奴。东汉时期，匈奴取得多次胜利后，终为中国军队击败，最具决定意义的战役发生于公元前36年，在西伯利亚乌兰乌德南面的伊沃尔加。一些研究者确信，这次失败后，匈奴联盟的一部分向西迁移，经哈萨克斯坦和乌兹别克斯坦，一直到里海。他们在这里与其他民族群融合，也许最终形成了匈奴王阿提拉（约406—453）治下匈奴的一部分，其大本营在多瑙河和匈牙利境内的蒂萨河之间。匈牙利学者埃尔迪（Miklos Erdy）是提出远东匈奴和欧洲匈奴人在历史上一脉相承观点的人之一。俄国学者谢尔盖・米尼雅耶夫对此持异议，他指出，东方有匈奴存在的考古记录不连贯。

[176] 匈奴可能是从现在的中国北方起源的：在蒙古还没有发现早于公元前2世纪晚期的匈奴考古遗址，这表明匈奴可能是在上述时间以后来到蒙古的。肯特山脉在公元前1世纪之后为他们的活动提供了场所。资料来源：圣彼得堡科学院的考古学家米尼雅耶夫博士。

[177] 宓契，144页。

[178] 宓契，144页。

[179] 蒙古过去确有“定居点”和“要塞”：契丹人于十一二世纪在蒙古地区修建了约11个要塞，定居点则总是集中在有水源和燃料的地方，然而这些地方还不能称作城市。

[180] 这个名字的意思是“圣王之山”，纪念第八世哲布尊丹巴活佛。博格达汗是一个现代称号，只在1911—1919年这段时期使用，在此之前这位宗教领袖被称作博克多格根（Bogdo Gegen，圣光明）。1911年以前，Bogdo Khagan指满清皇帝，而Bogdo Gegen指

喀尔喀高级喇嘛——库伦呼图克图活佛。

[181] Tüshee意为“支持”。土谢图汗一词意为“受拥戴的王爷”。土谢图汗是被清廷允许行使可汗、而不是大汗（Khagan，王中之王）统治权的四位成吉思亲王之一。蒙古开始有三个部，后来，1725年，19个“胡硕”从土谢图汗部分离出来，形成了第四个部——赛音诺颜部。

[182] 卡拉·捷尔吉。

[183] 季雅各，134页：“中国人的买卖城值得一游。……几乎每一个院子都围以树枝筑成的高高的篱笆。院墙通常墁上泥，从街上可以看到建筑物里面擦得很亮的俄式茶具的黄铜色光泽。”

[184] 如今都已不存。从20世纪60年代开始，中国人经营的零售业在乌兰巴托城内名叫乌尔特·查干的地方重振旗鼓。乌尔特·查干位于甘丹寺所在小山的东麓，意为“长白”，原指有着国营小商店的矮楼。今天，它再次充满了中国产品。90年代中期，它尤以露天货币兑换市场闻名。有很多穿着皮衣的男男女女在零度以下的天气里几小时几小时地站着，手里握着成沓的钞票。

[185] 季雅各，137页。

[186] Nom在蒙古语中意思是“书”，转经筒内部就是写着佛经的书。拨动转经筒（或者说“读”这些书）给转经者带来功德，就像在敖包上放一块石头，目的是积德行善。

[187] 参阅鲍登（C. R. Bawden），《论哲布尊丹巴活佛》（*On the Jebtsun-damba Khutuktus*）。

[188] 波兹德涅耶夫，克鲁格译本，368页。

[189] 政教合一（双重权力）：在蒙古语中称为hoir-yos。

[190] 叩头（kowtow）作为单词在英语中第一次出现是1863年（《牛津英语词典》）。

[191] 迪鲁夫，92页，引述那旺南杰的话。

[192] 墨西哥鹰元在蒙古语中称作Meksik Dolar。见彭潮各和巴特赛汗，*Mongoliin Möngön Temdegt*，乌兰巴托，1998，27页。

[193] 直到1925年，人民党才正式使用人民革命党这一名称。成立于1921年8月25日的革命青年团更为彻底，从一开始就用革命一词。人民党有17名成员，乔巴山是领导人——他是以后几十年中为蒙古掌舵的“元帅”。迪鲁夫，185页。

[194] 沃登（Voaden），《蒙古航空工业与政治：1921—1947》（“Aviation and Politics in Mongolis: 1921–1947”），《蒙古百科全书》，第10卷，2000。

[195] 沃登，《蒙古航空工业与政治：1921—1947》，《蒙古百科全书》，第10卷，2000。

[196] 这位英雄的名字据说叫松堆（Sundui），是土谢图汗部的“右都尉”（Baruun Gun）。

[197] “摔倒在地”：迪鲁夫，119页。

[198] 在乌兰巴托国家档案馆，一位研究者把与他感兴趣的时代有关系的主题的编号交给管理员，管理员拿出一厚摞未装订的文献，研究者力图从中找出与所研究的问题相关

的资料。大多数文献是用古蒙古文或满文写的，没有索引。娜仁图娅（S. Narantuya）为了本书的写作，不辞辛劳地以这种方式工作了许多个小时，我对此深表感谢。20世纪90年代，娜仁图娅担任乌兰巴托国家图书馆蒙古语善本部的负责人，是少数几位熟悉古蒙古语和满语的人才之一。

[199] 满清皇帝鼓励佛教在蒙古人中间的传播。给蒙古人准备的佛经和教义各印了108卷和206卷：第一批木版印刷品于1650年出现在北京，接下来的一批于1665年印刷。康熙的蒙古族祖母是位虔诚的佛教徒，对于他支持佛教是有影响的。

[200] 汤若望，德国耶稣会士、科学家。

[201] 火炮在中国的使用比南怀仁来华的时间早，不过是他使火炮的生产达到了鼎盛。1630年1月，满洲军队攻近北京郊区，耶稣会士就已受命铸造火炮以保卫明朝的首都。参阅范克利（van Kley），《遭遇》（*Encounters*），34页。

[202] 史景迁（Jonathan Spence）。

[203] 史景迁。

[204] 比利时的南怀仁基金会由鲁汶天主教大学主办，可以在网上查到。樊国梁（Favier）的《北京》（Pekin，1900）中还有一幅国画风格的南怀仁肖像。

[205] 仅就卫拉特集团而言，它包括巴雅特、杜尔伯特、土尔扈特、扎哈沁、厄鲁特、明嘎特、和硕特、乌梁海。

[206] 冈田英弘，2页。

[207] 罗兹，23页。

[208] 斯塔利（Stary）是第一个写到皇太极的人。参阅他整理的绝妙的满洲文献。另参阅扬楚宁（Juha Janchunen），《满族史》（*Manchu, an Ethnic History*）。

[209] 冈田英弘，3页。

[210] 在蒙古语中有好几种表达“前”的方式。Öbör一词指胸前，也可以用在地理名称尤其是山名上，因为在蒙古，山被看成是有躯干、有前胸的。这一拟人化的词汇被用来称呼内蒙古，分界线是戈壁沙漠。

[211] 通常拼作khan，例如Chinggis Khan，但更精确的拼法是khagan。

[212] 关于地方统治，在满洲统治初期，蒙古地区各部的部主就是他们会盟的首领。后来会盟的首领开始从满清朝廷所偏爱的蒙古亲王中选择。地方的可汗实际上变成了统治他们各自盟旗的亲王。参见迪鲁夫，142页。

[213] 这个词在现代喀尔喀蒙古语中的读音是Boshigt，但是因为这个人不是喀尔喀蒙古人，上面拼法在本书没有使用。后缀tu意指拥有或拥有者。所以噶尔丹·博硕克图的含义是“噶尔丹，有委任权的人”。

[214] 在欧洲，“三十年战争”后于1648年签署的《威斯特伐里亚和约》，否定了西方基督教世界在教皇和神圣罗马帝国皇帝领导下合而为一的中世纪观念，代之以以条约和国际法为基础的平等主权国家的观念。有时这被视作西欧历史上民族国家的肇始。多伦诺尔会盟类似地标示了政治组织方面的变化，但与西方的情况殊为不同。

[215] 所谓“东土耳其斯坦”是西方的习惯叫法，即现在的新疆。“西土耳其斯坦”从伊犁向西延伸至里海，在19世纪亦称作“俄罗斯土耳其斯坦”。

[216] 译名“神恩可汗”来自克拉夫（Klaf），121页。

[217] 中间名丹津（Danzin）见诸噶尔丹于1691年写给沙皇、要求人员和供给的一封信里。这封信所盖大印上的名字是噶尔丹·丹津博硕克图。资料来源：克鲁格，《三份1691年卫拉特蒙古外交文件》（“Three Oirat-Mongolian Diplomatic Documents of 1691”），CAJ，第12期，286—295页。卡拉·捷尔吉对克鲁格的发现作了进一步研究，他确认大印上的中间名就是丹津。见卡拉·捷尔吉，《对1691年卫拉特文件解读的更正》（“Corrections to the Reading of the Oirat Documents of 1691”），载1974年桑日耶夫（G. D. Sanzheyev）七十寿辰纪念文集。

[218] 正如历史学家牟复礼教授所指出的，“他在历史上的影响可与那些伟大帝国的创建者等量齐观。”参考来源：牟复礼，871页。

[219] 关于噶尔丹的其他资料来源包括：兹拉特金（Zlatkin）的著作，海西希（Heissig）的《重新发现蒙古人》（*The Mongols Rediscovered*），布朗（Brown）翻译的《蒙古史》（*The History of Mongolia*），以及契察诺夫（Kichanov，科学院列宁格勒分院的负责人）利用中国资料撰写的一本关于噶尔丹的书，等等。在研究噶尔丹历史方面居领先地位的学者是乌兰巴托蒙古科学院历史研究所的朝洛蒙（S. Tsolmon）博士。

[220] 由于长期内部不和，一些漠北蒙古部族同时寻求俄国保护。

[221] “七湖”（Dolonnuur）中的“七”不是一种巧合。对蒙古东部的萨满教徒而言，七是一个神圣的数字。Doloon od是蒙古语对北斗七星的称呼，它被当作神来敬拜。对达斡尔人来说，它是比日月更为重要的最高存在。

[222] 多伦诺尔会盟期间，他住在蒙古中部的额尔德尼召，后于1693年将驻跸地迁至乌兰巴托。傅海波，473页。

[223] 霍达尔科夫斯基（Khodarkovsky），121页。

[224] 以前，世界的这个部分的人们是从民族或地方的意义上，而不是从国家的意义上来看待自己的。例如，罗布泊的维吾尔人自称罗布诺尔人（Lop Nur-lig）。Lig用来称呼住在周围的人或从一个特定地方来的人。哈萨克人称自己为哈萨克，吉尔吉斯人称自己为吉尔吉斯。新疆这一总的称呼是乾隆二十四年（1759年）后出现的。新疆1885年建省，那是在陕甘总督左宗棠收复新疆以后。满清帝国灭亡后，其全部领土并没有都归到中国，例如巴尔喀什湖周围地区，还有外蒙古——因为俄国人决定维持苏联在那里的影响力。蒋介石于1927年发动反共政变，恶化了与中国共产党的关系，并于1928年2月继续北伐。他的军队于1928年6月开进北京。由于这一点，苏联决定不把外蒙古归还中国；共产国际对此未形成决议。

[225] 珲台吉（皇太子）是一个来自汉语的称号。

[226] 和硕特部的首领固始汗（死于1656年）提供人员和武器，帮助五世达赖统一了西藏。资料来源：赫梅尔（Hummel），265—267页，又见霍夫曼（Hoffman），57页。

[227] Gelupa（格鲁派），或更准确的词形Gelug(s)pa，意思是“遵循美德的教派”。这个词源自藏语bka’-rgyud-pa。Bka’意指经（佛陀的话），rgyud既指宗又指书，包括密宗著作，而pa的意思是“属于某一教派的男人”。教派创立者Tsongkapa（宗喀巴）一词语源的意思是“从葱（tsong）谷（ka）来的人（pa）”。在蒙古，此人被称为Zonhov，

这是藏族名称在蒙古语中的变化形式。卡拉·捷尔吉。

[228] 论沙布隆·阿旺南杰，见阿里斯（Michael Aris）。

[229] 第一世哲布尊丹巴·呼图克图，亦即第一位博克多格根，是喀尔喀左翼的衮布多尔吉土谢图汗的第二个儿子。衮布的祖父阿巴台是第一个自称可汗的喀尔喀王公。阿巴台汗的祖父格呼森扎是巴图蒙克达延汗（1464—1524）的小儿子。1454年卫拉特帝国衰亡后，达延汗在妻子满都海的帮助下恢复了成吉思家族在蒙古的王权。冈田英弘，1页。

[230] Zanabazar（札那巴扎尔）在喀尔喀蒙古语中更准确的拼法是Dzanabadzar。冈田英弘认为，他死于1723年。康熙死于1722年。

[231] 头两世哲布尊丹巴完全是合法的成吉思后裔。从第三世到第八世，该头衔一直由生于西藏的活佛继承。

[232] 赫梅尔，267页。

[233] Uws在西方经常拼作Uvs。俄语中的习惯是用v替代蒙古语的w，因为蒙古语中没有v。这个习惯沿用到英语中。

[234] 彼得大帝任用了大量瑞典官员，列纳特就是被派往西伯利亚的一位。他后来因绘制西伯利亚地图而闻名。参阅克鲁格关于列纳特的著作。

[235] 博尔济吉台·乌云比力格（Borjigidai Oyunbilig）：《康熙皇帝亲征噶尔丹的历史传说（1696—1697）》。

[236] 克鲁伦河（Herlen Gol）在西方通常的拼法是Kerülen，用的是一个较早的形式，虽然不是最老的。现代喀尔喀蒙古语的读音是Herlen。成吉思汗的蒙古人来自肯特山区的鄂嫩河和克鲁伦河谷地。1206年的忽里台大会就是在鄂嫩河上游的肯特山召开的，在大会上铁木真被推举为全蒙古的统治者，获得“成吉思汗”的称号。

[237] 论费扬古，见赫梅尔，247—249页。

[238] 克拉夫，123页。“在战斗中，一门火炮朝博硕克图汗的营帐开火，炸死了他的妻子。”

[239] 参考来源：朝洛蒙。

[240] 傅海波，第110页。

[241] 撒马尔罕、布哈拉及其他古城在1219—1224年成吉思汗的征战中被蒙古囊入麾下。

[242] 超过7.4万人在反抗准噶尔人的斗争中死亡，当时准噶尔人占领了天山以南的塔里木盆地地区。

[243] 噶尔丹的统治也改变了新疆境内丝绸之路的路线。由于加入了准噶尔进贡使团的行列，塔里木盆地的维吾尔商人把他们的活动线路主要局限在天山以北。14世纪中叶，当权的可汗改宗伊斯兰教以后，维吾尔人开始控制塔里木。穆斯林、蒙古和突厥传统在15世纪融会于此。伊斯兰教苏非派于16世纪早期开始渗透到塔里木盆地的政治中。资料来源：叶理绥（Elisseeff）引托干（Togan），259页。

[244] 称作阿睦尔撒纳·伟征和硕齐。

[245] 鲍登，《蒙古现代史》（*The Modern History of Mongolia*），94页。

[246] Darhan一词有两个含义：一个相当于Blacksmith（铁匠）中的Smith；另一个意思

是“特权的”或“免税的”。在古突厥语中达尔汗也是一个称号（targat）。词尾“t”表明了复数形式。达尔哈特谷地的居民隶属于大“沙毕”；虽然他们也是萨满教徒，可是必须向库伦的呼图克图进贡。参阅巴丹哈坦（Badamxatan）、詹察拉诺（Zhamtsarano）/克鲁格、罗依果。作者在达尔哈特谷地的一个小居民点里拥有一座蒙古包，并能够证实达尔哈特居民的萨满教特质。

[247] 浩特阔特（Khotogoit）是一个称呼部族的词，在此用来区分浩特阔特阿勒坦汗（浩特阔特部黄金汗）和更为著名的、在历史上更为重要的土默特阿勒坦汗（土默特部黄金汗，即俺答汗）。这里的浩特阔特阿勒坦汗称号系指17世纪西北蒙古连续三位统治者。蒙古统治者本人名字要避讳，故使用同一称号造成了统治者名称的混淆。

[248] 他于1613年2月成为罗曼诺夫王朝的第一位沙皇。

[249] 蒙古被以外交手段剥夺了盐山的主权。现在盐山耸立在俄罗斯境内的图瓦。此事发生在赫鲁晓夫时期，当时莫洛托夫任驻乌兰巴托大使，有流放的意味。当时蒙古外交部长阿瓦尔则德（Awardzed）拒绝签署任何割让蒙古领土给苏联的协议，遭免职。苏联需要的不是盐，而是山中的钴。

[250] Damask：这个词在早期的参考书里是damas，源自大马士革（Damascus）。这座城市在14世纪伊儿汗国（在波斯的蒙古汗国）的文献中被提到过。

[251] 阿尔申：俄国旧时长度单位，尤其用于纺织品。在蒙古度量织物的单位是am，相当于一台织布机的宽度。蒙古人有称呼织布机各个部分的单词，说明他们过去有纺织的经验，尽管现在已不事纺织。

[252] 在俄国，一普特相当于16.38公斤，所以此处总重量是65.52公斤，约等于143磅。单词pud或pood与pound（磅）有着相同的词源，尽管它们重量不同，且在不同的时期数值不一定稳定。

[253] “部”一词并未准确地描述蒙古人的群落，用在这里只是为了方便。13世纪早期成吉思汗重组蒙古各部后，蒙古人较少按血统划分组织，而更多地依照社会经济和政治因素组合。

[254] 20世纪中期，卡尔梅克一度从史书中消失，当时斯大林从苏联的史书和百科全书中抹去了这一民族称谓。

[255] 民族名称的英语拼法是有问题的，因为俄语对满语和中古蒙古语词有所歪曲，而西欧语言对这些相应的俄语词又有所歪曲。一些名称已经成为标准，因为早期西方学者把它们应用在书籍中，使他们进入了学术语言。例如说到卫拉特，伯希和用的是厄鲁特（Eleut），而现代一般用Oirat。这里Dörben Oyilad一词是古典蒙古语或书面卫拉特语，指“卫拉特四部”。

[256] 伯顿（Burton），《布哈拉人贸易》（*Bukharan Trade*），39页。

[257] 到17世纪70年代，俄国商人在西西伯利亚的经营过程中逐渐取代了布哈拉人。资料来源：弗兰克（Frank），《重新面向东方》（*ReOrient*），120页。然而帕拉斯（Pallas）在1771—1778年的旅行中记录了布哈拉人在恰克图的出现。

[258] 据统计，有44人。

[259] Yassa是突厥语的变形，相当于蒙古语的yasaq。

[260] 参看迪鲁夫，75页。在100多年以后1912年5月的科布多之围中使用的火炮仍然是古式的，在汉语中叫“大枪”。它们是老式的大载药量的火炮，要通过缺口下面的狭缝填装火药，火药上面有像爆竹的药捻那样的引信。点燃引信后，火炮便开火了。19世纪的欧洲人称之为gingall，此词源自一个印地语单词。

[261] 1678年，噶尔丹征服了新疆，以及贸易中心布哈拉和撒马尔罕。

[262] 细鳞鲑属鲑科，但是比白肚鳟鱼小。它们都不游到海里去，一般在冬天从河流游到湖泊，然后游回河流，以便在暮春产卵。

[263] 例如，鲑鱼于5月底6月初从湖泊游到达尔哈特谷地的阿尔沙伊河和希什希德河产卵。信息来源：蒙古音乐家和渔夫钦巴特（Chuluungiin Chimbat）。真诚感谢钦巴特提供的多方帮助。

[264] 歌曲名在蒙古语中叫做《贝加尔额吉》（*Baigal Eej*）。

[265] 通古斯语单词selee意为“铁”或“有铁”，但这条河的名称是否源自这个单词并不清楚。这个单词显然是前蒙古词汇，像鄂尔浑、土拉河和其他大多数蒙古河名一样。卡拉·捷尔吉。在俄语中这条河叫色楞嘎河，蒙古语叫色楞格河。

[266] 茶和织物是交易的两样主要商品，但是到了18世纪70年代，完备的产品充斥该城。这些商品均被德国观察家帕拉斯记录下来，其中包括波斯彩陶、油壶、高脚杯、漆木盘、铜勺、各种纸、药品、竹子等。

[267] 萨瓦在13世纪原本是一位名叫涅曼尼亚（Zhupan Stepan Nemanya）的塞尔维亚人的儿子的教名。他是一个早熟的青年，隐遁于希腊圣山阿陀斯，在那里为塞尔维亚修士修建了希兰达尔修道院。他对塞尔维亚东正教所作的贡献，使得他在13世纪初被封为圣徒。塞德拉（Sedlar），159页。

[268] 一份包含《恰克图条约》主要条款的1828年满文文件的法语译本，把萨瓦描述为“俄罗斯帝国女皇的使者，伊里利亚的萨瓦·务拉的思拉维赤伯爵”。

[269] 匈奴是这个民族的汉语名称，在蒙古语中这个词是Hönnö。考古研究正在圣彼得堡俄罗斯科学院历史研究所谢尔盖·米尼雅耶夫博士领导下进行。

[270] 也就是说，一开始并未按照惯例修建俄罗斯帝国前哨（最初的围栏）。

[271] Chikoi（奇科伊河）不是一个俄语单词。这条河在蒙古语中叫Chökü。但是这个词也不是蒙古语本族词，尚不能归属于任何一种已知语言。

[272] 宗教领袖博克多格根死于1721年。下一位被选中的转世活佛第二年出生，但直到1729年才成为博克多格根。在涉及恰克图的谈判期间，惟有土谢图汗代表蒙古人负责此事。

[273] 傅海波，第1卷，148页：1726年2月22日文件《俄国边界地形勘定纪实》云：“现为边境勘定之事，俄国已任命一名特使前来中国……”也就是说，萨瓦的北京之行在中国文献里记载的是1726年2月。

[274] 傅海波，第1卷，151页：1729年10月10日关于“布拉河会议和《布拉河条约》”的文件；以及150页：1727年4月10日《俄国使馆人员离开北京》。第一份文件说，“皇帝批准了他们的决定”，并且为应当修建敖包的地方赐了名。

[275] 傅海波，第2卷，512页。

[276] 欲读策凌（Ts'e-ling）的生平，见赫梅尔，756—757页。请注意，这些名字使用的是传统音标。策凌被中国人视作布拉河会议的中方主要代表。这次会议划定了俄国和中国喀尔喀蒙古的边界。

[277] Sagena或Sazhen是俄国旧长度单位，相当于2.134米或7英尺。欲进一步了解，参阅阿尔特米耶夫（Artemiev），89页。

[278] 早期俄国城堡的平面图，设计者要在上面签名。一个名叫库什列夫（Kushilev）的人的签名出现在诺沃特罗茨卡娅城堡的平面图上。

[279] 城镇一词在很多语言里都源自"城堡"。哥罗德（gorod）原是一个斯拉夫词，源自gorodit，意思是"修建环绕四周的篱笆"。哥罗德的意思是"城"，后来衍变成格勒（grad），如斯大林格勒中的格勒。这个词在塞尔维亚语中是grad，在波兰语中是grod。参阅阿尔特米耶夫，176页。

[280] 在斯拉夫语里dvor的意思是"院子"，引申义是"市场"。捷克作曲家德沃夏克（Dvorak）的名字，意思就是"院子里的人"，引申为"侍臣"。

[281] 1741年，丹麦人白令（Vitus Bering）率领第二次堪察加探险队，首次正式发现阿拉斯加，并确认了亚洲和欧洲是被大海隔开的。

[282] 傅海波，第2卷，473页。受贿者据信是马齐，满洲镶黄旗人，富察氏。他后来成为主管俄国事务的大臣，兼任理藩院尚书。

[283] 最后的音节是一个后缀，使动词变为名词。

[284] 热拉尔·德福：《新波斯语中的突厥语和蒙古语成分》。该书追溯现行单词在13至16世纪的使用情况。第1卷，276页。

[285] 《布拉河条约》是以一条河命名的。这条河曾为在中俄雅克萨（阿尔巴津）战役之前在北京谈判的俄国使臣尼果赖提及。他描述过色楞格河和"很多注入其中的小河"；"还有大河鄂尔浑河、布拉河注入其中"。

[286] 据于1828年将《恰克图条约》满文文本译成法文的柯恒儒（Klaproth），《布拉河条约》于1727年10月21日签署公布，而《恰克图条约》实际上是在1728年6月14日批准生效的。柯恒儒，222页。

[287] 中俄西段边界被《中俄北京条约》（1860）和《塔城界约》（1864）进一步明确。以上条约满足了俄国对于历史上由卫拉特部落联盟控制的漠西蒙古大片土地的要求。

[288] 参见第二章。该章对雅克萨（阿尔巴津）事件作了详细描述。

[289] 第四条，详见柯恒儒，27页。

[290] 早些的名称叫唐努图瓦。俄语称作Tanna Tuva。

[291] 军人不再在沿着边界的缓冲地带巡逻在一定程度上归因于俄国经济的衰退。

[292] 其他的名字是Maimachin、Maimaachin和Naimaa Xot（蒙古语）。现在叫阿勒坦布拉克，在蒙古语中的意思是"金色泉水"。阿勒坦布拉克的位置在以前买卖城的南边。

[293] 在20世纪90年代，人们可以参观恰克图东面的哥萨克镇子，在头人的邀请下纵马穿越边境到蒙古。

[294] 这些数据来自乌兰巴托蒙古科学院历史研究所所长奥其尔（Ochir）博士自费出版的一部著作。这部著作包括了他对19世纪漠北蒙古人贸易关系的详细研究。在这一领域，奥其尔是蒙古首屈一指的专家。

[295] 从1775年到1825年期间尤为繁荣。例如，从1758到1760年，俄国全部有记录的与亚洲的贸易，三分之二是通过恰克图完成的，其余为与印度和波斯的直接贸易。于是制造业在南西伯利亚兴起，其中包括奇科伊镇的鞣革和伊尔库茨克的纺绸。

[296] 到1765年左右，在恰克图有近300名商人和大约821名工匠。到1774年，有488名商人和908名工匠。（阿尔特米耶夫，91页。）从事货物运输的人使这些数字显著增加。

[297] 宓契，206页。

[298] 一些人血统是汉人，但他们仍是满清官员。

[299] 季雅各，《在蒙古人当中》（*Among the Mongols*，1883），369页。

[300] 宓契，202页。

[301] 普尔热瓦尔斯基是一个探险家和自然主义者，一些俄国人认为他是斯大林的父亲。奥布杰夫是一位地理学家，曾组织戈壁探险以寻找恐龙化石；由于他的藏品和资助，恰克图博物馆如今改称奥布杰夫博物馆。原先的博物馆系因地方研究者和学者的努力而兴办，只是后来改名为奥布杰夫博物馆。

[302] 1856年，一个18岁的英国男孩偶然发现了世界上首个人工染料的配方，当时他正在尝试配制一种人工合成的抗虐疾药奎宁。他用重铬酸钾氧化硫酸苯胺，结果创造出一种叫做锦葵紫的染料，其名称取自锦葵花。有两年的时间，这个年轻人靠出售这种染料牟利。1856年以前，所有的染料都是从天然物质中提取的：大部分红色来自茜草根；从植物中提取的靛蓝是靛蓝色染料的原料；西藏喇嘛的袍子被染成黄色或藏红色是因为能够得到赭石色和黄色的植物染料。锦葵紫出现后，其他颜色的染料随之发明：1860年的洋红和紫色，1862年的蓝色，1863年的黄色和黑色，1864年的粉色、绿色和棕色，1871年的红色。“伦敦橙”姗姗来迟，合成于1875年。从织物到日本的木版印刷，苯胺染料很快便被一视同仁地使用，全世界的人对这些鲜亮的新颜色都反应热烈。

[303] 虽读音相近，但“行”和Hong Kong（香港）的Hong（香）完全不同。

[304] 1800年左右，从广州出港的茶叶年出口量约为28万担。一担相当于133磅，所以总出口量是3724万磅。总量的约一半来自福建西北部。庄国土，215页。

[305] 拉铁摩尔（Owen Lattimore）曾于1926年参观过这座要塞的废墟。

[306] 据说这26人是鱼龙混杂的一群，康熙皇帝的军队席卷黑龙江地区时陆续俘获了他们，他们从1683年到1685年被关在镶黄旗内。不论他们是来自阿尔巴津的人质，抑或仅仅被称作阿尔巴津人，反正中国人习惯于称所有早期到北京来的俄国人为阿尔巴津人。

[307] 1712年5月26日，北京的满清皇帝向伏尔加河畔的卫拉特人派遣了一名特使。这位特使被西方人称作“图理琛的特使”，因为图理琛的记述成了一部文学作品。使团于1715年4月30日返回北京，带回一些俄国特使，就住在俄国使馆里。傅海波，120页。

[308] 更确切地说，有若干条“丝绸之路”，包括经过巴基斯坦的“大干路”（the Great Trunk Road）。

[309] 《恰克图条约》（法语称作“中俄和平之路”）于1727年10月21日签署公布，

1728年6月14日批准生效。柯恒儒，222页。

[310] 许林格男爵在西伯利亚城市恰克图建立了俄国第一个电报系统。

[311] Lavra是一个希腊单词，用来称呼一座有附属学院的修道院。

[312] 参阅克鲁格，《〈蒙古秘史〉的年代学与书志学》（*Chronology and Bibliography of the Secret History*），及柯立夫（Francis W. Cleaves），《蒙古秘史》（*Secret History of the Mogols*，英译本）。

[313] 海西希，《失落的文明》（*A lost Civilization*），1966年，17页。另参阅克鲁格，《芝加哥劳费尔蒙古藏品目录》（*Catalogue of the Laufer Mongolian Collections in Chicago*）。

[314] 蒙古国家于1206年正式建立。

[315] 传统的日期是1240年。成吉思汗死于1227年。该作品中断断续续地提到从他死后第二年开始的事件。关于写作日期的争论仍在继续。1228和1240年都是鼠年。

[316] 见罗依果。

[317] 柯立夫，第17页。

[318] 海西希，《失落的文明》，1966年，17页。

[319] 严格地说，这并不确切。1876年，俄国驻北京使馆医生、德国人布莱资奈德（E. Bretschneider）在他的《中西亚史料中古研究篇》（*Notices of the Mediaeval Geography and History of Central and Western Asia*）中收入了一篇关于《蒙古秘史》译文简短而严谨的评论。

词汇表

A

阿合马·费纳喀忒（Ahmad Fanakati，?—1282）：非汉族，穆斯林撒拉逊人。在北京为蒙古统治者忽必烈汗做了20多年负责财赋的大臣，大力推行钞法。

省（Aimag）：在蒙古语中称呼一种大行政单位的词语，过去为“部”，现在为“省”。

阿勒坦（Altan）：蒙古语“黄金”的意思。过去两千多年的时间里，这个词在很多语言中用来指称草原东部和西部地区居统治地位的部落。

阿睦尔撒纳（Amarsanaa，1700—1757）：漠西蒙古准噶尔领袖，初与满清联合，后叛乱失败，导致满清兼并了包括科布多城在内的漠西蒙古。

阿穆尔河（Amur River）：即黑龙江。东北亚河流，流入鄂霍次克海。沙俄于17世纪侵入该地区，与满清政府相争，结果双方于1689年签订了《尼布楚条约》。尼布楚（涅尔琴斯克）不在阿穆尔河畔，而在其支流尼布楚（涅尔恰）河畔。尼布楚是条约谈判的地点，而1685年中俄之间的激烈战斗发生在阿穆尔河畔的雅克萨（阿尔巴津）。

阿尔申（Arshin）：俄尺，俄国旧长度单位，约合1米。

阿斯特拉罕（Astrakhan）：1556年之前鞑靼人的据点，位于伏尔加河河口，靠近伏尔加河注入里海的地方。阿斯特拉罕被伊凡雷帝占领，他借此控制了伏尔加河至关重要的贸易水道。

阿特曼（Ataman）：指哥萨克首领。这个词源自一个印欧语系词根“首领”。

匈奴王阿提拉（Attila the Hun，约406—453）：5世纪聚居在今匈牙利一带的部落的首领。他统率着一支有着30万到70万士兵的军队，在当时被称为“上帝之鞭”，尽管他也断断续续地同罗马人联合。他的子民是4世纪晚期从东方迁到匈牙利平原的。

B

把子（Baaz或ba-zi）：这个词表示一个驼队里可管理的“一把”骆驼，在大盛魁这样的商号里，一把通常指14峰骆驼。由于这种标准化的用法，“把子”也成了计算单位。

贝加尔湖（Baikal）：深达一英里的东西伯利亚湖泊，由构造板块中不断变宽的断裂带形成。湖水主要来自蒙古的山区和高原。有向北流出蒙古的色楞格河注入其中。

巴克什（Bakshi）：在蒙古语中的意思是“老师”，来自汉语“博士”一词，进入维吾尔语后具有了宗教含义。成吉思汗命令贵族的儿子们向巴克什学习维吾尔文，所以这个词至晚可追溯至13世纪。

博克多格根（Bogdo Gegen）：蒙古高级喇嘛，活佛。第一世博克多格根名为札那巴扎尔（Zanabazar），生于1635年；第八世博克多格根死于1924年。这个称号的意思是“圣光明”。

博硕克图（Boshogtu）：突厥词，意思是“有委任权的人”。是第五世达赖喇嘛授予噶尔丹的封号，作为给予他神授权力统治准噶尔的一种形式。

保加利亚人（Bulgars）：最初是一个操楚瓦什突厥语的草原骑兵部落，681年入侵多瑙河河口附近的黑海地区。他们后来吸收了斯拉夫的语言和传统。

C

成吉思汗（Chinggis Khan或Genghis Khan，1162?—1227）：于1206年统一了蒙古和突厥各部落，组成国家，后来发展为世界上最大的大陆帝国——蒙古帝国。

哥萨克（Cossacks）：作为雇佣兵效力于俄国政府、从而免除赋税的人。到16世纪晚期的时候，金帐汗国的余部是由突厥各部的人而非蒙古人组成的，他们在俄语中被称作哈萨克（Kazakh，一个突厥词）。这个词起初是民族名称。在17世纪早期，去西伯利亚服役的波兰人、立陶宛人和从南俄遣送来的德国战俘也被称作哥萨克。免于交税的贵族家里的男仆（Sluzhilui）之义也包含在这个宽泛的词汇里，它越来越倾向于指免除赋税的雇佣兵。他们特殊的地位导致了其思想的独立和一种独特的社会组织形式的形成：在战争时期严格地服从首领或阿特曼，在和平时期遵循民主方式作决定。

D

达赖喇嘛（Dalai lama）：达赖（dalai）在蒙古语里是“大海”的意思。喇嘛（lama）是一个藏语单词，意思是“较高的”，经过引申，就是“上师”的意思。这一头衔由蒙古领袖俺答汗于1577年第一次授予西藏的锁南坚错（索南嘉措）。

E, F, G

噶尔丹·丹津博硕克图（Galdan Danzin Boshogtu，1632—1697）：漠西蒙古准噶尔汗国的统治者，该汗国包括了新疆的大部分和乌兹别克斯坦。噶尔丹和五世达赖喇嘛联仡盟，达赖死后噶尔丹一直秘不发丧，直到噶尔丹本人15年后去世为止。

甘丹寺（Gandan Tegchinlin Hiid）：蒙古主要的喇嘛寺，由蒙古高级僧侣主持。组成庙名的两个单词是藏语单词的音变。Gandan来自dga'-ldan，意思是“高兴的”，同蒙古语的bayr-t；Tegchilin是techhinlin的缩略形式，来自theg-chen-gling，意思是“大乘”，指大乘佛教。Hiid的意思是“喇嘛寺”。今天在乌兰巴托，该寺庙一般就被叫做甘丹寺。

甘肃走廊（Gansu Corridor）：即河西走廊，崇山峻岭之间的一条通道，由于其地理位置特殊，东西方贸易交流得以通过其具有战略地位的诸贸易中心进行。在历史上，这些贸易中心曾被唐古特（党项）人、粟特（索格底）人、维吾尔（回纥、回鹘）人、藏族人、蒙古人、犹太人、穆斯林布哈拉人等控制。在茶叶之路时代，河西走廊的贸易被准噶尔汗国控制。

戈壁（Gobi）：一种地貌类型，也是一个地名：连绵的布满沙砾的荒原，散布着山脉，把蒙古草原和中国农业中心区域隔开。戈壁和沙漠是有区别的。

郭勒（Gol）：蒙古语“河”。也译作“高勒”。

金帐汗国（Golden Horde）：突厥和蒙古部落的联盟，位于伏尔加河下游，自1236年至1437年统治该地区。1230年左右由成吉思汗之孙拔都建立，直到拔都建国200百年后该政权才被称作金帐汗国。Horde源自蒙古语词ordo，意思是“宝座”。

哥罗德（Gorod）：最初的意思是“设防的城镇”。哥罗德的建立是经俄国沙皇的政令批准的，通常是在西伯利亚的经济上有价值的地方，也就是说，在俄国政府能够获利的地方建立。哥罗德通常会发展为城镇。这个词被用在了地名里，如在斯大林格勒中。

集市（Gostinnyi dvor）：集市，市场，旧时城镇的大部分商业活动在此进行。Dvor意为“院子”。Gost来自guest的同源词，指经宫廷允许在一个城市里作为行会成员经商的商人，而他不是该城市的市民。后来该词指任何属于行会的商人。

鹅湖（Goose Lake）：在俄语中是Gusinoe Ozero，在贝加尔湖东南面，湖畔有西伯利亚南部最大的喇嘛寺。茶叶之路的一条支线从它的西岸向北延伸，翻越群山，直至贝加尔湖；这是一条走私者的逃税之路。

H

肯特山脉（Hentei Mountains）：在蒙古中北部，是成吉思汗统一的蒙古各核心部落最初的大本营，也是距此1000多年以前匈奴国家的中心地带。克鲁伦河和鄂嫩河发源于此山。

呼和浩特（Höhhot）：蒙古语意为“青城”，河套东北方向的城市，在历史上和现在都是草原地带和农业经济地带之间的贸易交汇点。是16世纪晚期俺答汗所进行的广泛的贸易活动的中心，也是大盛魁商号自18世纪到1929年业务活动的中心。晚清时期它的正式名称叫归化城，现在叫呼和浩特。

匈奴（Hönnö）：一个混杂的族群的联盟，于公元前206年左右发展成草原上第一个“国家”。这个时间和秦国统一中国的时间（公元前221年）大体一致。公元前36年，这个北方游牧民族联盟在乌兰乌德以南的伊沃尔加遭到重创，残部继续作为独立的部族存在。匈奴联盟中居统治地位的部落似乎来自满洲西南部的一个地方。在早期的汉语音译中也读做Hsiungnu。

胡硕（Hoshuu）：蒙古语“旗”。这个词是蒙古族和满族的军事单位名称。从17世纪末叶开始，旗指一级固定的行政区划，是满清治下的蒙古的一个基础行政和经济管理单位。

匈奴人（Huns）：4世纪晚期从东方进入匈牙利平原的游牧武士部落。亚洲的匈奴人和欧洲的匈奴人是否有历史连续性是存在争议的。整个欧亚大陆，向西一直到匈牙利，都有匈奴艺术品发现，这表明了匈奴文化的传播。还需要DNA测试来确认匈奴基因的遗传。

兴安岭（Hyang）：连绵起伏的山地地貌，以大小兴安岭为代表。大小兴安岭在中国境内，有着来自蒙语（hyangan）的中国化名称。

I

伊本·白图泰（Ibn Battuta，1304—1378）：中世纪末期最伟大的旅行家。伊本·白图泰于1325年21岁时从他的家乡丹吉尔出发旅行。他对其后历次旅行所作的记录为历史学家提供了关于14世纪亚洲、非洲、中亚和中东地区的重要记述。

J, K

锁链之路（Kandalnaya doroga）：俄国囚犯戴着镣铐沿这条路走向西伯利亚。它的一部分与茶叶之路重叠。

哈萨克（Kazak）：民族名称，现在指生活在蒙古和里海之间地区的突厥族人。

喀山（Kazan）：伏尔加河中游城市，是一个鞑靼商业王国的中心。该王国于1552年被伊凡雷帝征服，并逐渐融入俄国。该城仍保有一部分鞑靼人口和鞑靼特点。

科尔沁（Khorchin）：内蒙古一个部族名称，意思是“带弓箭的人”。康熙皇帝的祖母就是一个科尔沁蒙古族人。

吉尔吉斯人（Kirgiz）：一个现生活在中亚东部地区的突厥语民族。吉尔吉斯人的一支从前生活在叶尼塞河沿岸，他们在那里有力地阻挡了俄国人穿越大陆南下，迫使他们退回更北的地区。吉尔吉斯人属逊尼派穆斯林，从前被称作黑吉尔吉斯（Kara-Kirkiz）、哈萨克（Kazakh）或哈萨克－吉尔吉斯（Kazak-Kirkiz）。这个令人混淆的称呼在过去的100年里先后被赋予很多不同的含义。

契丹（Kitan）：从4世纪开始居住在中国北方的信仰佛教的少数民族。他们建立了辽国，于916—1125年统治中国北方。是第一个广泛地和中原东部沿海地区进行茶叶贸易的主要北方民族。硬音k经过硬音腭化的自然过程在17世纪软化为ch，所以今天在中国Kitan被念做Chidan。俄语和波斯语都用Kitai（来自Kitan）这个词称呼中国，Kitai又以拉丁化的形式Cathay传到西欧。因此对西方人来说，Kitan是一个说蒙古语、但又代表“中国”的蒙古部落的名称。

忽必烈汗（Kubilai Khan，1215—1294）：蒙古统治者，唆鲁禾贴尼别吉和成吉思汗之子托雷的儿子。忽必烈作为元朝第一个皇帝统治中国。

L

两（liang）：中国的价值计量单位，是一中国盎司白银在贸易上的名称。晚清时期，一两大约等于1.3或1.4俄国卢布。一西班牙元等于0.72两。

立陶宛（Litva）：集合名词，用来指17世纪时被送往西伯利亚的战俘和其他外国人，他们经常承担军事任务。这个词来自立陶宛，该国当时比现在大得多。19世纪，波兰－立陶宛社区中有大约一半是犹太人，14世纪这些德系犹太人从德国大量迁往立陶宛，根据凯西米尔大帝（Kashimir the Great，1310—1370）的诏令，他们在那里享有一些特权。这些人的后裔构成了被送往西伯利亚的立陶宛人主体。

M

买卖城（Maimacheng）：也叫Maimaicheng，还有其他一些拼法。蒙古语叫Naimaa Hot。有着这类名称的中国商业城镇在满清帝国边境地区的好几个地方都有。

马穆鲁克（Mameluke）：在阿拉伯语里字面意思是“奴隶”。从1260年开始统治统一的埃及－叙利亚王国的说突厥语言的武士集团。马穆鲁克人最初是一些从黑海和里海以北抓来的突厥奴隶。

曼荼罗（Mandala）：在蒙古被用作地名，例如曼荼罗戈壁。这个词来自梵文中吸收的达罗毗荼语词汇，意思是“坛场”、“轮圆具足”，后成坐禅的象征。

满都海（Manduhai）：15世纪晚期重新统一蒙古各部的过程中起到积极作用的女领袖。她成年时嫁给了还是个孩子的巴图蒙克（约1464—1532）。巴图蒙克后来称达延汗。

马可·波罗（Marco Polo，1254—1324）：最著名的中世纪欧洲旅行家。

《1640年蒙古－卫拉特法典》（*Mongol-Oirat Code of 1640*）：1640年在卫拉特领袖额尔德尼·巴图尔珲台吉召集的会议上几十个蒙古部落共同通过的一套律法。包含约130个条款，涉及各部之间的共同防御、社会结构、放牧和狩猎的管理、私法和刑法等。

N

诺尔（Nuur）：蒙古语“湖”。

O

前蒙古（Öbör Mongol）：内蒙古的蒙古语名称。

卫拉特（Oirat）：民族名称，其历史至晚可以追溯至13世纪。最初指聚居在贝加尔湖以西的一个族群，后来这个词指的是一个多达20个不同部族组成的蒙古人联盟。从16世纪到19世纪，其势力从漠西蒙古扩展到了钦察草原。卫拉特在战略要地准噶尔汗国的统治地位，可追溯到俄国向东扩张和满清向西扩展的时期。

斡耳朵（Ordo）：蒙古语词汇，意思是“宫帐”、“为扈从所围绕的尊贵之座”。从这个词衍生出了horde（游牧部落）和Urdu（乌尔都），后者在印度意为“宫殿（ordo）的语言”。

鄂尔多斯（Ordos）：黄河河套内的一个地区，至晚从公元前2世纪起已经成为草原部落的重要过渡地带。从前是混杂着灌溉农业的肥沃草原，为从匈奴（公元前1世纪）到也先的绰罗斯部（15世纪）诸民族提供了基地。临近河西走廊这条商路，为控制鄂尔多斯的部落提供了财源。

鄂尔浑河（Orkhon River）：发源于蒙古中部的杭爱山脉，先向北流，再折而向东，穿越一条富饶宽阔的山谷汇入色楞格河。鄂尔浑河谷是“历史之谷”，它是三个突厥“帝国”和后来13世纪蒙古帝国的发祥地。

斡脱（Ortaq）：在古突厥语中开始是“同伴”、后来是“合伙”的意思。斡脱在蒙古帝国及其后时期操控着财政事务。

驿站（örtöö）：现代蒙古语单词，表示邮政中继站之间的距离，大约是20英里。这个词的较早形式包含着词首辅音p：pürtük。使用配备人员和必需品建驿站的做法最晚从4世纪开始，或许还要早上几个世纪。

尖柱城堡（Ostrog）：一种用围栏围起的堡垒。这个词用来指穿越西伯利亚向东迁徙的哥萨克修建的堡垒。源自一个意思是“使变尖”的动词，因为栅栏系用削尖的木头竖起来修造从而形成一个围场。尖柱城堡在十八九世纪获得了“监狱”的含义，因为这些堡垒常被用作监狱。尖柱城堡的修建须要得到来自莫斯科的官方许可。

P

白毫（Pekoe tea）：来自汉语“白毫”一词。白毫茶系用尚带绒毛的嫩茶叶制成的。在俄国贸易界，这个词被拼作bai-hoa或baikhovi并且指一般的好茶。在蒙古baikhovi这个词一直被用到今天。

棚民（Peng-min）：汉语词汇，从唐代便有此称谓，当时在福建北部使用季节工人采摘茶叶。在采茶季节，棚民就住在山坡上的临时棚屋里。

八思巴（’Phags-pa，1235—1280）：萨迦派的西藏喇嘛，被忽必烈汗召入北京，并向忽必烈汗传授藏传佛教。于1269年左右创制了称为“八思巴文”的蒙古新字。他的真名是罗古罗思监藏，八思巴的意思是“圣者”。

票号（Piao hao）：汉语，指17至19世纪山西北部的一种早期银行形式。票号的一个主要中心是山西省的祁县，较成功的一家是大盛魁。

堡（Pu）：明朝时长城上带围墙的堡垒。堡最初是敌楼；从16世纪70年代开始，它们成了北方游牧民族和商人做买卖的场所。

普特（Pud）：俄国重量单位，等于16.38千克或36磅。Pud一词和pound一词来自同一词根，但那是在度量统一以前的事。

Q, R, S

萨真（Sagene）：俄语单词，也拼做sagena或sazhen。俄国古代度量单位，等于2.134米或7英尺。

萨莱（Sarai）：最初是蒙古语词，用来称呼旅店。在14世纪时是整个中亚、巴基斯坦和印度的一个共有词汇，尽管这样的设施在中亚地区的大路旁已存在好几百年了。莫卧儿王朝从16世纪开始在印度和巴基斯坦驿道沿线的每一站都修建萨莱，于是这个词除了指一种建筑外，还指一种机构。商队旅店（Caravansarai）一词把骆驼商队和旅店两个概念结合起来。萨莱也是14世纪时拔都金帐汗国在伏尔加河畔的都城的名称（即阿斯特拉罕）。

撒尔古黑（Sargootchay）：在西方古代文献中也拼做Zarguchei，或Tsarguchei。这是管理恰克图以南的买卖城的蒙古亲王的称号。这个词起初是蒙古语词，意思是“法官”：一个dzargach是喜欢申诉和争论的人。

色楞格河（Selenge River）：蒙古北部大片地区内的水系都流入色楞格河，色楞格河则汇集流域内所有的河水注入贝加尔湖。流入色楞格河的河流包括埃格河、鄂尔浑河、土拉河等等。它穿过位于恰克图以西约30英里的纳乌什基铁路道口附近的俄蒙边界。

色目人（Semu-ren）：汉语词，意思是眼睛有颜色的人。十三四世纪，非汉族人被蒙古人广泛地任用，以管理包括中国在内的帝国领地，这些人被称作色目人。

黄茶（Shar-tsai）：在蒙古语中字面意思是“黄茶”，指绿茶或砖茶，也指用茶砖来称呼的货币。Neg shar-tsai意思是一黄茶或1/6茶砖，这种纸币以实际的商品作为保证金。

沙毕（Shawi）：shawi（口语形式）或shabi（书面形式）起初来自中古印度语单词shramana；词干shra的意思是“听”。在蒙古语中，这个词干在宗教意义上指门徒，在经济意义上指寺院农奴。

斯洛博达（Sloboda）：起初来自单词Svoboda，意思是“自由”，不过它的词源是有争议的。斯洛博达是普通城镇和寺院以外不受保护的区域，里面生活着自由民，区域没有纳税的义务，里面常有市场。经过引申，这个词开始指城镇旁的市场。

大草原（Steppe）：通常指以短型或中型草为主的欧亚大陆的草原生态系统。

苏木（Sumun）：在喀尔喀蒙古语中字面意思是“箭”。起初是成吉思汗时代以前在草原上使用了数个世纪的军事单位名称。在蒙古帝国时代，一个苏木包括150至200户。现在这个词用来指一级类似乡的行政单位。

T

两（Tael）：这个词起初是马来混杂语，表示一中国盎司的白银。它讹变成蒙古语的dal。

泰加群落（Taiga）：针叶林带，包括桦树、松树和落叶松，生长在草原带以北、北苔原带以南的漠北蒙古和西伯利亚。

鞑靼（Tatar）：沙皇俄国境内很多民族的称谓，同今天讲突厥语的逊尼派穆斯林大致相同。鞑靼最初是13世纪蒙古人入侵俄罗斯各国时的前沿部落；这些部落很快被突厥语族的人同化，但是蒙古人和其他非斯拉夫人作为一个整体被看作是鞑靼人，也就是后来沙皇俄国时的鞑靼人。在俄国，到19世纪末，所有信仰伊斯兰教的突厥民族都被称为鞑靼人。直到20世纪初，鞑靼才成为喀山鞑靼人的自称。其他突厥部落发展了本土特征，有一些在20世纪20年代受到胁迫，最终成为哈萨克、乌兹别克、阿塞拜疆等。从一开始金帐汗国的领袖就是说讲钦察突厥语的鞑靼人。

托忒文（Tod bichig）：“简洁清晰的文字”，是咱雅班智达于1648年创造的，主要在漠西蒙古使用。

部落（Tribe）：在本书中不严格且有时不加区别地使用，用来指民族群，有时是按民族类别的标准来划分人群，但并不总是按照这个标准划分。通过一系列复杂的奖励和惩罚措施，成吉思汗废除了以家庭世袭为基础的社会组织，建立了以军事功能为基础的社会组织。

茶包（Tsebik，Tsebikov）：这个词起初是指用来包裹穿越针叶林带运输的茶叶的皮包，后来变成了在恰克图从事包装工作的人的称呼。在下诺夫哥罗德打开第一包茶叶是一年一度的交易博览会开幕的古老仪式。

宗喀巴（Tsongkapa）：字面意思是“从葱谷来的人”，此人于15世纪创立了藏传佛教格鲁派。

土默特·俺答汗（Tümed Altan Khan，约1507—1582）：也称土默特阿勒坦汗，蒙古中部的统治者，巴图蒙克（达延汗）之孙。1571年通过谈判开办了六个供明朝和蒙古人在北方进行交易的官方马匹市场。1577年授予西藏格鲁派高级僧侣达赖喇嘛称号，从而巩固了与西藏统治力量的政治联盟。

通古斯（Tungus）：对住在西伯利亚中部和东部的人的称呼。他们的语言是阿尔泰语系的三个主要语族之一。另外两个语族是突厥语族和蒙古语族。蒙古北部也有通古斯人，在那里他们被错误地包括在布里亚特这一称谓中。俄苏时代通古斯的名称为鄂温克。

突厥（Türk）：这个民族名称的本义是“头盔”。“突厥人的起源是一个棘手的问题”（彼得·戈尔登）。一些现代学者把突厥人的起源地确定在阿尔泰山区南部。

U

维吾尔（Uighur）：在唐代史料里，维吾尔被称作回纥，后来叫回鹘。现代新疆居民在20世纪30年代被称作维吾尔。古代维吾尔人臣服于突厥并和突厥和平共存。根据中国文献记载，他们是北方草原上突厥联盟的领导民族。他们第一次出现在中国史料中是在一份关于7世纪早期生活在蒙古北部色楞格河诸民族的文献里。这片土地在讲突厥语的部落的统治之下，而维吾尔似乎是居主导地位的文化的三个主要分支之一。当突厥势力于7世纪晚期衰落后，维吾尔人更加自信，最终联合其他民族打败了他们从前的统治者。

乌拉尔山（Ural Mountains）：南北向的山脉，在历史上和传统上把俄国欧洲部分和西伯利亚分开。乌拉尔山没有向南延伸到里海，所以大草原在东西方向上通过乌拉尔山以南保持连续性，从亚洲一直延伸到匈牙利中部。

V

总督（voevoda）：称呼17世纪西伯利亚军事首脑的古斯拉夫语词，指西伯利亚某一城镇或地区的军事长官。总督的管辖地区叫voevodstvo。早期的总督们竞相扩大管辖范围，以征收更多的实物税。

伏尔加河（Volga River）：名称来源于俄语词，意为“湿”。伏尔加贸易水道于16世纪50年代以前为鞑靼人控制。1552—1556年，伊凡雷帝得到了喀山和阿斯特拉罕，这使得他的后继者们可以向东进入乌拉尔山以东的鞑靼土地，并由此开始了俄国纵贯欧亚大陆的扩张历程。

W

吴越（Wu Yue）：中国东部的一个地区，包括今上海、扬州和杭州等城市。作为唐朝瓦解后的一个独立国家，吴越国仅存在于907年到978年之间，但它的商业影响却持续下去。与饮茶的北方契丹游牧民族建立了贸易关系，开始了中国茶叶向北传播的历程。

X

寺（Xiid或Hiid）：蒙古语中“喇嘛寺”的意思。在始于20世纪20年代的毁坏寺庙的活动以前，蒙古有700座大型寺庙。现存三座。

匈奴（Xiongnu）：蒙古语称Hönnö。见匈奴（Hönnö）条。

Y

驿夫（Yamshchik）：又称yamshik，指掌管yam（路）的人。Yam是一个蒙古语词，意思是路（现在的词形是zam）；Shchik、chik或chin是一个蒙古语后缀，意思是“做事的人”。驿夫掌管着穿越西伯利亚针叶林带的驿站。他们起初没有土地，后来政府给予一些人土地，土地就成了驿站周围村庄的中心。驿夫既驾驭行驶在驿道上的车辆，又受俄国政府雇用守备驿站，并为旅行者提供驿马。到1725年，西伯利亚的驿道上约有7000名驿夫被雇用。

札撒（Yasak）：一个来源于突厥语的词，在13世纪的整个蒙古帝国使用，用来表示法律（yas）和贡品。俄国人承袭了当时现存的税收制度中的许多条文，采用了征收贡品的做法，因此可以说利用了当地古老的税收制度。俄国人对当地所有健康的18—55岁男性征收贡品；俄国定居者不用交贡品。贡品有两种：okladnoy，要求每年交一定数量的毛皮；Neoklodnoy，征收者取走所能得到的东西。17世纪初以后，毛皮资源不再充足，诸如家畜一类的产品被用作贡品。为了强调这不是税而是贡物，俄国人起初在征收贡品后，还给予当地人礼物。后来贡品用钱来支付，和其他形式的税收一样。货币形式的贡品直到1917年还在西伯利亚北部的一些地区征收。Yasak一词和现在蒙古语中称呼政府的词zasag是一个词。

银票（Yin piao）：是一种本票。在茶叶之路时代的草原上，银票被用在立即付款的场合。他们主要是由在中国和蒙古之间做买卖的山西商号发行的。

Z

札那巴扎尔（Zanabazar，1635—1721或1723）：蒙古佛教第一世博克多格根。此人的名字是梵语Jnana-Vajra在在蒙古语中的讹变。Jnana意为“智慧”，和英语动词know来自同一个印欧语词根。Vajra意为“霹雳”或“喇嘛的权杖”。

禅（Zen）：日语拼法，同汉语中的禅。两词都来源于梵语“禅那”（dhyana），意为“冥想”。

过冬营地（Zimovie）：猎人和商人过冬的营地。对于一个俄国定居点来说，开始是过冬营地，然后变成尖柱城堡，最后成为城镇，是很普通的事。例如伊尔库茨克，1652年是过冬营地，1661年修建了尖柱城堡，1686年就升级为哥罗德（城镇）。

准噶尔（Zungar）：这个词在蒙古语中的意思是“左手”或“左翼”，指军队的左翼或东翼。

准噶尔汗国（Zungar khanate）：以漠西蒙古为中心的领地，被第五世达赖喇嘛（1611—1682）命名为汗国。1696年噶尔丹·丹津博硕克图失败后，在面积和力量上都缩减了，并于1757年阿睦尔撒纳失败后覆亡。其鼎盛时期涵盖了新疆的大部分和中亚的很大一部分，包括布哈拉和撒马尔罕。它位于俄国通往中国的免税商路上，导致茶叶之路向北移，穿过针叶林带“泰加群落”。由于准噶尔汗国联盟中居统治地位的绰罗斯部据“左翼”，故此得名。

索 引

E

F

G

H

T

U, V, W

X

Y

Z